— 더 많이 사랑하라

— 더 많이 사랑하라

황진규 지음

인간사랑

차례

두번째 이야기 첫 만남의 철학

세번째 이야기 연애, 그 시작의 철학

네 번째 이야기 열애熱愛의 철학

다섯 번째 이야기 이별의 철학

머리말

"사랑은 재발명되어야만 한다. 우리가 익히 알고 있듯이."

– 아르튀르 랭보『지옥에서 브낸 한철』,「착란 I」

'현대의 가장 위험한 철학자'라고 불리는 '알랭 바디우'는 사랑에 관한 자신의 저서『사랑예찬』을 '아르튀르 랭보'의 이야기로 시작하고 있습니다. "사랑은 재발명되어야만 한다. 우리가 익히 알고 있듯이" 제가 사랑에 관한 이야기를 쓰게 된 이유도 같습니다. 사랑은 재발명되어야 한다고 생각하기에 연애에 관한 이야기를 해야겠다고 마음먹었습니다. 저는 왜 사랑이 재발명되어야 한다고 생각했을까요?

'사랑해'라는 말보다 많은 의미를 함축하고 있는 말도 없을 겁니다. '보고 싶다', '키스하고 싶다', '외로워', '너도 사랑한다고 말해줘' 등등 사랑이라는 단어가 갖는 의미는 이처럼 다양합니다. 그래서 유사 이래 '사랑'은 명확히 규정된 적이 없습니다. 사랑은 명확히 규정된 적이 없기에, 사랑이라는 말은 늘 많은 해석의 여지를 남기고 또 많은 오해를 남기기도 했지요. 하지만 지금 시대의 '사랑'은 해석의 여지나 오해의 문제가 아닌 것 같습니다.

진행하는 철학 수업에서 사랑에 관한 이야기 나왔을 때였습니다. 스무 살을 몇 해 넘긴 대학생은 씁쓸한 표정을 지으며 혼잣말을 했습니다. "지금 세상이 어떤 세상인데 사랑타령이야." 먹고 살기가 힘들어져서 일까요? 이제 사랑은 굳이 할 필요 없는 '부정의 대상'이 되거나 아니면 여유 있는 사람들이나 하는 '사치의 대상'이 된 것 같기도 합니다. 심지어 자기 욕심만 채우는 연애를 하면서도 그것을 사랑이라 말하는 사람도 적지 않지요.

이제 사랑은 '해석'이나 '오해'의 문제가 아니라 '변질'의 문제가 되어 버렸습니다. 탁월한 철학자 알랭 바디우는 지금 시대의 이런 변질된 사랑을 간파했던 것은 아닐까요? 그래서 사랑을 이야기하는 저서를 시작하며 "사랑은 재발명되어야만 한다. 우리가 익히 알고 있듯이"라고 말했던 것 같기도 합니다. 변질된 사랑은 재발명되어야 합니다. 왜 그래야 할까요? 스피노자는 "사랑이란 외적 원인의 관념을 수반하는 기쁨"이라고 말했습니다. 쉽게 말해 사랑하면 기쁨을 느낄 수 있다는 겁니다.

사랑이 재발명되어야 하는 이유는 분명합니다. 스피노자의 말처럼 사랑은 그 무엇도 줄 수 없는 기쁨을 우리에게 선물을 해주기 때문이다. 하지만 "우리가 익히 알고 있듯이" 부정의 대상이 된, 사치의 대상이 된, 변질되어 버린 사랑은 어떤 기쁨도 주지 못하지요. 그래서 사랑은 재발명되어야 하는 것 아닐까요? 인생, 뭐 있나요? 고되고 외로운 인생에서 조금의 기쁨이라도 더 누려보고자 발버둥치는 것이 우리네 삶 아니던가요.

조금의 기쁨이라도 더 누리고자 발버둥치는 고군분투를 하고 있다면 엄한데 애를 쓰는 대신 사랑, 진짜 사랑에 자신을 한 번 던져 보는 것을 어떨까요? 그러기 위해 당연히 알고 있다고 생각했던 사랑이라는 것을 한 번쯤 낯설게 볼 필요가 있을 겁니다. 여러분께 닿은 이 책을 통해 사랑과 연애에 대해서 진지하게 고민할 수 있으면 좋겠습니다. 우리네 삶에 무엇보다 큰 기쁨을 선물해줄 진짜 사랑과 연애에 대해 유쾌하게 이야기해봅시다.

프롤로그

"진정한 사랑이란 곧 자기부정의 사랑이다."

– 키에르케고르 『사랑의 역사』

"자신을 사랑하지 마세요!"

"자신을 사랑하지 마세요!" 이 이야기로 연애와 사랑에 관한 이야기를 시작하고 싶습니다. 당황스러운 분들도 계실 겁니다. 세상 사람들은 마치 진리인 냥 '자신을 가장 사랑해야 한다'고 말하니까요. 하지만 그건 아마 자신의 생각이기보다, 자칭 멘토 혹은 셀럽이라고 불리는 몇몇 사람들의 입을 타고 전해진 그들의 생각일 겁니다. 이제는 사람들은 "자신을 사랑해야 한다!"는 이야기를 진리처럼 떠받드느라 의심조차 하지 않는 것도 같습니다.

연애와 사랑에 관해서도 마찬가지입니다. '누군가를 사랑하고, 뜨거운 연애를 하기에 앞서 먼저 자신을 사랑할 줄 알아야 한다'고 말합니다. '그래야 상처받지 않는다'고, '그래야 성숙한 사랑을 할 수 있다'고, 저마다 자신을 먼저 사랑해야 하는 이유에 대해서 강변을 하지요. 사실일까요? 그렇습니다. 상처를 받지 않는 것은 아닙니다만, 분명 자신을 사랑하는 사람은 사랑과 이별의 과정에서 피할 수 없는 상처를 잘 극복할 수 있습니다. 또 자신을 사랑하는 사람은 분명 성숙한 사랑을 할 수 있지요.

하지만 이건 어디까지나 결과론적인 이야기입니다. 질문을 바꿔봅시다. '타인이 아니라 자신을 먼저 사랑하는 것이 가능할까요?' 이 질문을 먼저 해야 하는 것 아닐까요? 자신을 먼저 사랑하는 것이 가능해야지만, '누군가를 사랑하기에 앞서 자신을 사랑해야 한다'는 이야기가 성립하는 것일 테니까요. 직접적으로 묻고 싶습니다. "자신을 사랑하나요?" '나'를 사랑해야 한다고 생각할 뿐, 실제로 '나'를 사랑하는 사람은 드뭅니다. 내면 깊숙한 곳에 자리 잡은 자기불신, 낮은 자존감은 '나'를 사랑하지 않기에 생긴 것들입니다.

'자신을 사랑해야 해!'라는 이야기는 의미가 없습니다. 애초에 가능하지 않기 때문입니다. 만약 그것이 가능하다면 세상에 자신을 사랑하지 않는 사람은 없을 겁니다. 스스로 자신을 사랑할 수는 없습니다. 그렇다면 스스로를 사랑하는 마음, 즉 '자기사랑'은 어디서 오는 걸까요? TV에 나오는 자신감 있고, 매력 넘치는 연예인들은 종종 말합니다. "중요한 건 자신을 먼저 사랑하는 거예요" 그리고 덧붙이지요. "스스로도 사랑하지 않는 사람을 누가 사랑해줄까요?" 이런 이야기를 들을 때

마다 가슴이 답답했습니다.

'자기사랑'이 넘치는 사람들은 자신이 매력적인, 그러니까 사람들에게 사랑받을 수 있게 된 이유가 먼저 자신을 사랑했기 때문이라고 말합니다. 이건 원인과 결과를 뒤집어 말하는 것입니다. 먼저 자신을 사랑해서 사랑받을 만한 사람이 된 것이 아니라, 누군가에게 사랑을 받았기 때문에 자신을 사랑하게 된 것입니다. 자신을 사랑하는 사람은 존재합니다. 하지만 그들이 자신을 사랑할 수 있는 이유는 누군가로부터 사랑을 받았기 때문입니다. 자신을 사랑하는 마음, '자기사랑'은 자신에게 달려있지 않습니다. 타인에게 달려 있습니다.

우리는 타인으로부터 사랑받았던 만큼 자신을 사랑하게 됩니다. 자신을 사랑하는 사람들을 보세요. 그들은 다른 누군가로부터 사랑받았던 사람입니다. 자신을 소중하게 대하며 진심으로 자신을 사랑하는 사람은, 그 대상이 팬이든, 친구이든, 가족이든 누군가로부터 깊은 사랑을 받았던 사람입니다. 자신을 사랑하기 위해서는 먼저 타인에게 사랑을 받아야 합니다. 그러기 위해서는 먼저 우리는 자신을 사랑하는 마음을 줄이고 타인을 사랑해야 합니다. 내가 그 사람을 사랑을 해야 그 사람도 나를 사랑해줄 테니까요.

'자기사랑'은 타인에게 사랑받음을 통해서만 형성되고, 그러기 위해서 우리는 자신을 사랑하는 마음을 줄이고 타인을 사랑하려고 해야 합니다. 그래야 타인이 우리를 사랑해주어 '자기사랑'이 형성될 테니까요. '자기사랑'의 역설이지요. 이제 키에르케고르의 **"진정한 사랑이란 곧 자기부정의 사랑"**이라는 아리송한 말이 이해가 될 것도 같습니다. 진정한 사랑을 하기위해서는 먼저 자신을 사랑하는 마음을 줄이는, 자기부정의 사랑이 필요합니다.

그래서 세상 사람들이 흔히 하는 '자신을 가장 사랑해야 한다'는 이야기가 저를 답답하게 하는 것입니다. 자신을 사랑하면 할수록 자신을 더 사랑할 수 없게 된다는 사실을 모르고 있으니까요. 진심으로 자신을 사랑하고 싶다면, 자신을 사랑하는 마음을 줄이고 타인을 사랑하는 연습을 해야 합니다.

그렇게 사랑과 연애를 시작해야 합니다. '나는 어떻게 되어도 상관없다'는 마음으로 누군가를 사랑해야 합니다. 몇 번의 시행착오나 시기의 차이는 있겠지만, 그 깊은 사랑은 반드시 우리에게 되돌아 올 겁니다. 자신을 아끼고 사랑하려는 마음을 누군가에게 쏟아 붓고, 그 누군가를 통해 그 깊은 사랑이 우리에게 다시 돌아왔을 때, 우리는 누구보다 '자신을 사랑하는' 사람이 되어 있겠지요. 그렇게 진심으로 자신을 사랑하게 되었을 때, 그토록 부러워했던, 넘치는 매력과 단단한 자존감을 가진 사람이 되어 있겠지요.

사랑과 연애에서 우리가 잊지 말아야 할 것은 '자신을 사랑하지 않아야 한다'는 것입니다. 자신을 사랑하지 않을 준비가 되셨나요? 그렇다면 이제 '자신을 사랑하지 않는 마음'으로 사랑과 연애에 관한 긴 이야기를 시작해볼까요?

2017년 2월, 사랑과 연애로 한 겨울 추위도 녹일 수 있기를 바라면서.

신도림 스피노자, 황진규

첫 번째 이야기 솔로의 철학

1. 꼭 연애를 해야만 하는 건가요?

연애는 꼭 해야만 하는 건가요?

기본적으로 나는 연애예찬론자다. 연애만큼 우리네 삶을 유쾌하고 풍요롭게 해주는 것도 없다는 걸 알기 때문이다. 그래서 만나는 사람들에게 "연애하시라!"고 말하는 편이다. 하지만 삶이 척박해졌기 때문일까? 마음이 척박해졌기 때문일까? 이제 사람들은 "연애는 꼭 해야만 하는 건가요?"라고 묻기 시작했다. 이제 연애하지 않는 삶, 그러니까 사랑하지 않는 삶 또한 다양한 삶의 한 형태라는 걸 확인을 받고 싶은 모양이다.

감히 누가 '삶은 이러해야 해!'라고 단언할 수 있을까? 동서고금의 역사적 불행은 대부분 '삶은 이러해야 해!'라는 다양성을 인정하지 않는 생각에서 비롯된 것 아니던가. 중세 시대 신의 이름으로 자행되었던 살육이 그러했고, 유대인에게 씻을 수 없는 상처를 남긴 나치즘 역시 마찬가지였다. 그 불행의 시작은 모두 '삶은 이러해야 해!'라는 폭력적인 발상이었다. 그렇다면 같은 맥락에서 연애, 그러니까 사랑을 주고받는 삶 또한 다양한 삶의 한 형태로 인정해야 하는 걸까?

이 부분에서만큼은 내 생각은 조금 다르다. "연애를 꼭 해야만 하는 건가요?"라는 질문에 내 대답은 언제나 분명하고 단호하게 "그렇다"이다. 이건 내가 독선적이고 폭력적인 사람이어서가 아니다. 일상적인 삶 속에 상존하는 그 많은 고민과 문제들은 결국 본질적으로 '사랑'이란 것과 깊게 연루되어 있기 때문이다. 쉽게 납득할 수 없을지도 모르겠다. 정신분석학이라는 학문을 통해 이 문제를 조금 더 깊게 들여다보자.

우리는 모두 애정결핍환자다.

정신분석학에서는 인간을 위대한 존재로 보지 않는다. 정신분석학에 따르면 인간은 동물들에 비해 열등하기 짝이 없는 존재다. 정신분석학은 인간을 '미숙아'로 본다. 만물의 영장인 인간이 동물들에 비해 열등할 뿐만 아니라 '미숙아'라니, 황당함을 넘어 불쾌감이 밀려온다. 객관적으로 살펴보자. 인간과 동물들의 차이가 무엇일까? 동물들은 기본적으로 태어나자마자 혹은 태어나고 짧은 시간 이후에 자신의 생존을 책임질 수 있는 육체적 능력을 갖는다. 물고기는 태어나자마자 헤엄을 칠 수 있고, 말은 태어 난지 몇 시간 만에 걸어 다닐 수 있다. 그렇게 포식자들을 피하거나 먹이를 구할 수 있는 최소한 능력을 갖게 된다.

하지만 인간은 어떤가? 짧게는 1~2년 길게는 3~4년 동안 인간은 '엄마'로 표상되는 어떤 존재가 없다면 결코 생존할 수 없는 존재다. 이건 굳이 '프로이트'나 '라캉' 같은 정신분석학자의 힘을 빌리지 않더라도 다 아는 사실이다. 그런데 여기서 의구심이 든다. 다른 동물들보다 시간이 더 필요할 뿐, 인간도 결국 시간이 지남에 따라 자신의 생존을 책임질 수 있는 육체적 능력을 갖게 되는 것 아닌가? 그런데 대체 왜 정신분석학은 성인을 포함한 인간을 통칭해서 '미숙아'라고 단언했던 것일까?

정신분석학은 스스로 생존하지 못하는 유아기 시절에 인간 내면에 어떤 일들이 일어나는가에 집중한다. 유아든 성인이든 인간에게 가장 큰 트라우마로 남는 것은 죽음의 공포와 관련된 것이다. 끔찍한 교통사고를 당했다거나 강도가 자신의 목에 칼을 들이대었던 경험은 결코 지워지지 않는 마음의 상처, 즉 트라우마로 남는다. 그런데 이 정도 크기의 트라우마를 유아기 시절에는 일상적으로 받는다. 의식적으로 기억하지 못할 뿐, 갓난아이는 모두 부모의 보살핌이 없다면, 자신이 생존할 수 없다는 사실을 누구보다 잘 알고 있다.

아이는 직감하는 것이다. 부모가 자신을 사랑해주지 않는다면, 자신이 결코 생존하지 못할 거란 사실을. 갓난아이는 일상적으로 죽음의 공포를 넘나드는 경험을 할 수밖에 없다. 인간은 부모라는 존재가 없다면 당장 죽을 수도 있다는 불안이 내면에 각인된다. 그 생존에 대한 불안은 결국 애정결핍으로 변형되어 인간의 내면에 자리 잡게 된다. 이제 정신분석학이 왜 인간 전체를 미숙아로 보았는지 알 것도 같다. 유아기 시절에 필사적으로 부모의 사랑을 욕망했던 그 애정결핍은 성인이 된 인간에게도 집요하게 남아있기 때문이다.

연애의 목적

불행하려고 연애하려는 사람은 없다. 연애의 목적은 분명 행복이다. 행복은 무엇일까? 행복은 집요하게 우리에게 들러붙은 그 애정결핍이 잠시지만 해소될 때 찾아오는 감정일 게다. 우리는 행복 하고 싶다. 애정결핍에서 벗어나고 싶다. 친구에게 칭찬받고 직장 상사에게 인정받는 순간이 그리도 매혹적인 이유는 잠시지만 애정결핍이 해소되기 때문이다. 연애가 매혹적인 이유는 연애만큼 강렬하게 우리의 애정결핍을 해소시켜주는 관계가 없기 때문일 테다.

연애는 해도 좋고 안 해도 좋은 선택의 문제일까? 그렇다. 연애하지 않고 살겠다는 데 누가 뭐라 할 수 있을까? 하지만 '행복해지고 싶다'고 말하면서 연애를 선택의 문제로 남겨두는 건, 먹지 않고 배고픔이 사라지기를 바라는 것처럼 당황스러운 말이다. 인간은 어쩔 수 없이 애정결핍에서 벗어날 수 없는 존재고, 그 애정결핍을 가장 많이 채워줄 수 있는 것이 바로 연애다. 행복 하고 싶다면서, 일에만 매달리고 돈에만 매달리는 건 목이 마르다면서 바닷물을 들이키는 것처럼 어리석은 일이다.

물론 일과 돈으로도 애정결핍이 잠시 해갈될 수 있다. 하지만 이해

관계로 점철된 인간관계에서 난무하는 인정, 칭찬, 관심은 진짜 사랑이 아니다. 그런 가짜 사랑으로 애정결핍이 잠시는 해갈되겠지만, 이내 깊고 더 치명적인 갈증이 밀려올 수밖에 없다. 애정결핍을 해갈할 수 있는 건 진짜 사랑이다. 연애를 하면서 느끼게 되는 그 사랑의 감정. 애정결핍에서 결코 벗어날 수 없는 존재가 인간이기에, 사랑받지 않고 살 수 있는 사람은 없다. 그래서 행복한 삶을 원하는 이들에게 연애는 선택의 문제일 수 없다.

삶의 목적도, 연애의 목적도 같다. 행복. 행복은 사랑받을 때 온다. 그러니 연애, 해야만 한다. 연애를 해본 사람은 안다. 누군가에게 진짜 사랑을 받는다는 것이 얼마나 황홀하고 매혹적인 경험인지. 그것이 우리네 삶을 얼마나 행복하게 하는지. 되도록 많은 사람들이 연애를 해봤으면 좋겠다. 사랑, 그것이 삶을 얼마나 건강하고 유쾌하게 해주는지 더 많은 사람들이 알게 되었으면 좋겠다. 사랑받으려고 기를 쓰며 살자. 그러기 위해 연애, 하자!

2. 연애를 '부정'하는 이들에게

왜 연애를 부정하게 되었을까?

"나는 연애를 하고 싶지 않아!"라고 말하는 사람을 가끔 만날 때가 있다. 이런 부류는 "연애를 꼭 해야만 하는 건가요?"라고 묻는 부류와 다르다. 후자는 그나마 낫다. 연애를 할 수도 있고, 하지 않을 수도 있는 선택의 영역에 남겨두고 있기 때문이다. 하지만 전자는 연애를 선택의 영역에 조차 남겨두지 않는다. 연애를 부정하고 기피해야 할 어떤 것으로 여긴다. 그들은 왜 연애를 부정하게 되었을까?

연애를 부정하는 이유는 크게 네 가지 원인에서 기원한다. 첫째, 주체성이 부정당하기 때문이다. 누구나 주인으로 살고 싶다. 하지만 사랑에 빠져 본 사람은 다 알 듯이 연애의 표어는 '당신의 뜻대로 하소서'다. 아무리 당당하고 주체적인 삶을 사는 사람일지라도 사랑에 빠지는 순간 상대방이 원하는 것을 해주려고 눈치 보는 수동적인 사람이 될 수밖에 없다. 이 사랑의 역설을 직감하기에 어떤 이는 연애 자체를 거부하고 싶은 것이다. 언제나 당당하고 주체적인 인간으로 살기 위해서.

두 번째 이유는 고백의 쪽팔림 때문이다. 연애라는 것은 우정처럼 자연스럽게 진행되지 않는다. 결이 맞는 두 사람이 함께하는 시간이 많아지면 우정은 자연스럽게 돈독해진다. 하지만 연애는 다르다. 고백 없는 연애는 없다. 그런데 고백이라는 의식이 보통 괴로운 것이 아니다. 그 고백의 괴로움으로부터 애초에 벗어나고자 어떤 이는 연애를 부정하고 거부하곤 한다. "쪽팔리게 고백을 하느니 차라리 연애를 하지 않겠어"라고 생각하는 것이다.

세 번째 이유는 이별의 쓰라림 때문이다. 제대로 된 연애를 한 번이라도 해본 사람은 안다. 연애가 끝났을 때, '다시는 사랑 따위는 하지 않을 테야'라는 마음이 들 수밖에 없다는 걸. 사랑의 크기만큼 이별은 아프다. 헤어진 연인과 함께 찍은 사진을 정리할 때 터져 나왔던 눈물을 알고 있는 사람이라면, 다시는 연애라는 것을 하고 싶어 하지 않을 수 있다. 이별이 얼마나 아픈 것인지 절절하게 경험한 사람은 종종 연애를 부정하고 거부하곤 한다.

연애를 부정하게 된 가장 중요한 이유

네 번째 이유가 가장 중요하다. 연애는 집요하게 우리를 '지금' 그리고 '여기에' 살도록 만들기에 그것을 피하고 싶다. 재수시절 때였다. 함께 학원을 다녔던 친구가 심각한 고민에 빠졌다. 옆 반에 좋아하는 아이가 생겼다는 거였다. 더 심각한 문제는 친구의 고백을 여자 아이가 받아줬다는 거였다. 둘은 함께 점심도 먹고 주말에는 영화도 보는 연인의 일상을 누렸다. 하지만 그 연애는 오래가지 못했다. 친구와 그 여학생은 얼마 지나지 않아 누가 먼저랄 것도 없이 "지금은 이럴 때가 아니야"라는 말과 함께 이별했다. 그 친구는 "대학 갈 때까지 연애 안 할 거야"라며 연애와 사랑을 부정했다.

이것이 비단 재수학원에서만 일어나는 일일까? 연애는 우리를 '지금' 그리고 '여기에' 살도록 강하게 압박한다. 연애의 놀라운 점은, 연애를 하게 되면 미래에 대한 걱정은 순식간에 사라진다는 사실이다. 절대 빠져서는 안 될 전공 수업을 빠지고 연인을 만나러 간다. 사랑하는 사람이 갖고 싶어 하던 선물을 주기 위해 적금을 깨기도 한다. 그래서 언제나 내일과 미래만을 보고 사는 사람들은 사랑을 무책임하고 비합리적인 짓이라고 말하는 것일지도 모르겠다.

세상은 항상 우리에게 합리적이고 책임감 있게 살라고 요구했다. 합리적이고 책임감 있는 것은 무엇이었을까? 그건 분명 언제나 '내일'과 '미래'를 위해 '오늘'과 '지금'을 희생하며 사는 것이었다. 그래서 우리 역시 믿게 되었다. 내일과 미래만 보고 사는 것이 책임감 있고 합리적인 것이라고. 돈이든, 학력이든, 명예든, 권력이든 어떤 목표를 성취하기 위해 오늘을 희생하는 것이 올바른 삶이라고 믿어오지 않았던가.

사랑은 '지금' 그리고 '여기에'다.

하지만 사랑은 우리를 '지금' 그리고 '여기에' 살도록 만든다. 뜨거운 연애를 하는 사람은 재수학원에서 열심히 공부를 하는 대신 그녀를 바라볼 수밖에 없다. 사랑에 빠진 대학생은 전공 수업에 빠지는 것쯤은 우습다. 악착같이 돈을 벌려고 하는 사람 역시 사랑에 빠지면 적금을 깨서 연인과 여행을 떠날지도 모를 일이다. 사랑은 두려운 일이다. 내일과 미래를 위해 오늘과 지금을 희생해오며 사는 사람들에게는 특히나 그렇다. 사랑에 빠지면 오늘과 지금을 살지 않을 도리가 없기 때문이다.

연애를 부정하는 사람은 두려운 것이다. 항상 미래를 준비하고 오늘을 희생하는 삶에서 정서적 안정감을 느꼈는데, 사랑하게 되는 순간 그 정서적 안정감이 순식간에 무너져 내릴 것을 직감하기 때문이다. 사랑은 집요하고 강한 압력으로 우리를 '지금' 그리고 '여기에' 살도록 만드니까. 그래서 어떤 이는 그 내면화된 정서적 안정감, 그러니까 오늘을 희생하며 살 때 느껴지는 그 기묘한 자기 착취적 안정감을 위해 결국 사랑을 부정하게 되는 것이다.

행복이란 것이 내일이 아니라 오늘에 달려 있다는 것을 깨닫게 된 사람만이 사랑을 긍정하고 연애를 시작하게 되는 걸까? 아니면 누군가를 사랑하고 연애를 하게 되어서 행복은 내일이 아니라 오늘에 달려 있다는 걸 깨닫게 되는 것일까? 어느 쪽이든 연애는 부정과 거부의 대상이 아니라 긍정과 소망의 대상일 수밖에 없다는 것만은 분명하다. 삶을 사랑한다면, 연애는 결코 우회할 수도 없고, 해서도 안 되는 경험이다. 행복은 내일과 미래 어디 즈음에 있지 않다. '지금' 바로 '여기에' 있다.

3. 연애를 '준비'하는 이들에게

열쇠 도둑의 방법

연애를 부정하지 않는 솔로들의 이야기를 해보자. 언젠가는 자신도 뜨거운 사랑을 하게 되었으면 좋겠다고 생각하는 사람들이 있다. 그들은 대체로 연애를 '준비'한다. 어떤 이는 다이어트를 하고, 어떤 이는 옷을 사고, 또 어떤 이는 사랑하기 위해 돈을 벌어야 한다고 말한다. 그 모든 것이 연애를 하기 위한 '준비'라는 것이다. 세상 모든 일에 준비해서 나쁠 게 뭐가 있을까. 그러니 연애를 '준비'하려는 사람들 역시 준비성이 철저한 성실한 사람일지도 모르겠다.

연애의 '준비'에 대해 더 이야기하기 전에 영화를 한 편 소개하고 싶다. 〈열쇠도둑의 방법〉(감독 우치다 켄지, 2012)이다. 사랑을 '준비'를 하려는 사람들에게 추천하고 싶다. 이 영화는 여성 잡지사 편집장인 '카나에', 무명 배우인 '타케시', 그리고 청부살인자인 '콘도'라는 세 명의 주인공이 이야기를 풀어간다. 이 영화는 청부살인자 콘도가 기억상실증에 걸려, 타케시와 콘도가 서로 바뀐 삶을 살게 되면 벌어지는 이야기다.

흥미로운 것은 '카나에'라는 여자다. 그녀는 모든 것을 철저하게 계획하고 준비하는 성격이다. 결혼에 있어서도 마찬가지다. 잡지사 편집장인 그녀는 부하직원들에게 자신의 결혼에 대한 일정과 계획에 대해서 상세하고 구체적으로 말한다. 하지만 당황스러운 것은 아직 결혼 상대가 정해지지 않았다는 것. 결혼에 대한 일정과 계획, 준비 안에 결혼할 조건에 맞는 남자를 찾는 것까지 포함되어 있었던 것이다. 이보다 더 준비성이 철저한 사람이 또 있을까?

여기저기 맞선을 보던 중 카나에는 기억상실증에 걸린 콘도를 우연히 만나게 된다. 카나에는 과거를 기억하지도 못하고 허름한 단칸방에 살게 된 콘도에게 조금씩 마음을 빼앗긴다. 급기야 카나에는 콘도의 살인청부업자라는 정체를 알게 된 이후에도 사랑을 멈추지 못하게 된다. 결국 카나에는 자신이 계획하고 준비했던 것과는 전혀 다른 연애를 시작하게 된다. 카나에의 사랑을 보면서 연애에 대한 준비가 얼마나 부질없는 것인지 다시 한 번 깨닫게 된다.

연애는 '준비'하는 것이 아니라 '닥쳐오는' 것이다.

비단 연애만 그럴까? 우리는 모든 일에 계획을 세우고 준비를 하려고 한다. 하지만 돌아보면 세웠던 계획과 성실한 준비대로 일이 풀려나갔던 적이 얼마나 있을까? 겹치고 겹친 우연과 통제할 수 없는 돌발변수에 의해 치밀했던 계획과 성실했던 준비는 허사로 돌아갔던 적이 한 두 번이던가. 연애 역시 삶의 일부이기에 마찬가지다. 연애는 계획을 세우고 준비할 수 있는 것이 아니다.

지옥 같은 다이어트로 마른 몸을 갖게 되었지만 눈앞에 나타난 매혹적인 사람이 통통한 사람이 좋다고 하면 어떻게 할 텐가? 연애를 위해 이런저런 옷을 사다 모았지만 내 마음을 사로잡는 사람이 음악과 소설에 대해서 이야기하고 싶어 하는 사람이라면 어떻게 할 텐가? 연애를 하기 위해 돈을 악착같이 모았지만 내 마음을 사로잡은 사람이 돈만 밝히는 사람을 제일 격멸하는 사람이라면 어떻게 될까?

연애는 준비하는 것이 아니라 닥쳐오는 것이다. 사랑은 차근차근 진행되는 감정이 아니다. 어느 순간에 자신도 모르게 휘말려 들어가 버리는 것이 사랑이다. 매사에 계획적이고 준비성 넘치는 카나에가 히키코모리 같은 '콘도'와 살인청부업자 '콘도'에게 휘말려 들어가 버린 것은 사랑이라는 것이 어떤 것인지를 극적으로 보여준다. 사랑이 휘말림이 아니라면 이런 일은 결코 일어나지 않을 일이다. 이런 일은 정말 영화 속의 일이기만 할까?

친구 땜빵하러 세수도 안하고 나간 미팅 자리에서 운명 같은 사랑을 만날 수도 있다. 평소에는 얄쌍한 남자를 좋아했지만 어느 날 덩치 큰 어느 남자에게 자신도 모르는 사이에 빠져 들어버리게 될 수도 있다. 그게 사랑이다. 연애는 언제나 그렇게 시작된다. 이처럼 사랑은 휘말림이기에 연애는 계획할 수도, 준비할 수도 없다. 반대로 말해, 준비하고 계획할 수 있다면, 그건 연애가 아니라 의무 같은 노동이거나 사업 같은 돈벌이일 게다.

준비해야 할 것이 있다면, 감정에 정직해지는 것이다.

이쯤 되면, 볼멘소리로 묻고 싶을지도 모르겠다. "그럼 이 지긋지긋한 솔로를 탈출하기 위해 아무 것도 하지 말아야 하나요?" 물론 아니다. 다이어트를 하고, 옷을 사고, 돈도 모으는 것이 연애를 하는 데 왜 아무 필요가 없을까. 옳고 그름의 문제를 떠나, 많은 사람들이 날씬한 사람을, 세련되게 옷 입는 사람을, 돈 많은 사람을 좋아하는 것은 어쩔 수 없는 현실이다. 그러니 연애의 확률을 높이기 위해서 그런 준비들이 전혀 불필요하다고 말할 수는 없다.

하지만 연애를 위해 무언가를 준비를 해야 한다면, 가장 중요한 준비는 감정에 정직해지는 것이다. 다시 카나에의 이야기로 돌아가자. 영화 밖으로 나오면 세상에는 너무나 많은 '카나에'가 존재한다. 매사에 치밀하게 계획하고 성실하게 준비하고 그래서 모든 일을 똑 부러지게 처리 하는 그런 사람들. 영화 밖의 그 '카나에'들이 진짜 사랑을 하지 못하는 경우를 많이도 보았다. 콘도와 사랑에 빠진 영화 속 카나에와 현실의 '카나에'는 무엇이 달랐던 것일까?

의사를 한 명 알고 있다. 의대생 시절부터 알고 지냈다. 이제껏 그보다 더 인생을 치밀하게 계획하고 준비하는 사람을 본적이 없다. 다행이었을까? 불행이었을까? 그에게 사랑이 찾아왔다. 우연히 알게 된 자원봉사자였다. '그녀가 어디가 좋았냐?'는 내 질문에, "그렇게 해맑은 미소를 본적이 없어"라고 답했다. 그때 알았다. 친구는 이미 사랑이라는 감정에 휘말렸음을. 그 뒤로 가끔 그녀를 만나 밥도 먹고 함께 공연을 보러갔던 것으로 안다.

현실의 '카나에'를 위하여

의대생은 그녀와 연애를 시작했을까? 아니다. '그녀와 왜 사귀지 않느냐?'는 질문에 그가 돌린 답은 "나답지 못한 것 같아서"였다. '나답다'는 것은 무엇을 의미했을까? 자신의 계획과 준비에 예정 없이 불쑥 끼어든 그녀에게 빠져 들어가는 것을 받아들일 수 없다는 것을 의미했다. 그렇다면 영화 속 카나에는 어떻게 콘도를 사랑할 수 있었을까? 카나에는 자신의 감정에 정직했기에 때문이다. 히키코모리 같은 사람이지만 내가 그에게 끌리고 있다는 감정, 살인청부업자지만 여전히 그와 있으면 심장이 두근거린다는 감정에 정직했기에 가능했던 일이었다.

현실의 '카나에'인 의대생은 자신의 감정을 숨기고 은폐했다. 그녀의 그 해맑은 미소를 보며 느꼈던 설렘, 두근거림, 그리고 그녀를 만나면서 자신의 삶이 충만해지고 완전해지고 있다는 감정을 애써 부정했다. 그래서 그녀와 사랑에 빠지지 못했던 것이다. 그렇다. 솔로들이 사랑을 기다리며 연애를 준비해야 한다면, 무엇보다 중요한 것은 자신의 감정을 잘 살피고 그것에 정직해지는 것이다. 그 준비가 되었을 때, 우리는 영화 속 카나에처럼 갑작스럽게 닥쳐오는 '콘도'를 사랑할 수 있지 않을까? 솔로 탈출은 그렇게 이뤄지지 않을까?

4. 외모가 중요한가? 내면이 중요한가?

연애에서 외모가 중요한가? 내면이 중요한가?

"저는 이제 연애를 하고 싶은데, 그게 잘 안돼요."

"왜요?"

"…… 보시다시피 제 외모가 그다지 매력적인 외모가 아니잖아요."

"그런 생각을 하면 안 돼요. 사람은 외모가 아니라 내면이 중요해요. 그러니 외모보다 내면에 더욱 신경을 써야 해요."

어느 모임에서 대화였다. 고민을 토로한 사람은 작은 키에 통통한 외모를 가진 20대 후반의 여자였고, 그 고민에 답을 해준 사람은 인문학 책을 꽤나 읽었다는 마흔을 넘긴 남자였다. 그 대화를 옆에서 듣고 있다, 그 남자의 엉덩이를 걷어차고 싶다는 충동을 간신히 참았다. 인문학적 소양이 있다고 믿어 의심치 않는 사람들이 종종 하는 실수가 있다. 그건 존재하는 현실을 있는 그대로 보는 대신, 자신의 인문학적 신념에 현실을 꿰어다 맞추려는 것이다. 그 남자도 그랬다.

그 20대 후반 여자의 외모는 각종 매체들이 각인시켜 놓은 미(美)를 기준으로 하면, '못생긴' 편이 분명하다. 그걸 부정할 순 없다. 그리고 그 외모 때문에 분명 이성과의 관계에서 크고 작은 상처를 수도 없이 받았을 게다. 남자라는 동물이 예쁜 여자에게는 친절과 관심 그리고 애정 어린 시선을, 못생긴 여자에게는 불친절과 무관심, 싸늘한 시선을 남발하는 경우는 너무 흔하니까. 반대 경우, 그러니까 잘생긴 남자와 못생긴 남자를 대하는 흔한 여자들의 태도 역시 정도의 차이만 있을 뿐 크게 다른 것 같지 않다.

연애에서 외모가 중요한 이유

이게 현실이다. 누가 뭐래도 연애의 시작은 외모다. 외모가 매력적이지 않다면, 내면을 내보일 기회조차 없다. 인간의 내면? 봐야지. 이보다 중요하고 옳은 이야기도 없다. 하지만 '못생긴' 사람에게는 이보다 더 공허한 이야기도 없다. '밀란 쿤데라'에 관해 밤새 이야기할 수 있고, '피카소'의 그림을 보고 눈물을 흘릴 수 있고, '니체'의 철학으로 삶을 살아내고 있는 사람이 있다고 해도, 그 사람의 외모가 매력적이지 않다면 보석처럼 반짝이는 그 아름다운 내면은 좀처럼 발견되지 않을 것이다. 적어도 이성에게는 분명 그럴 것이다.

외모와 내면 중에 어떤 것이 중요한가? 분명 내면이다. 하지만 그 내면을 연애 상대에게 드러낼 수 있는 기회는 외모에 있다. 그래서 연애에서 내면만큼이나 외모 역시 중요하다. 특히나 지금처럼 겉으로 보이는 것에 집착하는 사회에서는 더욱 그렇다. 언젠가 연애를 하고 싶지만 '못생긴' 외모 때문에 연애가 번번이 좌절된다는 고민을 토로했던 대학생을 만난 적이 있었다. 그때 그에게 "이제 책 놓고 살 빼고 외모를 가꿔"라고 말했다.

그 아이는 실망한 듯, 서운한 듯 표정을 지었다. 철학과 소설을 좋아하는 그 아이는 내 대답이 못내 실망스럽고 서운했나보다. 그 아이는 내게서 외모보다 내면이 더 중요하다는 이야기를 듣고 싶었나보다. 하지만 현실은 현실이다. 연애에서 외모는 중요하다. 외모는 대체로 타고나는 것이다. 하지만 못 생겼다고 생각하는 사람도 내면이 아름답다면 좌절할 필요는 없다. 호감이 가는 상대에게 자신의 내면을 내보일 기회를 갖는 정도의 외모는 노력으로 극복할 수 있으니까. 어찌 되었든 외모는 중요하다.

외모는 내면을 지배한다.

우리는 '외모-내면'을 분리해서 생각하는 경향이 있다. 하지만 외모와 내면은 각자의 영역으로 완전히 분리되어 있는 것이 아니다. 쉽게 납득할 수 없겠지만 외모는 내면에 영향을 미치고, 내면은 외모에 영향을 미친다. 이 삶의 진실을 받아들일 수 있다면, 외모가 중요하다는 말의 진의를 이해할 수 있다.

외모의 문제는 단순히 외모의 문제로 끝나지 않는다. 외모에 관한 편견 하나. 외모가 아름답지 않은 사람은 내면이 아름다울 거라는, 또 외모가 아름다운 사람은 내면이 아름답지 못할 거라는 편견이다. 이건 정말 편견이다. 현실은 다르다. 외모가 '못생긴' 사람은 내면까지 뒤틀어진 경우가 많고, 외모가 '아름다운' 사람은 내면까지 매력적인 경우가 많다. 돌아보면 너무나 당연한 사실 아닌가?

외모가 '못생긴' 못한 사람은 어린 시절부터 얼마나 많은 냉대와 무시 같은 상처를 받았을까? 그 상처로 인해 내면마저 뒤틀어져 있는 경우는 흔하다. 그래서 외모가 '못생긴' 이는 일단 타인을 경계하고 심지어 맥락 없는 공격적인 모습마저 보이기도 한다. 하지만 '아름다운' 외모로 사람들로부터 관심과 애정을 받아온 사람은 대체로 타인들에게 친절하고 호의적이다. 이처럼 외모는 한 사람의 내면에까지 영향을 미친다.

타고난 외모에 따라 '외모-내면' 사이에 선순환과 악순환이 반복되는 경우는 흔하다. '아름다운' 외모를 가진 사람은 그 때문에 덜 뒤틀어진 내면을 갖게 되고, '못생긴' 외모를 가진 사람은 그 때문에 더 뒤틀어진 내면을 갖게 되는 경우가 존재한다. 이 삶의 진실은 '아름다운' 외모를 가진 이에게는 더 없이 희망적인 이야기고, '못생긴' 외모를 가진 이에게는 더 없이 절망적인 이야기다.

'아름다운' 사람들이야 잘 살 테니까 넘어가자. 문제는 '못생긴' 사람이다. '못생긴' 사람들은 이 악순환을 어떻게 끊어 낼 수 있을까? 답은 간단하다. 성형수술 같은 극단적 방법(요즘은 이것도 그다지 극단적인 것 같지 않지만)인 방법도 좋고, 아니면 다이어트, 화장, 세련된 옷

차림 같은 일상적인 방법도 좋다. 무엇이든 좋다. 외모에 신경을 써야 한다. '외모-내면'의 악순환은 바로 외모로부터 시작되었으니까 말이다.

사랑받을수록 매력적이 된다.

연애를 시작할 수 있을 정도의 외모를 가꿀 수 있다면 놀라운 일이 벌어진다. "사랑받으면 예뻐진다"는 말을 믿지 않았다. 하지만 지금은 그 말이 사실이라는 것을 안다. 외모가 내면에 영향을 미치기도 하지만, 동시에 내면이 외모에 영향을 미치기도 한다. 연예계에는 '카메라 마사지'라는 말이 있다. 못생긴 사람도 카메라 앞에 오래 서면 예뻐진다는 말이다. 데뷔할 때는 너무 못생겼었는데, 어느 순간 매력적인 모습으로 변신한 배우들을 생각해보자. 성형수술이나 변신술에 가까운 화장을 하지 않았지만 그렇게 매력적이 된 배우들이 있다.

'카메라 마사지'의 비밀은 무엇일까? 아무리 못생긴 사람이라도 사랑을 받으면 매력적이 된다. 누구도 관심을 주지 않는 못생긴 무명배우는 그냥 못생겼을 뿐이다. 하지만 그가 포기하지 않고 자신의 길을 가면서 사람들의 사랑을 받기 시작하면, 그러니까 카메라 앞에 자주 노출되면 놀라운 일이 벌어진다. 세상은 그를 개성 넘치는 매력적인 외모를 가졌다고 말해준다. ('유해진'이나 '류승범' 같은 배우를 생각해보라) 그건 분명 유명해졌기에 가지게 된 후광효과 덕도 있겠지만, 사랑받기 시작하면서 달라진 내면에 따라 외모 역시 변했기 때문이기도 하다.

중요한 건, 단 한 번의 사랑을 시작할 수 있으면 된다는 사실이다. 그러기 위해 외모가 필요한 것이다. 누군가에게 사랑을 한 번이라도 받을 수 있다면 아름다워질 수 있다. 내면도 외모도 모두. 우리의 삶을 통째로 변화시킬 그 연애의 시작이 외모이기에 내면을 가꾸는 만큼 외모에도 관심을 가져야 하는 것이다. 삶의 진실이 이렇기에, 아름답지 못한 외모 때문에 고민하고 있는 사람에게 내면 타령만 하는 인간들의 엉덩이를 걷어 차주고 싶은 것이다.

안다. 어찌 내면보다 외모가 더 중요할 수 있을까? 항상 보이는 것보다 보이지 않는 것이 더 중요한 법이다. 그럼에도 불구하고 외모의 중요성에 대해 강변하는 이유는 분명하다. 아름다운 외모를 가졌지만 추한 내면을 가진 사람이 끔찍하다면, 추한 외모를 가졌지만 아름다운 내면을 가진 사람은 안타깝기 때문이다.

5. 연애, 내면, 외모

외모를 신경 쓰지 않고 연애하는 법

내면은 보이지 않는다. 그래서 '내면을 보라'는 말은 종종 공허하다. 하지만 내면을 볼 수 있다. 외모를 '모습'으로 볼 수 있다면, 내면은 '행동'으로 볼 수 있다. 외모가 아름다운 사람들은 단박에 알 수 있다. 매혹적인 화장, 아찔한 몸매, 세련된 옷의 모습을 통해서 외모를 알 수 있다. 내면은 어떻게 알 수 있을까? 사회적 약자를 대하는 행동, 패션 잡지 대신 시를 읽는 행동, 백화점 대신 미술관을 향하는 행동을 통해 알 수 있다.

한 사람의 '행동'을 통해 내면을 볼 수 있다. 사람들의 '모습'이 아니라 '행동'에 집중하면 놀라운 진실이 드러난다. 보석처럼 반짝이고 아름다운 내면을 가진 사람들이 의외로 많다는 사실. 외모에 신경 쓰지 않고 연애하는 법이 있다. 그건 한 사람의 내면을 볼 수 있는 안목을 기르고 동시에 자신의 내면 역시 아름답게 잘 가꾸면 된다. '모습' 아니라 '행동'이 아름다운 사람이 되면 된다. 그럴 수 있다면, 외모에 신경을 쓰지 않고 연애할 수 있다.

그렇게 시작하는 연애가 훨씬 더 행복하고 온전하다. 외모는 시간이 지나면서 필연적으로 쇠퇴할 수밖에 없다. 그래서 외모로 시작된 사랑은 언제나 불안하고 초조하다. 하지만 내면은 시간이 지나면서 더욱 아름다워질 수 있다. 시와 소설을 읽고, 삶을 노래하는 음악과 영화를 보고, 약자를 위해 목소리 낼 수 있는 행동을 하면 할수록 내면이 아름다워진다. 그렇게 시간이 지남에 따라 더욱 아름다워지는 내면을 가진 두 사람의 연애는 더 행복하고 온전하다.

'내게 너무 가벼운 그녀'

'내면을 보고 연애하라'는 이야기에 누군가 이렇게 반문한 적이 있다. "내면이 아름다운 건 알겠는데, 이성으로서 끌림이 없어요." 자의 반 타의 반으로 봉사활동을 가게 되었는데, 거기서 만난 내면이 아름다운 사람을 보고 내게 한 질문이었다. '내면을 보고 연애하라'는 이야기는 자칫 사랑을 감정이 아닌 이성으로, 욕망이 아닌 의무로 시작하라는 말처럼 들릴 수 있다. 쉽게 말해 외모는 별로라도 내면이 아름답다면 억지로 연애를 시작해야 한다는 이야기로 들릴 수 있다는 말이다.

앞서도 말했지만, 우리가 1차적으로 이성에게 끌리는 건 분명 외모다. 내면을 보려면 어느 정도 시간을 갖고 그 사람의 행동을 지켜보아야 가능한 일 아닌가? 그런데 외모가 끌리지 않는다면 시간을 갖고 그 사람을 지켜보는 것 자체가 쉽지 않다. 또 내면이 아름답다는 걸 알게 되어도 외모가 매력적이지 않다면 이성적 끌림이 없을 수도 있다. 지극히 현실적인 이 문제를 어떻게 해결할 수 있을까?

〈네겐 너무 가벼운 그녀〉(감독 바비 페럴리, 2001)란 영화를 알고 있는지 모르겠다. 이 영화를 통해 외모와 내면 사이에 존재하는 이성적 매력의 불일치에 대해서 이야기할 수 있을 것 같다. 줄거리를 간단히 정리하자. 주인공 '할 라슨'은 '애인은 반드시 쭉쭉빵빵 미녀여야 한다'는 생활신조를 지키며 사는 사람이다. 그러던 어느 날 할은 우연히 유명한 심리 상담사와 함께 고장 난 승강기에 갇히게 된다. 그때 심리 상담사는 할에게 특별한 최면요법을 건다. 내면이 외모로 보이게 되는 최면요법이다. 외모가 아무리 아름다워도 내면이 추하다면 할의 눈에는 추녀로 보이게 되고, 외모가 아무리 못생겨도 내면이 아름답다면 할의 눈에는 절세미녀로 보이게 되는 것이다. 그 덕분에 할은 뚱뚱하고 못생겼지만, 내면은 너무나 아름다운 그녀와 진짜 사랑을 하게 된다.

외모가 달라보이게 될 때, 성숙한 연애를 할 수 있다.

'내면이 아름답다는 걸 알지만 못생긴(혹은 뚱뚱한) 외모 때문에 이성적 끌림이 없다'는 사람 역시 할의 것과 같은 최면요법에 걸린다면 어떨까? 그 역시 영화 속 할처럼 성숙한 연애를 할 수 있지 않을까? 그런 최면효과는 영화에만 존재하는 걸까? 아니다. 어떤 최면에도 걸리지 않았지만 나는 할이 했던 것과 비슷한 경험을 한 적이 있다.

지방에 강연을 하러 갔을 때 일이었다. 50대 여자의 화장기 없는 얼굴에 가슴 설렜던 적이 있다. 자신이 좋아하는 작가와 시인에 대해서 소녀처럼 들떠 이야기하던 모습, 그리고 '세월호'에 대해서 이야기하면서 눈물을 글썽이던 모습 때문이었을까? 그때 처음 알았다. 50대 여성의 화장하지 않는 모습이 그처럼 아름다울 수 있다는 걸. 그때 분명 잠시지만 분명 이성적 끌림을 느꼈다. 할의 심정을 이해하게 된 경험이 한 번 더 있었다.

언젠가 '진리도 우정도 정의도 죽은 대학을 그만둔다'고 피켓 시위를 하며 명문대를 자퇴했던 여대생을 만난 적이 있었다. 그녀와 두 시간 남짓의 대화에서 그녀가 너무나 아름다워 보여 두근거리기까지 했다. 함께 갔던 친구에게 물었다. "그 친구 너무 예쁘지 않냐?" 대학 시절부터 함께 해왔던, 그래서 이제껏 사귀었던 여자 친구를 다 알고 있던 그 친구는 내게 "너 눈이 정말 낮아졌구나!"라고 말했다. 그때 스스로에게 놀랐다. 어느 순간 이성에 대한 미적 기준이 달라져있다는 사실을 깨닫게 되었기 때문이다.

누군가가 보기에 그 50대 여인과 여대생의 외모는 그다지 아름답지 않았을지도 모른다. 하지만 적어도 내게는 '너무 아름다운 그녀'들이었다. 하마터면 같이 식사라도 한 번 하자고 말할 뻔 했다. 이건 비단 나의 개인적인 체험만은 아닐 게다. 처음에는 '잰 내 스타일이 아니야'라고 생각했던 사람일지라도 그 사람을 알게 되게 되면서, 예를 들어 그 사람의 노래를 듣거나 깊은 생각을 알게 되었을 때, 그 상대가 점점 더 멋있고 예쁘게 보였던 경험이 한 번쯤은 있을 게다.

내면이 아름다워질 때 생기는 일

그런데 앞서 말했던 사람은 봉사활동에서 만난, 내면이 아름답던 상대에게 왜 이성적으로 끌리지 않았을까? 충분한 최면에 걸리지 않아서일 게다. 내면은 '옳고 그름'으로 판단되고, 외모는 '좋고 싫음'으로 판단된다. 그래서 내면이 아름다운 것은 끌리지 않고, 외모가 아름다운 것은 끌리는 것이다. 많은 사람들이 내면은 황폐하지만 외모는 아름다운 사람에게 끌리는 이유는 분명하다. 인간은 '옳고 그름'보다는 '좋고 싫음'의 영역에서 움직이는 존재이기에 그렇다.

하지만 한 사람의 내면이 정돈되고 아름다워져 가면 놀라운 일이 벌어진다. 한 사람의 내면의 판단이 '옳고 그름'의 영역에서 '좋고 싫음'의 영역으로 옮겨 오게 된다. 내면이 아름다운 사람의 매력적이지 않은 외모가 아름다워 보이게 되는 순간이 있다. 마치 노래를 매력적으로 부르는 못생긴 가수의 외모가 어느 순간 매력적으로 보였던 것처럼. 내면의 아름다움이 외모에 투영되어 보이게 되는 시점이 있다.

이 지점에 아름다운 내면을 가졌지만 매력적이지 못한 외모 때문에 연애하지 못하는 사람의 고민을 해결할 수 있는 실마리가 있다. 우선, 아무도 나의 내면의 아름다움을 발견해주지 못한다면 그건 내면의 아름다움이 외모로 투영될 정도로 충분히 아름답지 못해서일 것이다. 내면이 충분히 아름답다면, 그건 어느 시점에 외모로 투영될 수밖에 없으니까. 물론 내면의 아름다움이 외모로 투영된다고 해도 모든 사람이 그 사람의 매력을 발견할 수 있는 것은 아니다.

내면 가꾸기, 그리고 타자를 찾아 떠나기

그래서 내면이 아름다운 사람들은 여행을 떠나야 한다. 내면의 아름다움을 발견해줄 안목이 있는 사람을 찾아 떠나는 여행. 주위에 널리 외모지상주의자들 곁에서 끝임 없이 상처받을 필요 없이, 억지스럽게 외모를 꾸미느라 괴로워할 필요 없이, 내면을 발견해줄 현실의 '할라손'을 찾아 떠나야 한다. 누군가에게 우리는 분명 '내겐 너무 아름다운 사람'일 테니까. 있는 그대로의 자신을 사랑하고, 그런 우리를 사랑해줄 만한 사람을 찾는 여행을 떠나야 한다.

연애, 내면, 외모에 관한 문제는 결국 성숙한 사랑에 관한 문제와 결부된다. 그리고 성숙한 사랑은 다시 두 가지 실천적 문제에 달려 있다. 하나는 자신의 내면을 충분히 가꾸어 아름답게 할 것. 그것이 외모로 투영될 때까지. 그리고 불특정 다수에게 관심 받고 사랑 받으려 하지 말고, 자신의 아름다운 내면을 발견해줄 사람을 찾아 떠날 수 있을 것. 연애·내면·외모에 관한 문제는 결국, 자신의 내면을 충분히 아름답게 가꿀 의지와 그 내면을 발견해줄 타자를 찾아 떠날 수 있는 용기에 그 해법이 있다.

6. 연애하지 못해 일어나는 일들

우울증에 걸린 그녀

철학 수업을 하고 있다. 학문으로서의 철학보다는 생활로서의 철학을 가르치다보니, 수업 중에 개인적인 고민을 듣게 될 때가 있다. 한때 비슷한 고민을 했던 사람으로서 그네들의 고민 토로를 마다하지 않는다. 어느 여성이 내게 다가와 이야기를 시작했다.

"선생님, 전 몇 년 전부터 우울증을 앓고 있어요."

"네. 병원 다니고 계세요?"

"아뇨. 병원 다니다 별 차이가 없어서 지금은 개인적으로 상담을 받고 있어요."

"병원가거나 상담 받고 괜찮아 지신 것 같아요?"

"병원 다닐 때는 의사가 형식적인 질문하고 약을 처방해주곤 했는데 그때는 별다른 차이를 못 느꼈어요."

"지금은 괜찮고요?"

"음… 상담하면서는, 일단 상담할 때만큼은 좀 괜찮아요. 저도 제 이야기를 진솔하게 하고 상담사분도 잘 들어주시거든요."

"이제 상담 그만하시고, 연애하시는 게 좋을 것 같아요."

"네?"

'연애하라'는 뜬금없는 내 처방에 그 여자는 당황해하고 있었다. 원인이 무엇이 되었든 우울증을 겪는 사람들의 공통점이 있다. 자신의 진짜 모습을 잘 내보이지 않는다는 것이다. 이해도 된다. 내면 깊숙한 곳에 자리 잡고 있는 어둡고 부정적인 감정과 욕망을 다른 사람에게 보이기가 두려운 것이다. 그래서 우울증에 걸린 사람은 외롭다. 우울증이 삶을 파괴하는 이유 중 하나는 누구에게도 자신의 이야기를 할 수 없어서 느끼게 되는 외로움 때문이다.

그녀가 병원을 찾았던 이유는 자신의 내밀한 이야기를 하고 싶어서였다. 진짜 자신의 모습을 내보이기 위해서. 그래서 있는 그대로의 모습으로 누군가에게 이해받고 싶은 것이다. '당신은 이상한 사람이 아니에요'라는 말을 듣고 싶은 것이다. 누군가에게 '이해받고 싶다'는 말은 '사랑받고 싶다'는 말과 같다. 그래서 우울증은 질병이 아니다. 인간이라면 누구든 애정결핍증세를 갖고 있으니까. 그 애정결핍이 완화되면, 그러니까 누군가로부터 사랑받게 되면 우울증도 완화된다.

그런데 사랑받기 위해서는 전제조건이 있다. 있는 그대로의 자신을 내보여야 한다는 것. 우울증은 어떤 이유에서건 자신을 내보이는 것이 힘든, 그래서 누군가로부터 사랑받기 어려운 사람의 증상일 뿐이다. 그 여성은 왜 병원에서 상담으로 치유의 수단을 바꾼 것일까? 진짜 자신의 모습을 내보이고 이해받고 싶은데, 병원은 그저 차가운 업무적 질문 몇 개를 던진 후 약을 처방해준 것이다. 그것은 그녀가 원했던 것이 아니었다. '당신은 이상한 사람이 아니에요'라는 대답을 원했던 곳에서 오히려 '당신은 약을 먹어야 할 정도로 이상한 사람이에요'라는 말만 듣고 온 셈이었다.

우울증을 치유할 묘약은 연애다.

상담을 받는 곳은 달랐다. 진심이었든 아니었든 상담사는 그녀의 이야기를 잘 들어주었다. 그저 들어주는 것만으로 훌륭한 상담이 될 때가 있다. 때로 가슴 속에 있는 이야기를 누군가에게 하는 것만으로 상처가 치유되기도 하니까. 그런 측면에서 그 상담은 훌륭했다. 하지만 그 상담도 본질적으로 그녀의 우울증을 치유하지 못할 게다. 내 이야기를 한다는 건, 누구에게 말하지 못한 내 모습을 이해받고 싶다는 것이고, 이건 결국 본질적으로 진심 어린 사랑의 영역에서만 가능한 일이기 때문이다. 그래서 우울증을 치유할 묘약은 연애다.

꽤 심각한 허리 부상으로 우울증에 빠졌던 적이 있다. 그때 나를 구원해준 건 의사가 아니라 여자 친구였다. 건강했을 때는 세상에 못할 게 없다고 느꼈다. 하지만 고장 난 허리 때문에 제대로 걷을 수조차 없게 되었을 때 세상은 너무나 커보였고, 그럴수록 나는 아무것도 할 수 없을 것처럼 작아졌다. 그런 초라한 나를 누구에게 내비칠 용기가 없었다. 그렇게 우울증은 깊어갔다. 여자 친구도 만나지 않았다. 약해진 그래서 초라한 모습을 보일 용기가 없었기 때문이었다. 아니 정직하게 말해, 그런 모습에 여자 친구마저 떠날까 두려웠기 때문이었다.

2주가 넘게 연락이 되지 않는 남자 친구를 둔 여자는 남자의 집 앞으로 찾아왔다. 남자는 절뚝거리지 않으려 최대한 노력하면서 집 앞으로 나갔다. 여자 친구는 말없이 남자를 안아주었다. 그리고 아주 작게 흐느끼며 말해주었다. "괜찮아. 다 괜찮아 질 거야" 그리곤 봉투를 하나 쥐어주며 돌아갔다. 여자가 쥐어준 봉투에는 "허리 다친 데는 수영이 좋데, 오빠 운동 좋아하니까 수영하면 금방 나을 거야"라는 마지막 말이 담긴 편지와 근처 수영장 등록증이 들어있었다. 남자는 무엇이 그리 서러웠는지 참고 참았던 눈물이 터져 나와 아이처럼 울어버렸다.

사랑받고 있다는 느낌은 누구에게도 내비칠 수 없는 내 모습을 누군가는 이해해준다는 확신이다. 사랑받고 있는 사람은 우울증에 걸리지 않는다. 걸렸더라도 금세 치유된다. 연애는 그런 것이고, 사랑은 그런 것이다. 내게 고민을 토로했던 그 여자가 진짜 사랑을 하고 있었다면, 병원이나 상담사를 찾지는 않았을 테다. 잔인한 이야기라 그녀에게 말하지는 않았지만, 사실 그녀는 돈을 주고 상담사와 연애를 하고 있었던 것인지도 모르겠다. 잠시라도 사랑받고 있다는 느낌을 갖기 위해서. 생각해보면, 연애를 하지 않다는 것은 참 서글픈 일이다.

연애하지 못해 일어나는 일들

우울증에 걸린 그녀의 이야기이기만 한 걸까? 인간은 누군가에게 사랑받고 싶은 존재다. 인간은 끊임없이 타인의 사랑을 갈구한다. 때로 그 사랑은 관심, 인정, 칭찬이라는 모습으로 형태를 바꾸기도 한다. 하지만 그 모든 것의 본질은 사랑이다. 사랑받고 싶은 것이다. 직장을 다닐 때였다. 아끼던 후배가 업무에 열중하기 시작했다. 눈치 보며 칼퇴근하는 것을 직장생활의 낙으로 삼던 후배였기에 무슨 일이 생겼다는 걸 직감했다.

후배와 소주 한잔을 하던 날, 이유를 알게 되었다. 6년 사귄 여자 친구와 헤어졌단다. "왜 그렇게 일에 빠져 있냐?"는 내 질문에 그는 "여자 친구가 생각날 틈을 주지 않기 위해서요"라고 답했다. 그건 피상적인 이유였다. 6년 동안 그 후배의 애정결핍증이 드러날 일이 없었다. 언제나 관심과 애정을 보여주던 여자 친구가 있었으니까. 그런데 이제 상황이 다르다. 자신이 충분히 사랑받고 있지 못하다는 느낌 때문에 애정결핍증세가 드러나고 있는 중이었다. 여자 친구가 주었던 사랑을 동료와 상사의 관심·인정·칭찬으로 메우고자 했던 것이다.

직장에서 관심·인정·칭찬 받을 수 있는 방법이 무엇인가? 당연히 일이다. 그래서 그는 여자 친구와 헤어진 이후 업무에 빠져 살았던 것이다. 직장에서 노총각, 노처녀들이 업무에 목숨을 거는 경우를 보게 된다. 이 경우도 같은 맥락에서 이해할 수 있다. 남들처럼 연애하기에는 이미 나이가 너무 많아져버렸고, 결혼은 더욱 힘들어져 버렸다는 걸 직감하는 순간, 직장에 모든 것을 걸 수밖에 없다. 그 곳에서라도 사랑받을만한 존재가 되고 싶은 것이다. 인간이라면 피할 길 없는 애정결핍을 그렇게라도 채우고 싶다.

연애하지 못해 일어나는 일들의 결말

사이비 종교에 빠진 엄마를 원망하는 딸의 이야기를 들은 적이 있다. 사이비 종교는 어떤 사람들에게 마수를 뻗칠까? 외로운 사람들이다. 사랑받고 싶지만 누구에게도 사랑받고 있지 못하다고 느끼는 사람들에게 사이비 종교는 구원이다. 적어도 그곳에서 만큼은 사랑받는다는 느낌을 충분히 얻을 수 있으니까. 그래서 나는 딸의 하소연보다 '그 엄마는 얼마나 외로운 삶을 살아내었을까?'에 더 마음이 쓰였다.

모로 가도 서울만 가도 된다고, 사랑받을 수만 있으면 좋은 것 아닌가? 어차피 인간이 애정결핍에서 벗어날 수 없는 존재라면, 사랑을 주는 대상이 꼭 연인일 필요도 없지 않은가? 어차피 연애도 끝나게 마련이고, 사랑이 끝나면 또 힘든 시간이 도사리고 있을 테니까. 그러니 사랑을 주는 대상이 의사면 어떻고, 상담사면 어떻고, 직장 상사면 어떤가? 심지어 사이비 교주면 또 어떤가? 얼마나 많은 사람들이 알고 있을까? 사이비 종교에 빠진 사람은 정작 얼마나 행복한지. 힘든 건, 주변에 있는 사람이다.

하지만 그렇다고 해도 의사, 상담사, 상사, 사이비 교주에게 사랑받는 것을 딱히 추천하고 싶지 않다. 연인에게 사랑받는 것이 훨씬 낫기 때문이다. 왜 그런가? 너무나 당연한 말이지만, 의사·상담사·직장 상사·사이비 교주가 주는 사랑은 진짜 사랑이 아니기 대문이다. 사랑을 하면 관심·인정·칭찬을 받을 수 있지만, 관심·인정·칭찬을 받는다고 해서 그것이 사랑인 것은 아니다. 사랑하지 않는 사람에게 관심·인정·칭찬을 줄 수 있다. 물론 그 관심·인정·칭찬을 전부 거짓이라고 치부할 순 없다. 하지만 분명한 건 그 관심·인정·칭찬은 특정한 이해관계를 유지하기 위한 제스처일 뿐이란 사실이다.

이해관계로부터 파생된 관심·인정·칭찬에서 사랑이 주는 황홀한 감정을 잠시 느낄 수도 있다. 하지만 오래가지 못한다. 오래가지 못할 뿐만 아니라 더 큰 허무감과 공허감을 불러일으킨다. 직장에서 아무리 인정, 관심, 칭찬받는 사람일지라도 언젠가는 알게 된다. 직장에서의 관계가 얼마나 허무하고 공허한 것인지. 아니 이미 다 알고 있는 것일지도 모르겠다. 이해관계로 점철된 관계는 그 관계가 얼마나 친밀 하느냐와 별개로 결국 서로를 더 외롭게 만든다는 사실을. 그래서 사랑받고 싶다면, 의사·상담사·직장상사·사이비 교주보다 연인이 낫다.

철학자의 연애 오지랖

사랑은 사랑으로만 교환되어야 한다.

철학자, '칼 마르크스'는 『경제학-철학 수고』에서 이렇게 말한 적이 있다.

"그대는 사랑을 사랑으로만, 신뢰를 신뢰와만 교환할 수 있다."

이건 '사랑이나 신뢰와 같은 인간적 가치는 결코 자본주의적 가치인 화폐로 교환되어서는 안 된다'라는 취지로 한 이야기다. 마르크스의 말처럼, 사랑은 사랑으로만 교환되어야 한다. 인간은 결코 애정결핍에서 자유로울 수 있는 존재가 아니기에, 사랑은 화폐가 아니라 때로 '관심·인정·칭찬'으로 교환되기도 한다. 사랑받음으로 애정결핍을 메우려는 것이 아니라 '관심·인정·칭찬'을 받음으로 애정결핍을 채우려는 사람이 얼마나 많던가.

사랑의 부산물로서 '관심·인정·칭찬'을 받을 수는 있지만, '관심·인정·칭찬'을 받기 위해 사랑을 날조하지는 말아야 한다. 사랑은 '관심·인정·칭찬'과 교환될 수 있는 것이 아니다. 사랑이 아닌 '관심·인정·칭찬'으로 애정결핍을 메우려했을 때, 이해관계로 점철된 인간들이 몰려든다. 특정한 이해관계로 들어오기만 하면 손쉽게 '관심·인정·칭찬'을 받을 수 있다고 유혹하는 인간들이 얼마나 많던가. 사랑은 때로 특정한 이해관계 속에서 관심·인정·칭찬으로 교환되곤 한다.

하지만 그 어떤 달콤한 이해관계라도 그것이 주는 관심·인정·칭찬은 결코 사랑이 주는 황홀한 충만감을 대체할 수 없다. 마르크스의 말처럼 사랑은 오직 사랑으로만 교환될 수 있을 뿐이기 때문이다. 애정愛情결핍은 사랑愛 그 자체로 메워나가자. '관심·인정·칭찬'에 목매지 말고. 나는 감히 마르크스의 이야기를 조금 바꾸어 이야기하고 싶다. "사랑은 사랑으로만, 이해관계는 이해관계로만 교환할 수 있다." 사랑받고 싶다면, 엄한 곳에서 시간 낭비하지 말고 연애, 하자!

7. 이상형을 기다리는 이들에게

연애의 걸림돌, 이상형

"어제 소개팅 했어."

"어떻게 됐어?"

"뭐 나쁘진 않았는데, 이상형은 아니었어."

연애를 하고 싶지만 잘 안 되는 사람들이 있다. 그런 사람들과 이야기하다보면 종종 등장하는 단어가 있다. 이상형. 비단 솔로가 아니라도 사람들에게는 이상형이 있다. 그 이상형이라는 것이 '키는 180 정도, 몸매는 약간 마른 근육질, 손가락은 길고 하얀 사람'처럼 꼭 외모적인 것만은 아니다. '자상하고 이해심 많은 사람'처럼 성격적인 것이 이상형일 수도 있다. 아니면 '책을 자주 읽는 사람, 발표를 잘하는 사람, 돈이 많은 사람'처럼 기호나 취향 혹은 능력적인 것이 이상형이 될 때도 있다.

어찌 되었건 누구에게나 연애하게 될 사람이 '이런 사람이었으면 좋겠다'는 이상형은 있게 마련이다. 돈에 팔려가는 것이 아닌 이상, 마음에 들지 않는 사람과 연애하고 싶은 사람은 없으니까. 하지만 종종 이 이상형은 연애의 걸림돌이 되기도 한다. 호감이 생긴 이성을 만나도 쉽게 마음을 열지 못하고 우물쭈물하거나, 또 다른 이성에게 흘깃거리느라 호감이 갔던 상대를 놓치는 경우가 종종 발생한다. 그리곤 이렇게 말하면서 늘 아쉬워한다. '아, 그 사람이 키만 좀 컸으면' '조금만 더 날씬했어도' '조금만 더 다정했으면' '돈이 조금만 많았으면'

이상형은 나의 결핍에서 만들어진다.

이처럼 이상형은 종종 연애에 걸림돌이 된다. 그래서 이상형을 어떻게 다루어야하는지는 연애에서 중요한 문제다. 이 문제를 이야기하기에 앞서 이상형이 무엇인지, 정확히는 이상형이 어떻게 만들어지는지에 대해 이야기해보자. 근본적인 원인을 알면 적절한 대처법은 저절로 나오게 마련이니까.

자신의 이상형은 유순한 남자라고 말하는 여자를 만난 적이 있다. 그녀는 리더십이 있고 주도적인 남자에게 매력을 느끼지 못한다고 했다. 자신의 이야기에 귀를 기울여 주고 가급적 자신의 주장대로 남자가 따라주기를 바랐다. 그리고 그런 남자에게 매력을 느낀다고 했다. 그녀의 이상형, 그러니까 유순한 남자라는 이상형은 어떻게 만들어지게 되었을까? 그녀와 속 깊은 이야기를 나누면서 알게 되었다.

그녀의 이상형은 아버지의 모습에서 기인한 거였다. 그녀의 아버지는 단순히 가부장적이라고 말할 수 없을 정도 폭력적인 남자였다. 가족들에게 언제나 명령하듯 이야기했고, 술을 마시고 온 날이면 수시로 폭언과 폭력을 일삼았단다. 어린 그녀는 얼마나 두렵고 힘들었을까? 아버지로부터 받았던 상처가 그녀의 이상형으로 투영되었던 게다. 그녀의 이상형은 아버지 같지 않은 남자였다. 폭력적인 남자와 가장 멀리 떨어진 사람이 유순한 사람이라고 느꼈던 것이다. 외모적인, 경제적인, 능력적인 기준은 그녀에게 이상형이 되지 못했다. 오직 유순하기만 하면 되었다. 아버지가 남긴 상처로 인한 정서적 결핍이 이상형으로 드러난 거였다.

다른 이상형도 마찬가지다. 남자들은 다 날씬하고 마른 여자를 좋아할 거라 생각하지만 실제로 그렇지 않다. 살집이 있는 통통한 여자가 이상형인 남자들이 있다. 그런 남자들은 대부분 마른 남자들이다. 자신에게 결핍된 부분이 이상형으로 투사된 것이다. 책 읽는 남자가 이상형이라고 말한 여자는 지적인 부분에서 콤플렉스를 갖고 있는 경우가 많다. 이처럼 한 사람의 이상형이란 것은 자신에게 결핍된 어떤 것이 이성의 모습으로 투사된 경우가 대부분이다.

의문이 들 수 있다. 마른 남자이지만 마른 여자를 좋아할 수도 있고, 책이라곤 근처에 가본 적이 없는 여자이지만, 지적인 남자에게 전혀 매력을 못 느끼는 경우도 실제로 많지 않은가? 그렇다. 자신에게 결핍된 부분이라고 해서 그것이 반드시 이상형으로 투사되는 것은 아니다. 결핍이 이상형으로 투사되려면 전제 조건이 있다. 그 결핍이 자신이 바라는 모습의 결핍이어야 한다는 것. 쉽게 말해, 내가 되고자 하는 어떤 모습에서의 결핍이 이성의 이상형에 투영된다는 말이다.

나에게 어떤 결핍이 있더라도 그 결핍이 내가 되고자하는 어떤 모습에서의 결핍이 아니라면 이상형으로 나타나지 않는다. 마른 남자 중 살집이 있는 건장한 남자가 되기를 바라는 남자만 통통한 여자라는 이상형을 갖게 된다는 말이다. 마른 남자여도 자신이 바라는 모습이 살집이 모습이 아니라면, 그 남자의 이상형 역시 통통한 여자가 아니라 자신처럼 날씬한 여자일수도 있다. 책이라면 딱 질색하는 여자라도 자신이 되고 싶은 모습이 지적인 여자의 모습이 아니라면 지적인 남자를 이상형으로 갖지 않는다. 그런 여자는 함께 수다를 떨며 쇼핑할 수 있는 남자가 이상형일 수 있다.

연애의 가장 큰 불행, 이상형

그런데 이상형이라는 것이 과거의 결핍에 의해서만 만들어지는 것이라면 우리의 연애는 과거의 상처를 되풀이하는 것 아닌가? 폭력적인 아버지 때문에 유순한 남자만 찾아 헤매는 것, 내가 뚱뚱했기에 날씬한 여자만 찾는 건 어째 좀 서글프지 않은가? 우리는 과거의 결핍을 메우려 이상형을 찾아 헤맨다. 이상형을 만나 연애할 수 있다면 행복할 것 같다는 느낌은, 자신에게 결핍된 것을 메울 수 있다면 행복할 수 있을 것 같은 느낌에서 오는 감정이다.

하지만 연애의 가장 큰 불행은 과거의 결핍을 해소하려고 이상형과 사랑에 빠지는 것일지도 모른다. 이상형을 만나 연애를 하면 놀라운 사실을 하나 알게 된다. 나의 결핍을 피해 이상형을 찾았지만, 바로 그 이상형에게서 나를 불행하게 만들었던 그 결핍을 다시 만나게 되기 때문이다. 놀라울 정도의 불행이다. 유순한 남자를 이상형으로 찾던 여자는 이상형을 찾았다. 남들 앞에서 자신의 이야기를 할 줄도 모르고, 늘 다른 사람의 의견만 따르는 남자를 발견한 것이다. 그리고 그와 연애를 시작했다.

그녀는 그 남자와 연애를 한지 1년 만에 소스라치게 놀랐다. 자신에게 가장 큰 상처를 주었던 아버지를 바로 그에게서 발견했기 때문이다. 그 유순하던 사람이 어느 날 갑자기 불같이 화를 내며 물건을 집어던졌던 것이다. 그 유순하던 남자는 왜 그랬을까? 사실 이건 너무나 당연한 일이다. 과도한 **유순함과 과도한 폭력성은 동전의 앞뒷면처럼 붙어 있다.** 정상적인 사람이라면 언제나 유순할 순 없다. 때로 소소하게 누군가와 다투기도 하고 크고 작은 의견 충돌도 있게 마련이다.

하지만 완전히 유순한 사람은 결코 소소하게 다투거나 작은 다툼도 없다. 그러는 사이에 그 사람의 내면에는 짜증과 분노, 원망 같은 부정적 감정이 점점 쌓일 수밖에 없다. 그 부정적 감정이 쌓여 더 이상 참을 수 없게 되었을 때, 가장 가까운 사람에게 과도한 폭력이 터져 나오게 된다. 그녀는 알고 있었을까? 집에서 그렇게나 폭력적이었던 아버지가 직장과 친구들 사이에서 한없이 유순한 사람이었다는 사실을. 유순함과 폭력성은 그렇게 연결되어 있다.

통통한 여자가 이상형이라고 말하는 남자가 있다. 그는 이상형을 만나면 행복할까? 자신의 결핍을 채워주는 여자와 사랑에 빠지면 행복할 것 같지만 그렇지 않다. 시간이 지나 마른 자신이 어느 순간 통통한 아니 뚱뚱한 사람이 되었을 때, 그 남자는 여자 친구가 통통하다는 이유로 그녀가 싫어질 것이다. 이상형을 만나 연애하면 행복할 것이라고 믿지만 실제로는 그렇지 않다. 오히려 이상형을 만났기에 불행한 연애로 접어드는 경우가 더욱 일반적이다. 역설적이게도 연애에서 이상형은 행복을 담보한다기보다 불행을 담보하는 경우가 더 많다.

이상형은 사랑했던 사람에 의해 만들어지기도 한다.

이상형은 사랑했던 사람에 의해 만들어지기도 한다. 물론 이것도 근본적으로는 결핍과 관련되어 있다. 너무나 사랑했지만 어떤 이유로든 이별해본 사람은 안다. 그 전에 사랑했던 사람의 흔적이 나의 이상형이 되어 있다는 사실을. 너무 사랑했지만 이별할 수밖에 없었던 상처가 남긴 결핍감이 이상형으로 투영되는 것이다. 한동안 내 이상형은 날씬한 여자였다. 하지만 어느 순간 내 이상형은 통통한 여자가 되어 있었다. 나의 이상형은 왜 변했을까?

살다보면 이상형은 아니지만, 어떤 매력에 끌려 사랑에 빠지게 될 때가 있다. 통통했던 그녀는 이상형과는 거리가 멀었지만, 그녀의 순수함이 너무 매력적이었다. 함께 있는 것만으로 더러운 내가 정화되는 느낌을 주는 그런 여자였다. 그렇게 그녀와 연애를 시작했다. 하지만 언제나 제멋대로인 내 삶의 방식 때문에 그녀는 많은 상처를 입고 이별을 고했다. 그녀가 떠난 뒤에야 그녀가 얼마나 소중한 사람인지 알게 되었고, 그 결핍감은 내게 통통한 여자라는 이상형을 남겼다. 그 뒤로 한동안 통통한 여자만 찾았다. 정확히는 그녀를 다시 만나고 싶었던 거였다. 그렇게 내 이상형은 날씬한 여자에서 통통한 여자가 되었다.

사랑했던 사람의 흔적이 남긴 이상형으로 연애를 시작하는 건 끝이 좋지 못하다. 과거의 사랑을 퇴행적으로 복원하고 싶은 것이기 때문이다. 지금의 연인에게 과거의 연인의 모습을 발견하려는 노력은 언제나 불행의 전주곡이다. 그런 연애는 "걔는 안 그랬는데 넌 왜 그래?"라는 치명적인 상처를 주곤 한다. 지금 연인에게 옛 연인의 흔적을 찾으려는 사람은 무례하고, 그 대상이 되는 사람은 서럽다. 어떤 식이든 이상형을 쫓아 시작하는 연애는 행복한 시간보다는 불행한 시간이 더 많을 것이다. 이것이 이상형을 찾아 연애를 시작하지 않아야 할 이유다.

'좋아할만한' 사람 말고 '좋아할 수밖에 없는' 사람과 연애하기

이런 질문을 할 수 있다. '이상형은 없어야 하는가?' 그럴 수 있다면, 그것도 좋은 방법이다. 하지만 사람 마음이라는 것이 어디 조절 가능한 것이던가? 이상형의 원인을 안다고, 이상형을 만나 연애하는 것이 불행하다는 걸 안다고 마음속에 있는 이상형이 사라지지 않는다. 내 마음 속에 이미 존재하는 이상형이 있는데 어쩌란 말인가. 그렇다면 이 이상형의 문제를 어떻게 다루어야 할까?

이성에 대한 끌림에는 두 가지 종류의 끌림이 있다. 먼저 이 사실에 주목하자. 하나는 상대가 나의 이상형에 부합하기 때문에 느껴지는 끌림이다. 또 하나는 이상형과 너무도 거리가 멀지만 이유 없이 그냥 느껴지는 끌림이다. 이 두 가지 끌림을 구별하는 것이 중요하다. 이성에 대한 끌림이란 감정은 너무나 매혹적이기에 그 끌림을 구분하기도 전에 휩쓸려 들어가기 쉽기 때문이다.

이 두 가지 끌림을 구별하기 위해서는 먼저 자신의 이상형을 명확히 해두는 것이 중요하다. 이성을 만났을 때 그 사람이 이상형과 부합되는 사람이라서 끌린다면 그 끌리는 감정은 잠시 접어두자. 그건 어떤 이유에서건 나의 결핍을 해소하려는 감정일 가능성이 높으니까. 오히려 전혀 나의 이상형이 아닌 것 같은 사람을 만났는데도 불구하고 기묘한 끌림이 있다면, 용기를 내어 고백하자. 바로 그 사람이 행복을 담보하는 연애를 할 가능성이 높은 상대기 때문이다.

'좋아할 수밖에 없는' 사람과 연애하자. 누군가에게 끌렸을 때 그 사람이 이상형이라면 그 사람은 '좋아할만한' 사람이다. 하지만 누군가에게 끌렸는데 이상형이 아니라면 그건 '좋아할 수밖에 없는' 사람이다. 잊지 말자. 진짜 연애는 '좋아할만한' 사람과 하는 것이 아니라 '좋아할 수밖에 없는' 사람과 하는 것이란 사실을. 어쩔 수 없이, 그럼에도 불구하고, '좋아할 수밖에 없는' 사람을 사랑하는 것, 그것이 진짜 사랑이다.

8. 어떤 사람과 연애해야 행복할까요?

연애, 어떤 사람을 만나야 행복할까?

'연애는 항상 옳다!'는 내 지론에 세뇌당한 사람들은 이제 구체적인 질문을 해온다. "어떤 사람과 연애를 해야 행복할까요?" 연애를 하면 행복한 삶이 펼쳐진다는 이야기에 솔깃했기 때문일까? 불행한 사람들은 행복해지기 위해 가능한 어떤 일이든 하게 마련이다. 지금 삶이 불행한 사람들은 종종 연애를 통해 행복으로 다가서려고 한다. 연애를 하면 이제껏 느껴보지 못했던 행복이 찾아오는 것은 분명한 사실이니 너무도 당연한 생각이다.

그런데 질문이 잘못되었다면, 아무리 질문해도 올바른 답을 찾기는 애초에 불가능하다. 행복해지기 위해 연애를 하고 싶다는 생각은 당연하지만, "어떤 사람과 연애를 해야 행복할까요?"라는 질문은 잘못된 질문이다. 그 질문으로는 원하는 답을 찾을 수 없기 때문이다. 이제 '왜 그 질문이 잘못되었는가?'라는 질문에 답해보자. 이 이야기는 연애를 준비하고 있는 모든 이들에게 중요한 이야기다. 연애를 통해 불행해지고 싶은 사람은 없을 테니까.

연애가 항상 행복한 것만은 아니다.

"오늘 밤에 계속 통화해주면 안 돼?"

"지금 급하게 해야 할 일이 있는데."

"어, 알겠어……(흐느낌)."

"울어? 왜 울어?"

"아니야. 그냥 갑자기 우울해지고 슬퍼져서."

"미안해. 오늘 밤에는 계속 통화하자."

둘은 연애 중이다. 남자는 해야 할 일이 있지만, 밤새 전화기를 놓지 못한다. 조울증까지는 아니지만, 여자의 갑작스러운 큰 감정 기복에 통화를 해주어야 할 것 같아서다. 남자는 여자를 사랑하기에 헤어질 생각은 없다. 하지만 분명한 건 지금의 연애가 그다지 행복하지는 않다는 사실이다. 느닷없이 들이닥치는 큰 감정 기복에, 여자 친구를 만날 때도 그렇지 않을 때도 가슴이 조마조마하다. 즐겁다가도 갑자기 화를 내거나 우울해하고 심지어 울음을 터뜨리는 경우도 다반사다. 그런 연애를 어찌 행복한 연애라고 할 수 있을까?

연애가 항상 행복한 것은 아니다. 가끔 연애는 오히려 삶을 불행하게 만들기도 한다. 서로를 사랑하더라도 아니 사랑하기 때문에 때로 연애는 삶을 불행하게 한다. 어떤 경우에 그럴까? 어느 한쪽이 정서적인 문제가 있을 때다. 타인에게 과도하게 의존하려는 정서, 불안 증세, 우울증 같은 정서적 문제를 갖고 있는 사람과 연애하는 것은 행복한 일이 아니다. 사랑하기에 그 사람과 함께하고 싶지만 그 연애에서 느껴지는 감정은 기쁨보다는 슬픔 쪽에 가깝다.

불행한 연애의 시작, 정서적 불안정

'어떤 사람을 만나야 행복할 수 있어요?'라고 묻는 사람들은 대체로 정서적으로 안정적이지 못한 경우가 많다. 의존 증세, 불안 증세, 조울증, 우울증, 불안장애, 공황장애 그 이름을 무엇으로 하던 혼자서는 도저히 행복할 수 없을 것 같은 사람들이 있다. 그들은 의식적이건 무의식적이건 누군가를 만나 행복해지고 싶어 한다. 그래서 궁금한 것이다. 어떤 사람을 만나야 행복할 수 있는지. 그네들의 절절한 바람과는 달리 잔인한 이야기를 해줄 수밖에 없다.

정서적으로 불안정한 사람은 누구를 만나도 행복한 연애를 할 수 없다. 물론 우울, 불안, 분노, 외로움 같은 부정적 감정이 갑작스레 찾아 들 때, 곁에 사랑하는 사람이 있다면 자신의 부정적인 감정은 현저히 줄어든다. 사랑하는 사람 곁에 있으면, 자신의 우울, 불안, 분노, 외로움은 차츰 옅어져가게 마련이다. 사랑은 정서적 묘약임에 분명하다. 그렇다면, 연애를 통해 행복해질 수 있는 것 아닌가. 자신을 진심으로 사랑해주는 사람을 만나게 되면, 잠시일지라도 조금일지라도 그 부정적 감정들부터 벗어나 행복해질 테니까.

하지만 문제는 사랑은 정서적 교감이라는 데 있다. 나의 정서와 상대의 정서를 나누는 일, 그것이 사랑이다. 그런 탓에 연애를 하면 나의 부정적인 감정은 반드시 연인에게 전이된다. 그 과정에서 상대는 우울, 불안, 분노, 외로움 같은 부정적 감정에 휩싸일 수밖에 없다. 물리학에서 '질량이 보존'된다면, 연애학에서는 '감정이 보존'된다. 나의 부정적인 감정이 연인을 통해 사라진 것이 아니다. 그 부정적인 감정은 고스란히 연인의 정서로 빨려 들어간 것이다. 내 속에 있는 더러운 감정적 오물이 연인에게로 옮겨간 셈이다. 그걸 지켜보는 나의 심정은 어떨까?

항상 밝고 유쾌했던 연인이 나와 연애를 하면서 어딘지 모르게 어두워지고 수시로 우울해하는 모습을 지켜봐야 할 때 나는 행복할까? 연인을 진심으로 사랑한다면, 그보다 괴로운 일도 없을 것이다. 차라리 나와 헤어져 밝고 유쾌한 사람을 만나 예전 연인의 모습으로 돌아가길 바랄지도 모르겠다. 어느 경우라도 그 연애를 행복한 연애라고 할 수는 없다. 정서적으로 안정적이지 못한 사람들이 연인에게 과도하게 집착하는 것도 이해할 수 있다. 그가 없다면 부정적인 감정에 빠져 질식해버릴 것 같다는 직감, 그 사람이 아니면 결코 나의 부정적인 감정을 받아줄 사람이 없을 것 같다는 직감 때문이다.

행복한 연애는 이미 행복할 준비가 된 두 사람이 만나야 가능하다.

행복한 연애는 어떤 특정한 사람을 만나야 가능한 것이 아니다. 행복한 연애는 정서적으로 안정된 두 사람이 만나야 가능하다. 정서적으로 안정된다는 건 어떤 의미일까? 이미 스스로 행복할 준비가 되었다는 의미일 것이다. 그러니까 행복한 연애는 어떤 사람을 만나 가능한 것이 아니라 이미 스스로 행복할 준비가 된 두 사람이 만나야 가능한 것이다. 불안, 우울, 외로움 같은 부정적 감정을 스스로 잘 다룰 수 있을 정도로 정서적으로 안정된 사람만이 행복한 연애를 할 수 있다.

정서적으로 불안정한 사람과 연애를 해본 적 있다면, 정서적으로 불안정했던 채로 연애를 해본 적이 있다면 알고 있을 게다. 그런 연애는 어느 한 쪽의 헌신적인 사랑으로 지속될 수밖에 없다는 사실을. 두 사람 모두 정서적으로 안정되지 않는 채로 하는 연애는 더 심각한 문제를 불러일으키기도 한다. 이런 연애는 끔찍할 정도의 비극적인 결말로 치닫게 될 가능성마저 존재한다. 서로가 가진 부정적인 감정이 더

해지고 뒤엉켜 도저히 빠져 나올 길 없는 부정적인 감정에 사로잡히게 되기 때문이다.

연애를 시작하면서 누군가를 만나 행복해질 생각을 해서는 안 된다. 만약 그런 생각이 든다면, 지금 자신의 정서 상태를 점검해야 한다. 혼자서는 행복할 준비가 되어 있지 않기에 연애를 하고 싶어 하는 것은 아닌지 말이다. 연애는 행복을 담보한다. 하지만 전제 조건이 있다. 이미 스스로 행복할 준비가 되어 있어야 한다는 전제 조건. 가끔 사랑을 홀로서지 못하는 사람 둘이 서로에게 기대어 걸어가는 장면으로 생각하곤 한다. 인간은 원래 불안정한 존재라는 그럴듯한 핑계에 기대어서 말이다.

하지만 행복한 연애는 그런 게 아니다. 당당하고 씩씩하게 홀로 설 수 있는 두 사람이 손을 잡고 걸어가는 것이다. 그게 행복한 연애다. 물론 한쪽이 다른 한 쪽을 업고 가는 것도, 홀로 서지 못하는 둘이 손을 잡고 넘어져 있는 것도 연애가 아니라고는 말할 수 없다. 하지만 적어도 그런 연애는 삶을 건강하고 유쾌하고 만들어주는 연애는 아니다. 두 경우는 행복보다는 불행이 더 많이 도사리고 있는 연애다. 가급적 그런 연애는 권하고 싶지 않다. 정서적으로 안정적인 두 사람이, 씩씩하고 당당하게 손을 잡고 걸어가는 그런 연애를 권하고 싶다.

철학자의 연애 오지랖

행복한 연애를 원한다면, 내면을 정돈하자!

행복한 연애를 위해서는 정서적 안정이 필요하다. 그런데 정서적 안정? 그게 말처럼 쉽지가 않다. 늘 정신없이 바삐 살고, 항상 주위사람과 지독한 경쟁을 해야 지금 시대에 정서적으로 안정되는 게 어디 쉬운 일이던가? 다들 아닌 척 살지만, 약간의 불안 증세, 조울 증세가 없는 사람이 없을 정도다. 기왕 말이 나왔으니 어떻게 하면 정서적 안정을 찾을 수 있는지 오지랖을 떨어보자.

가장 먼저 해야 할 것은 '일상에서 거리두기'다. 하루에 한 시간 정도, 일주일에 하루 정도는 일상에서 거리를 두는 것이 좋다. 정서적 불안정은 내면의 문제가 아니다. 그건 우리를 둘러싸고 있는 각박한 일상의 문제다. 정신없이 돌아가는, 치열하게 경쟁해야 하는 일상이 무한히 지속될 때 정서적 안정을 유지할 수 있는 사람은 없다. 그러니 정서적 안정을 원한다면, 우선 일상으로부터 거리를 두는 편이 좋다.

일상을 벗어난 시간에 할 만한 것을 하나 추천하자면, '예술 경험하기'다. 예술이라고 해서 거창한 건 아니다. 서점에서 좋은 글을 한 편 읽어보는 것, 미술관에 가보는 것, 작은 음악회에 가보는 것으로 충분하다. 그렇게 일상으로부터 거리를 두고, 소소한 예술들을 경험하다보면 조금씩 정서적으로 안정된 자신을 만나게 된다. 그렇게 행복한 연애를 할 수 있을 게다. 또 혹시 아나? 서점에서, 미술관에서, 음악회에서 운명처럼 누군가를 만나게 될지. 인생, 모르는 거 아닌가.

철학자의 연애 상담

자크 라캉

"환상은 가장 일반적인 형식, 즉 공식 '$◇a'로 정의된다."

– 자크 라캉 『에크리』

"그/그녀는 어떤 사람일까?" 연애를 시작하게 될 때, 혹은 시작하고 싶을 때 우리의 가장 큰 고민거리다. 우리는 모르는 사람과 연애를 시작할 수밖에 없다. 이건 평소 알고 지내던 사람과 연애를 하게 되더라도 변치 않는 사실이다. 그냥 아는 사이로 혹은 친구 사이로 지내던 사람이라 할지라도 연애관계로 돌입하게 되면 마치 그 사람이 전혀 몰랐던 사람처럼 느껴지지 않던가. 생각해보면 연애는 참 마법 같은 일이다. 애초에 몰랐던 사람에게 불과 몇 주, 몇 달 만에 자신의 모든 것을 주고 싶다고 느끼고, 평소 잘 알고 지냈던 사람도 마치 낯선 사람처럼 느끼게 만드니까.

연애를 시작하면 상대를 알고 싶다. 몰랐던 사람을 알고 싶다. 너무 당연한 일이다. 연애는 기본적으로 사랑받고 싶다는 욕망을 충족하기 위한 행동 아닌가? 그런데 상대에게 사랑받기 위해서는 상대가 원하는 것들을 해줘야 한다. 바로 이 때문에 우리는 끊임없이 연애 상대가 누구인지 알고 싶은 것이다. 하지만 가끔 연애를 시작하면서 심지어 한참 연애 중에도 가끔 당황하게 된다. 이제 조금 안다고 생각했던 상대를 사실은 전혀 모르고 있었다는 사실을 자각하게 될 때 그렇다.

연애를 시작하면서 가끔 우리를 당황하게 하는 질문, "그/그녀는 어떤 사람일까?"라는 질문에 정신분석학자이자 철학자인 자크 라캉은 이리 답할지도 모르겠다. **"환상은 가장 일반적인 형식, 즉 공식 '$◇a'로 정의된다. (중략) ◇는 '~욕망한다'라고 읽어야 하고, 오른쪽에서 왼쪽으로도 동일한 방식으로 읽어야 한다."** 라캉의 이 이야기를 듣고 단연 먼저 드는 생각은 '뭔 소리인지 모르겠다'일 게다.

라캉의 이 난해한 이야기를 이해하기 위해서는 '$', '◇', 'a'라는 세 개의 암호를 풀어야 한다. 우선 '$'라는 암호부터 풀어보자. 일단 '$'은 주체(자아 혹은 자신이라고 생각하자)를 의미하는 'S'(subject)에 분열을 의미하는 '/'를 합친 것이다. 그러니까 라캉의 '$'는 분열된 주체를 의미하는 것이라고 말할 수 있다. 라캉에게 주체는 기본적으로 분열된 주체다. 쉽게 이해하기 위해 아이가 어른이 되는 과정을 생각해보자.

아이는 어린 시절 아무런 죄책감 없이 성기를 만지면서 쾌락을 느끼는 시기가 있다. (정신분석학에서 말하는 '성기기') 하지만 이는 얼마 가지 못한다. 부모가 금지하기 때문이다. 그 과정에서 아이는 성기를 만지며 느꼈던 쾌락을 포기하게 된다. 성기를 만지면서 느꼈던 쾌락은 금지되고 이로써 아이는 욕망의 주체가 된다는 것이 라캉의 설명이다. 즉, 주체라는 것은 금지를 수용하지만, 그와 동시에 그 금지된 것을 욕망하면서 탄생한다는 것이다. 그래서 라캉의 주체는 분열된 주체('$')인 것이다.

다음으로 'a'라는 암호를 풀어보자. 'a'는 정확히는 '대상 a'(object a) 이다. 이는 금지된 욕망의 대상이다. '대상 a'은 금지되었기에 주체가 욕망할 수밖에 없는 대상이다. 자기 성기를 만지면서 느꼈던 쾌락이 아이의 '대상 a'라고 말할 수 있다. 그래서 '대상 a'는 주체가 잃어버렸기에 (금지 당했기에) 주체가 끊임없이 회복하려는 쾌락이라고 할 수 있다. 마지막으로 '◇'라는 암호는 쉽다. 라캉이 직접 이야기 하고 있는 것처럼 '욕망한다'라는 의미다.

이제 '$◇a'라는 암호를 풀 수 있다. '분열된 주체($)는 금지된 대상(대상 a)를 욕망한다'는 의미다. 예를 들어보자. '케익(대상 a)을 먹지 말라'는 금지를 부여받은 아이는 케익이 금지되었기에 결국 그것을 더 욕망할 수밖에 없는 분열된 주체($)가 된다는 것이다. 이것은 뒤집어 설명할 수도 있다. 주체가 케익을 욕망하는 것이기도 하지만 동시에 케익이 주체를 욕망하는 것처럼 나타나기도 한다. 쉽게 말해 진열장 속에 있는 케익이 나를 부르는 것처럼 느낄 수 있다는 말이다. 그래서 라캉은 **"◇는 '~욕망한다'라고 읽어야 하고, 오른쪽에서 왼쪽으로도 동일한 방식으로 읽어야 한다"**라고 말했던 것이다.

라캉의 말이 옳다면, 주체(그/그녀)가 누구인지 알 수 있는 방법은 분명하다. 금지되었기에 욕망의 대상이 된 '대상 a'를 통해 주체가 누구인지 알 수밖에 없다. 왜냐하면 주체는 결국 '대상 a'에 의해서 만들어진 것이기 때문이다. 라캉을 통해 우리는 사랑하고 싶은 대상(주체)을 알 수 있는 방법을 분명히 알게 된다. 그/그녀에게 금지되었기에 욕망할 수밖에 없는 '대상 a'에 대해 이해할 수 있을 때 그/그녀가 어떤 사람인지 알게 된다. 이 말은 만약 우리가 그/그녀의 '대상 a'에 대해서 충분히 알지 못한다면, 결코 그/그녀가 어떤 사람인지 알 수 없다는 말과도 같다.

나의 연애사, 연애가 내게 남긴 것들

나는 한때 그저 즐겁고 가벼운 연애가 좋았다. 여자 친구를 만나 심각하고 무거운 이야기를 하는 것이 싫었다. 1년을 조금 넘게 만났던 여자 친구가 있었다. 그녀의 양쪽 팔목에는 무엇인가에 긁힌 다섯줄의 꽤 심한 상흔이 있었다. 짐작키에 양손 손톱으로 팔목의 살점이 뜯겨져 나갈 정도로 자해한 흔적 같았다. 짐작만 했을 뿐, 무슨 일이 있었는지 한 번도 묻지 않았다. 여자 친구의 아픈 상처를 다시 끄집어낼지도 모른다는 걱정 때문이 아니었다. 그 질문을 하는 순간, 한없이 심각하고 무거운 이야기가 나올게 될 것을 직감했기 때문이었다.

그녀와 연애를 하면서 이런저런 이야기를 많이 나눴다. 그리고 그녀에 대해서 많이 알고 있다고 생각했다. 내가 알고 있었던 건, 그녀가 감자탕보다 파스타를 좋아한다는 것, 바지보다 치마를 좋아한다는 것, 커피는 항상 라떼를 마신다는 것 정도였다. 그런 일상의 취향이나 기호를 아는 것도 분명 그녀를 아는 것이다. 하지만 그것만으로 그녀를 진정으로 안다고 이야기할 수 있었을까? 아니다. 라캉의 이야기처럼 누군가를 안다는 건 그 사람의 '대상 a'를 안다는 것이니까.

나는 여자 친구의 '대상 a'를 몰랐다. 아니 정직하게 말하자. 알고 싶지 않았다. 금지된 '대상 a'를 알기 위해서는 그녀의 가장 내밀한 상처에 대한 이야기를 우회할 수 없다는 걸 알고 있었다. 그렇다. 나는 그녀가 어떤 사람인지 몰랐다. 아니 알고 싶지 않았다. 그녀의 '대상 a'가 남긴 상처를 감당할 수 있을 정도로 성숙하지 못했으니까. 돌아보면 그녀에게 미안하고 후회스럽기도 하다. 왜 그녀 팔목의 상흔에 대해서 물어보지 않았을까? 그 상처에 대해 이야기를 나누었다면, 그녀가 어떤 사람인지 더 잘 이해하게 되었을 텐데.

그녀가 헤어지며 했던 마지막 이야기가 가끔 생각난다. "너랑 함께 있어도 외로워" 그녀는 나에게 자신의 상처를 내보이고 싶어 했다. 그렇게 있는 그대로의 자신을 나에게 내보이고 싶어 했다. 하지만 그때마다 나는 화제를 돌리거나 농담으로 상황을 벗어나려고 했다. 사랑한다는 건, 상대에게 자신의 진짜 모습을 내보이고 싶다는, 그리고 상대의 진짜 모습을 알고 싶다는 욕망이다. 진짜 자신을 내보이고, 상대의 진짜 모습을 아는 건, 누구에게도 말하지 못했던 내밀한 상처를 이야기함으로써만 가능하다. 그건 분명 사랑이라는 기적적인 감정이 없다면 언감생심 넘볼 수도 없는 일이다.

고백하자. 그녀는 나를 사랑했고, 나는 그녀를 사랑하지 않았다. 그녀는 나의 '대상 a'를 알고 싶어 했다. 나의 상처를 알고 싶어 했다. 또한 그녀는 자신의 '대상 a'를 내보이고 싶어 했다. 그녀의 상처를 내보이고 싶어 했다. 지금에서야 안다. 그것이 얼마나 큰 용기를 필요로 하는 일인지 말이다. 내가 가볍고 즐겁기만 한 연애를 원했던 건 겁이 많아서였다. 진짜 사랑을 할 용기가 없어서였다. 나의 상처를 내보일 용기도, 상대의 상처를 감당할 용기도 없었다. 그래, 나는 그녀를 사랑하지 않았던 게다.

이제야 알겠다. 왜 20대 때의 연애가 내 심연의 허무와 외로움을 채워주지 못했는지. 그건 나의 '대상 a'에 대해서도 말하려 하지 않았고, 상대의 '대상 a' 대해서도 알려고 하지 않았기 때문이었다. 누군가에게 진짜 내 모습을 보이기도, 또 상대의 진짜 모습을 받아들일 수도 없었다. 나는 그렇게 누군가를 만나 사랑하려고 했다. '대상 a' 피해서 즐겁고 가벼운 연애를 하고 싶었지만, 역설적이게도 내가 도착한 곳은 더 깊고 어두운 심연의 허무와 외로움이었다.

그녀의 마지막 이야기는 아프지만 정확했다. 그녀를 떠나보낸 후에야 다짐한 게 있다. '이제 다시는 함께 있어도 외로운 연애는 하지 않겠다' 그러기 위해 기꺼이 상대의 '대상 a'에 대해 알려고 하고, 나의 '대상 a'에 대해 이야기 해야겠다고 다짐했다. 그녀와 이별 뒤, 우연히 그녀가 가진 열 줄의 상흔에 관해 전해 들었다. 어린 시절 그녀의 어머니는 다락방에 며칠을 가둬놓고 그녀에게 피아노를 치게 했단다. 어린 그래서 여린 소녀는 어두컴컴한 다락방에서 얼마나 무서웠을까? 얼마나 외로웠을까? 그 두려움과 외로움에 더는 견딜 수 없어서, 아니 미치고 싶지 않아서 손톱으로 팔목의 살점을 뜯어낼 수밖에 없었던 걸게다.

그 상처는 그녀의 '대상 a'와 관계된 것이었을 테다. 부모로부터 금지되었기에, 욕망할 수밖에 없는 것들 때문에 남겨진 상흔이었을 것이다. 그녀의 '대상 a'를 알았다면, 나는 그녀를 더 잘 이해할 수 있었을 게다. 그랬다면, 최소한 나와 함께 있어도 외롭다고 느끼게 만들었던 후회스러운 일은 모면할 수 있었을 텐데. 그녀와의 연애가 내게 남긴 것은 진짜 연애는 가볍고 즐겁기만 한 것이 아니라는 사실이다. 진짜 연애는 때로는 한없이 우울해지고 무거워지는 아픈 상처에 대한 이야기를 나눔으로써 가능해진다. 혹여 그녀가 이 글을 읽고 있다면, 미안하다는 이야기와 고맙다는 이야기를 함께 전하고 싶다. 이제는 마음속에 새겨진 열 줄의 상흔이 잘 치유되었기를.

두 번째 이야기 첫 만남의 철학

1. 사랑은 현실적이지 않은가?

돈과 연애

돈이 없으면 할 수 있는 게 없고, 돈만 있으면 못할 것이 없는 시대다. 그래서일까? "연애합시다!"라는 말에 많은 이들이 자조적으로 답하곤 한다. "돈이 없어요" 심지어 "지금은 연애할 때가 아니에요"라며 연애는 돈 있는 사람들이 하는 고급 취미정도로 여기는 이도 적지 않다. 세상이 이런지라, 걸핏하면 연애하라고 말하는 나는 "돈이 없는데 어떻게 연애를 해요?"라는 질문을 많이도 받았다.

이 질문에 딱히 할 말이 없었다. 좋아했던 친구에게 고백하기로 마음먹은 날, 주머니에 꼬깃꼬깃한 천 원짜리 두 장밖에 없다는 걸 알고 발길을 돌린 적도 있었다. 여자 친구의 "언제 볼 수 있냐?"는 물음에, 돈이 없어서 "이번 주는 조금 바빠"라고 답했던 적도 있었다. 나 역시 돈이 없어서 연애를 시작하지도 못한 적도 많고, 또 연애를 시작하고서도 많은 어려움을 겪었다.

그제야 알았다. 왜 세상 사람들이 너나 할 것이 없이 모두 '돈, 돈, 돈'거리며 사는지 말이다. 누군들 사랑하고 또 사랑받고 싶지 않을까? 천박한 자본주의 체제에서 사람들은 직감하는 것이다. 사랑도 연애도 결국 돈이 있어야 할 수 있다는 걸. 그래서 세상 사람들이 돈을 벌려고 그리도 기를 쓰며 사는 것일 테다. 사랑하고 또 사랑받고 싶어서. 하지만 이제 안다. 사랑과 연애는 결국 사람에 관한 문제이지, 결코 돈에 관한 문제가 아니라는 걸.

소비로서의 사랑 VS 생산으로서의 사랑

어느 인문학자의 강의를 듣게 되었다. 그는 지금 시대의 사랑과 연애에 대해 비판적인 시각을 갖고 있었다. 그의 주장인즉슨, 자본주의 체제 내에서 사랑은 결국 소비의 문제 그 이상도 그 이하도 아니라는 것이다. 그 때문에 제대로 된 사랑을 하지 못하고 있다는 이야기였다. 돈이 없어서 연애를 못하는 건, 사랑을 오직 소비로서의 사랑으로만 인식하고 있기 때문이라고 말했다.

쉽게 말해서 남녀가 만나 연애를 하는 모든 과정이 돈을 쓰는 과정 안에 머무른다는 말이었다. 그래서 돈이 없으면 사랑도 연애도 하지 못하게 된 것이라고 말했다. 돌아보면 맞는 말이다. 연애 중인 남녀가 데이트를 하면서 하는 것이 무엇인가? 밥을 먹고, 차를 마시고, 영화를 보고, 모텔 가는 것 아닌가? 이 모든 과정은 소비의 과정이다. 즉 돈이 없으면 아무 것도 할 수 없는 과정이다. 그렇기에 많은 사람들이 돈이 없으면 연애를 할 수 없는 것이라고 단정 짓고 있는 것이다.

그 인문학자는 지금 남녀 관계의 사랑은 진정한 사랑이 아니라 소비를 조장하는 자본주의에 포섭된 그래서 왜곡된 사랑이라고 말했다. 소비로서의 사랑은 진정한 의미의 사랑이 아니라는 말이었다. 그리고 대안으로 '소비로서의 사랑' 대신 '생산으로서의 사랑'을 하라고 말했다. 꼭 돈이 아니라도 연애를 하면서 무엇인가를 써서 없애는(소비) 방식이 아니라 무엇인가를 만들어 내는(생산) 방식을 고민해야 한다고 말했다. 깊이 공감했다. 또 반성했다. 나는 소비로서의 사랑이 아닌 방식으로 사랑을 한 적이 있었던가를 돌아보게 되었다.

'소비로서의 연애'를 벗어날 방법, 없다.

그 인문학자의 이야기를 통해 함께 무엇인가를 생산하는 연애를 할 수 있다면, 돈이 없어서 연애를 못하는 일은 발생하지 않을 것 같다는 생각을 했다. 큰 깨달음을 안고 현실로 돌아왔다. 하지만 그 깨달음 뒤에도 "돈이 없어서 연애를 못해"라고 말하는 이들에게 "생산으로서의 연애를 하세요"라고 말하지 못했다. 현실에서 만난 사람들의 삶의 모습에서 '생산으로서의 연애'라는 이야기가 얼마나 공허한지 알게 되었기 때문이다.

그 인문학자의 이야기는 분명 옳다. 지금 시대의 사랑은 자본주의적 속성에 의해 '소비로서의 사랑'으로 왜곡되어 있다. 그걸 부정할 순 없다. 하지만 그 대안으로 '생산으로서의 사랑'을 이야기할 순 없을 것 같다. 적어도 나는 그렇다. 지금은 자본주의에 포섭되지 않은 공간이 없는 시대다. 이런 시대에 '생산으로서의 사랑'을 이야기하는 것은 공허하다. 마치 이론적 옳음을 증명하기 위해 강한 중력이 작용하는 현실을 일종의 '진공 공간'으로 가정하고 있는 것처럼 느껴졌다.

있는 그대로의 삶을 보자. 지금은 어떤 것이라도 '생산'하기 위해 '소비'가 필요한 시대다. 내 어머니의 말씀처럼 "움직이면 돈이 드는" 시대다. 연애를 하며 뒷마당에 상추를 기르려고 해도, 먼저 뒷마당이 있어야 한다. 음식을 만들어 먹으려고 해도 재료를 사고, 음식을 만들어 먹을 원룸이라도 있어야 한다. 하다못해, 연애편지를 생산하려고 해도 종이와 펜을 소비해야 한다. 옳은 이야기도 좋지만 정직하게 말하는 것이 더 중요하다. 지금 우리에게 '소비로서의 연애'를 벗어날 방법, 없다.

"진짜 사랑을 해본 적이 있나요?"

"사랑은 현실적이지 않아!"라고 말하는 이들의 심정이 이해된다. 지금 현실은 '돈 없이 할 수 있는 것이 없는' 자본주의적 중력이 작용하는 공간이다. 이 중력을 절절하게 경험한 사람이라면, 사랑과 연애는 세상물정 모르는 어리숙한 사람들이나 혹은 그나마 돈 좀 있는 사람들이나 하는 것으로 치부하는 것은 당연한 일이다. '사랑은 현실적이지 않다'고 생각하는 사람들에게 '생산으로서의 사랑'을 이야기하는 것은 중력이 작용하는 지구에서 달나라 이야기하는 것만큼이나 무의미하고 공허하다.

나는 조금 다른 이야기를 하고 싶다. 아니 하나의 질문을 던지고 싶다. "진짜 사랑을 해본 적이 있나요?" '사랑-현실'의 문제, 아니 노골적으로 말해 '연애-돈'의 문제에 대해서 어쩌면 우리는 거꾸로 생각하고 있는 것인지도 모른다. 일반적인 우리의 생각은 이렇다. '현실적인 문제가 해결되어야 사랑을 할 수 있다' '돈이 있어야 연애를 할 수 있다' 하지만 많은 연애를 경험한 뒤에 이건 앞뒤가 뒤바뀐 생각이란 걸 알게 되었다.

연애와 사랑의 진실은 이렇다. '사랑을 하면 현실적인 문제를 해결할 수 있다' '연애를 하면 돈을 벌 수 있다' 선뜻 납득할 수 없겠지만 분명한 사실이다. 많은 연애를 했지만, 여자 친구였던 모든 이를 사랑했던 것은 아니었다. 그저 외롭다는 이유로, 섹스파트너가 필요하다는 이유로 누군가를 만났던 적도 있다. 하지만 진심으로 사랑했던 적도 있다. 그 소중한 경험으로 나는 분명히 알게 되었다. 사랑을 하면 현실적인 문제를 해결할 수 있고, 연애를 하면 돈을 벌 수 있다는 걸.

사랑, 그 자체가 현실적인 문제를 해결해준다.

진짜 사랑하지 않았던 사람과 연애 중일 때는 현실적인 문제에 맞닥뜨리면 언제나 투덜거렸다. "돈도 없는데 연애는 무슨 연애야!" 그러곤 돈이 없다는 이유로 이별을 통보했던 적도 있다. 하지만 진심으로 사랑했던 그녀와 연애는 달랐다. "언제 볼 수 있어?"라는 그녀의 물음에 데이트할 돈이 없어서 난생처음 '노가다'를 하러 갔다. 그녀와 연애하지 않다면, 나는 결코 돈을 벌지 않았을 것이다. 말하자면 진짜 사랑을 했기 때문에 돈이 생긴 것이었다.

아버지의 사업 부도와 연속된 취업 실패로 세상에 나오지 못하고 하루 종일 방에 처박혀 오락만 하던 친구가 있었다. 세상에 겁을 먹고 무기력하던 그를 세상 밖으로 끄집어 낸 건, 그를 걱정하던 체 하던 인간들이 아니었다. 여자 친구의 '보고 싶어'라는 전화 한통이었다. 그 전화 한통으로 그는 면도하고 옷을 입고 세상으로 나와 알바를 구했다. 사랑하는 그녀와 맛있는 것을 먹고, 차를 마시고, 영화를 보기 위해서. 현실적인 문제가 해결되어야 사랑할 수 있는 것이 아니라 사랑을 해야 현실적인 문제를 해결할 수 있다.

비단 남녀의 사랑의 문제만은 아니다. 모든 사랑이 그렇다. 곧 마흔을 앞둔 가장이 전업 작가로 산다는 건 쉬운 일이 아니다. 구구절절 다 이야기할 수 없는 많은 현실적 문제들이 있다. 그럼에도 주눅 들지 않고 삶을 헤쳐 나가는 건 사랑하는 두 아이 때문이기도 하다. 사랑하는 두 아이에게 맛있는 것을 사주고 싶다는, 행복한 추억을 만들어 주고 싶다는 간절한 마음 때문에 현실적인 문제 앞에 당당하게 맞설 수 있다. 그게 사랑의 힘이다.

생산으로서의 사랑? 현실적이지 않다. 소비로서의 사랑? 벗어날 길이 없다. 그게 우리가 처해 있는 삶의 조건이다. 하지만 연애해야 한다. 돈이 넉넉하고 현실적인 문제가 없어서가 아니라 사랑을 해야 돈이 생기고 현실적인 문제를 극복할 수 있기 때문이다. 사랑을 하면 도저히 할 수 없을 것 같은 일들을 해내는 혁명이 가능하다. 그래서 누구보다 사랑에 대해 절절하게 고민했던 철학자, 쇠렌 키에르케고르는 그렇게 말했나 보다. **"사랑은 하나의 혁명이고, 모든 혁명 중에서도 가장 심오하고 가장 축복받은 혁명이다!"**

철학자의 연애 오지랖
삶의 혁명을 원한다면, 사랑하라!

"의무로써 혁명이 이루어진 적은 없었다. 혁명은 의무가 아니라 욕망이다."

역사상 가장 탁월한 철학자 중 한 명으로 평가받는 질 들뢰즈와 정신분석학 의사인 가타리가 함께 쓴 『안티오이디푸스』라는 책에 나오는 대목이다. 이들의 주장은 유사 이래 존재했던 혁명은 본질적으로 욕망이고, 또 욕망된 것이기에 가능했다는 주장이다. 쉽게 말해 세상을 바꾸었던 혁명은 '해야만 하는' 의무가 아니라 '너무나 하고 싶은' 욕망으로 가능했다는 이야기다.

들뢰즈와 가타리의 이야기는 사회적 차원의 논의다. 하지만 나는 이 논의를 개인 차원으로 바꾸어 이야기하고 싶다. 한 개인의 삶의 혁명 역시 의무가 아니라 욕망으로서만 가능하다. '성공하고 싶으면 좋아하는 일을 하라!' 이 진부한 이야기를 왜 그리 많은 사람들이 되풀이하고 있을까? 한 개인의 삶의 혁명 역시 의무가 아니라 간절히 원하는 욕망으로 가능하기 때문일 게다. 그렇다면, 한 개인의 욕망 중 가장 큰 욕망은 무엇일까?

단연 사랑이다. 사랑하고 싶은 욕망, 사랑받고 싶은 욕망이야 말로 우리네 삶 가장 깊은 곳에서부터 우러나오는 가장 강렬한 욕망이다. 많은 이들이 사랑을 현실의 장애물이라고 여기지만 삶의 진실은 그 반대다. 사랑하지 않기 때문에 현실을 바꾸는 혁명을 이뤄내지 못하는 것이다. 너무나 버거운 현실적 문제에 맞닥뜨릴 때 다 포기하고 싶을 때가 있다. 그때 삶 앞에서 버티고 그 문제를 극복하게 해주는 건, 진심으로 사랑하는 존재다. 지금의 현실을 바꾸고 싶은가? 그렇다면 사랑하라.

들뢰즈, 가타리의 철학적 논의가 아니더라도, 진짜 연애를 단 한 번이라도 해본 사람은 다 안다. 너무나 사랑하는 사람이 있을 때 현실적 문제를 넘어서려는 노력을 멈출 수 없다는 걸. 그 사랑의 대상이 연인이건, 부모이건, 자식이건, 심지어 강아지이건 관계없이 말이다. 그래서 나는 현실적인 문제 앞에서 주저앉고 싶을 때 스스로에게 묻는다. 내 앞에 주어진 삶을 혁명할 수 없을 것 같을 때 스스로에게 묻는다. “나는 지금 욕망을 따르는 삶을 살고 있는가? 나는 지금 사랑하고 있는가?”

2. 남자의 강박증, 여자의 히스테리

연애의 기술

나는 기본적으로 '연애의 기술'을 부정하는 편이다. '남녀가 만나 사랑을 하는 데 무슨 기술이 필요하냐?'게 평소 지론이다. 하지만 만약 연애에도 기술이 필요하다면, 그건 '남자의 사랑'과 '여자의 사랑'이 어떻게 다른지 숙고해보는 과정에서 터득하게 되는 어떤 것일 게다. 여자는 '남자의 사랑'에 대해, 남자는 '여자의 사랑'에 대해서 충분히 숙고해보는 것은 연애에서 중요하다. 인간은 결코 타인을 온전히 알 수 없는 존재이기에, 남자는 여자를 모르고, 여자는 남자를 모르기에 더욱 그렇다.

남자의 사랑, 강박증

"오빠 오늘은 어디 갈까?"
"야구 보러 가야지."
"매일 야구만 봐? 영화도 보고, 공원도 걸으면 좋잖아."

남자는 여자를 만나 야구를 보러 가고 싶다. 물론 여자도 야구장에 가는 것이 싫은 것은 아니다. 하지만 여자는 남자와 영화도 보고 산책도 하고 싶다. 구체적인 상황만 다를 뿐, 이런 식의 남녀 사이의 마찰은 연애의 일상적 풍경이다. 그렇다면 왜 이런 일이 벌어지는 걸까? 그건 기본적으로 남자의 사랑과 여자의 사랑이 다르기 때문이다. 먼저 남자의 사랑에 대해서 이야기 해보자.

남자의 사랑은 '강박증'이라고 말할 수 있다. 이 '강박증'은 우리가 일상에서 쓰는 강박증이란 단어, 그러니까 어떤 생각이나 집착에서 벗어나지 못하는 상태를 의미하는 것과는 조금 다르다. 여기서 말하는 '강박증'이란 정신분석학의 개념이다. 이 강박증이란 개념에서 대해서 알기 위해 브루스 핑크가 쓴 『라캉과 정신의학』이란 책을 잠시 들여다보자.

> "강박증자는 대상을 자기 자신의 것으로 간주하며, 타자의 욕망과 그 존재를 인정하지 않는다."

그러니까 핑크는 강박증에 대해서 타자(여성)를 자신의 것으로 간주하며, 그 타자의 욕망과 존재를 인정하지 않는다고 말한다. 이게 무슨 말인가? 남자는 여자 친구라는 존재를 자신의 것으로 간주하며, 그 여자 친구의 욕망과 존재를 인정하지 않는다고 말하는 것이다. 여전히 납득하기가 쉽지 않으니 핑크의 이야기를 조금 더 들어보자.

> "강박증자는 성관계에 연루되더라도 상대를 '대상 a'의 우연적인 '용기'나 '매체'에 지나지 않는다. 그에게서 상대는 대체 가능하고 교환 가능한 것일 뿐이다."

남자의 페티시

우선 '대상 a'라는 말 때문에 이해가 쉽지 않다. '대상 a'는 복잡한 개념이긴 하지만 쉽게 말해 금지된 욕망의 대상이다. 엄마가 아이에게 "초콜릿은 절대 먹지 마!"라고 하면, 아이에게 초콜릿이 '대상 a'가 되는 것을 생각하면 쉽겠다. 이처럼 강박증은 성관계를 하더라도 그 상대를 금지된 '대상 a'를 담고 있는 '용기'나 '매체'에 지나지 않는다는 말이다. 남자들에게 페티시(좁은 의미에서 특정물건을 통해 성적 쾌감을 얻는 것)가 일반적인 이유도 이제 설명 가능하다.

남성들에게 흔한 페티시인 하이힐이나 검은 스타킹은 남성에게 '대상 a'다. 금지되었기에 더욱 욕망되는 '대상 a' 강박증자에게 상대는 '대상 a'(하이힐, 검은 스타킹)를 담은 우연적인 '용기'나 '매체'에 지나지 않는다. 그래서 상대방은 대체 가능하고 교환 가능한 것이다. 하이힐과 검은 스타킹이라는 '대상 a'를 갖고 있는 강박증자에게 상대방이 누구인지는 크게 중요하지 않다. 그 대상이 하이힐을 신고 검은 스타킹을 신고 있다는 사실만으로 쾌감을 느끼기 때문이다. 그 상대방은 금지된 '대상 a'의 용기이거나 매체일 뿐이다. 그래서 교환·대체 가능한 것이다.

강박증은 나의 욕망을 상대에게서 발견하려는 것

이런 강박증적 증상은 비단 성적인 문제에만 한정되는 것이 아니다. 쉽게 말해 강박증은 나의 욕망을 상대에게서 발견하려는 신경증적 증세다. 이제 **"강박증자는 대상을 자기 자신의 것으로 간주하며, 타자의 욕망과 그 존재를 인정하지 않는다"**라는 핑크의 말을 조금 더 잘 이해할 수 있다. 강박증자는 대상에게서 자신의 욕망을 발견하려 하기에 대상을 자신의 것으로 간주하는 것이고, 그렇기에 그 상대의 욕망과 존재를 인정할 수 없는 것이다. 조금 거칠게 말해 강박증자는 자신의 욕망만을 중요하게 생각한다고 말할 수 있다.

정신분석학자이자 철학자인 자크 라캉에 따르면 남성은 대부분이 강박증에 지배된다고 한다. 이제 앞선 남자를 이해할 수 있다. 그 남자는 왜 영화도 보고 산책도 하고 싶다는 여자 친구의 바람을 읽지 못하고 매번 만날 때 마다 야구장에 가자고 했었을까? 그건 남자가 일정 정도 가질 수밖에 없는 강박증 때문이다. 자신의 욕망을 가장 중요하게 생각하고 심지어 그 자신의 욕망을 타자(여자친구)에게서 발견하려고 하려는 그 내밀한 강박증 때문이다.

'옳다, 그르다'라는 가치 판단을 떠나 '남자의 사랑'은 일정 정도 이 강박증에 깊이 연루되어 있다. 많은 여자들이 남자 친구와 데이트 후에 묘한 허탈감과 허무함 혹은 약간의 불안감을 느낀 적이 있다고 말한다. 또 어떤 여자는 남자 친구와 함께 있어도 외롭고 공허한 기분을 느낀 적이 있다고 말한다. 이는 섬세한 여자가 남자의 강박증을 읽어내었기 때문인 것은 아닐까? 남자 친구가 있는 그대로의 나를 사랑하는 것이 아니라 자신의 욕망을 담을 용기나 매체 정도로 여기고 있음을, 그래서 언제나 교환·대체 가능하다는 것을 직감했기 때문은 아닐까?

여자의 사랑, 히스테리

"오빠 요즘 왜 그래?"

"뭐가?"

"만나거나 연락하는 횟수가 예전보다 줄었잖아."

"일이 많아서 그래."

"오빠 정말 나 사랑하는 거 맞아?"

여자는 남자의 행동에 불안하다. 일주일에 두 세 번은 만나고 연락은 하루에 몇 번씩 했던 남자 친구가 만나는 횟수도, 연락하는 횟수도 현저히 줄었기 때문이다. 남자라고 사정이 없는 건 아니다. 몇 주 전 본의 아니게 부서가 바뀌는 바람에 새로운 업무 익히랴 동료들과 관계를 만들랴 정신이 없다. 그 업무적인 중압감과 새로운 환경에 대한 스트레스 때문에 여자 친구에게 연락을 못했던 것이다. 여자는 남자의 자초지종을 다 듣고 난 이후에도 불안이 수그러들지 않는다. 머리로는 이해했지만 가슴에 여전히 남은 불안을 이기지 못하고 끝내 남자에게 묻고 만다. "오빠, 나 정말 사랑하는 거 맞아?"

이 마지막 질문에 남자는 불쑥 올라오는 짜증을 참을 길이 없다. "야! 지금 내가 얼마나 힘든지 이야기를 했는데도, 넌 한다는 이야기가 고작 그거냐?"라며 화를 내버렸다. 그렇게 둘은 한참을 싸우다 남자는 지쳐서 전화를 끊어버렸고, 여자는 끊긴 전화기를 붙잡고 한참을 울었다. 이런 유쾌하지 않은 하지만 일상적인 연인의 다툼 역시 '남자의 사랑'과 '여자의 사랑'을 서로 잘 이해하지 못했기에 일어난 사달이다. 이제 여자의 사랑에 대해서 이야기해보자.

히스테리는 상대의 욕망에 나를 맞추려는 것

남자의 사랑이 '강박증'이라면, 여자의 사랑은 '히스테리'다. 이 '히스테리'는 일상적으로 사용하는 '짜증' '신경질' 같은 의미와는 조금 다르다. 여기서 말하고자 하는 '히스테리'는 정신분석학의 개념이다. 정신분석학에서 히스테리의 개념을 알기 위해 다시 '브루스 핑크'의 『라캉과 정신의학』이란 책을 들춰보자.

> "히스테리 환자는 강박증자처럼 대상을 자기 자신을 위한 것으로 간주하기보다, 타자가 무엇을 욕망하는지 알아내려 한다. 그녀는 스스로 타자의 욕망을 지속시킬 수 있는 특정한 대상이 되려고 한다."

강박증자가 대상(여자 친구)을 자기 자신의 것으로 간주하려고 한다면, 히스테리환자는 대상 (남자 친구)이 무엇을 욕망하는지 알아내려고 하고, 심지어 자신 스스로 타자(남자 친구)의 욕망의 특정한 대상이 되려고 한다. 모든 여성이 그렇지는 않겠지만, 많은 여성들은 욕망의 주체로서 자신의 욕망을 피력하기보다는 자신이 상대의 욕망의 대상이 됨으로써 사랑받는 존재가 되기를 바라는 경향이 있다.

그와 같은 맥락에서 핑크는 히스테리에 대해 이렇게 이야기했다.

"히스테리환자는 성적 상대인 타자를 강조한다. 그녀는 타자의 욕망을 지배하기 위해 스스로 그 욕망의 대상이 된다."

서로 사랑하는 남녀가 섹스를 할 때, 남자는 상대를 자신 마음대로 통제하는 데서 쾌감을 얻고, 여자는 남자의 통제 대상이 됨으로써 쾌감을 얻게 되는 경향이 있다. 이것 역시 강박증으로서의 '남자의 사랑'과 히스테리로서의 '여자의 사랑'을 이해한다면, 충분히 납득할 수 있다. 히스테리는 결국 상대의 욕망에 나를 맞추려는 신경증적 증세다.

라캉에 따르면 대부분의 여성은 이 히스테리, 상대의 욕망에 나를 맞추려는 신경증적 증세에 지배받는다고 한다. 그러니 '여성의 사랑' 역시 이 히스테리(남자 친구의 욕망의 대상이 되려는 신경증적 증상)와 깊이 연루되어 있다고 말할 수 있다. 앞의 여자 친구는 그저 남자친구와 만나는 횟수와 연락하는 횟수가 조금 줄어들었을 뿐인데, 왜 그리 조바심을 냈던 것일까? 또 남자의 상황을 다 듣고 난 후에도 왜 여전히 그 조바심과 불안이 줄어들지 않았던 걸까?

'여자의 사랑'이 히스테리와 깊이 연루되어 있다는 사실을 안다면, 어렵지 않게 답할 수 있다. 여자는 남자와 접촉하는 횟수가 줄어듦으로써 남자의 욕망을 잘 읽어 낼 수 없었기에 불안했던 것이다. 남자의 욕망을 잘 읽어내야만 자신이 남자가 욕망하는 대상이 될 수 있는데, 남자의 욕망을 읽어내지 못해 점점 더 남자의 욕망 대상이 되지 못할까 조바심이 나고 불안했던 것이다. '여자의 사랑'은 자신의 욕망에 집중하기보다 상대의 욕망에 집중하기 때문이다. 더 정확히는 '여자의 사랑'은 남자의 욕망을 지배하기 위해서 남자의 욕망의 대상이 되려는 것과 깊은 관련이 있는 것이다.

성숙한 연애의 비밀

이제 성숙한 연애를 위한 기술에 대해서 이야기할 수 있을 것 같다. 브루스 핑크는 히스테리는 강박증과 반대 구조를 가지고 있다고 이야기한다. 강박증자에게 중요한 것이 자신의 욕망이었다면, 히스테리 환자에게 중요한 것은 타자의 욕망이다. 이는 '남자의 사랑'에서 중요한 것은 자신의 욕망이고, '여자의 사랑'에서 중요한 것은 상대의 욕망이라고 바꿔 말할 수 있다.

어쩌면 연애라는 것이 자신의 욕망을 상대에게서 찾으려는 남자가 누군가의 욕망의 대상이 되려는 여자를 만날 때 가능한 것은 아닐까? 쉽게 말해, "내 맘대로 할 거야"라는 남자와 "네 맘대로 해"라는 여자가 만나는 것이 연애일지도 모르겠다. 하지만 그렇다고 해도 '남자의 사랑'이 강박증으로, '여자의 사랑'이 히스테리로 계속 머물러도 되는 것은 아니다. 적어도 성숙한 연애와 성숙한 사랑을 원하는 사람에게는 절대 그렇지 않다. 성숙한 연애는 불안전한 인간이기에 어쩔 수 없이 우리에게 들러붙은 강박증과 히스테리라는 신경증적 증상 사이의 절묘한 균형을 잡을 때 가능하다.

강박증만으로 연애를 한다면, 그 연애는 상대에게 깊은 상처를 남길 수밖에 없다. 상대의 존재와 욕망을 있는 그대로 인정하기보다 상대에게서 자신의 욕망만을 발견하려는 남자에게 상처 받은 여자가 얼마나 많던가. 섹스 후에 볼 일이 끝난 것처럼 구는 남자친구와 연애를 해본 여자는 안다. 나를 사랑해서 섹스를 하는 것인지, 섹스를 하기 위해 나를 만나는 것인지 헷갈리게 하는 남자와의 연이가 얼마나 외롭고 서러운지 말이다.

히스테리만으로 연애를 하는 것도 마찬가지다. 그 역시 상대에게 적지 않은 상처를 남길 수밖에 없다. 자신의 존재와 욕망을 결코 드러내지 않으며, 언제나 상대의 욕망의 대상이 되어 사랑받으려는 여자는 남자를 얼마나 괴롭게 하던가. 하루에도 몇 번씩 지금 뭐하냐고, 자신을 사랑하느냐고 묻는 여자와 연애를 해본 남자는 안다. 연애를 하고 있는 것인지 아이를 키우고 있는 것인지 헷갈리게 하는 연애가 남자를 얼마나 힘들고 지치게 하는지 말이다.

'히스테리'적인 남자, '강박'적인 여자를 위하여

성숙한 연애의 비밀은 강박증과 히스테리의 짝을 바꾸는 데 있다. 남자에게 히스테리가 필요하고, 여자에게 강박증이 필요하다. 납득하기 어려울지도 모르겠다. 남자가 연애에서 실패하는 이유는 대체로 '강박증' 때문이다. 즉 자신의 욕망에만 집중하느라 상대의 욕망을 읽어내지 못해서인 경우가 대부분이다. 여자가 연애 실패하는 경우는 대체로 '히스테리' 때문이다. 즉 상대의 욕망에만 집중해서 정작 자신의 욕망을 읽어내지 못해서인 경우가 대부분이다.

정신분석학이 우리에게 알려주는 교훈이 하나 있다. 우리가 의지를 갖고 노력을 하지 않는다면 남자는 강박증적 증세가 더욱 강해질 것이고, 여자는 히스테리적 증세가 더 강해질 것이란 사실이다. 정직하게 지난 연애를 돌아보자. 우리의 지난 연애가 많은 상처만을 남기고 끝난 지점에 남자의 강박증, 그리고 여자의 히스테리가 있다는 것을 발견할 수 있을 것이다.

남자에게 히스테리가, 여자에게는 강박증이 필요하다. 남자에게 필요한 건 히스테리 증세처럼 섬세하고 세심하게 상대의 욕망을 읽어내고 상대의 욕망의 대상이 되려는 노력이다. 여자에게 필요한 건 강박증 증세처럼 자신의 욕망과 감정에 집중하려는 노력이다. 그럴 수 있을 때 성숙한 연애를 할 수 있다. 남자는 자신 욕망보다 상대의 욕망을 살피고, 여자는 상대의 욕망이 아니라 자신의 욕망에 집중함으로써 조금 더 성숙한 사랑을 할 수 있게 된다.

3. 있는 그대로 자신을 보여주는 것의 어려움

남자의 허풍, 여자의 화장

소개팅이나 미팅을 관찰해 본적이 있을까? 우연히 카페 옆 테이블에서 소개팅이 이루어지고 있다면, 생태학적으로 유심히 관찰해보시

라. 담담하게 서로에 이야기를 나누는 것 같지만, 조금만 유심히 살펴보면 난리도 그런 난리가 없다. 먼저 여자부터 이야기해보자. 소개팅에 나오는 여자는 대부분 자신의 화장술의 절정의 기량을 선보인다. 심지어 화장을 한 얼굴과 안 한 얼굴이 동일 인물이라고 판단하기 위해서는 상당한 눈썰미가 필요할 정도다.

남자도 마찬가지다. 연애 경험이 많지 않는 남자들은 노골적으로 "작년에 연봉이 한 1억 되었을 거예요" 라며 말하며, 나름 연애 경험이 있는 남자들은 은근슬쩍 "어제 차 사고가 났는데, 수리가 한 달이나 걸린 데요. 외제차는 부품 조달이 힘들데요"라고 말한다. 대부분 허풍이다. 노골적으로 말하든, 은근히 말하든 소개팅에서 허풍을 떨지 않는 남자는 드물다.

비단 소개팅만 그럴까? 좋아하는 이성 앞에서 화장을 하지 않는 여자는 드물고, 허풍을 떨지 않는 남자도 드물다. 본질적으로 여장의 화장, 남자의 허풍은 거짓말이다. 그렇다면 왜 마음에 드는 이성에게 거짓말을 동원해 자신을 꾸미는 것일까? 간명하다. 잘 보이고 싶어서다. 자신에게 없는 모습을 만들고, 있는 모습 중 상대가 좋아할 만한 모습을 부풀려서 잘 보이고 싶은 것이다. 그래서 여자는 화장을 하고, 남자는 허풍을 친다.

연애 시작의 가장 흔한 헛발질

안타깝게도 연애 시작의 가장 흔한 헛발질이 바로 화장과 허풍이다. 이 말은 화장과 허풍으로 연애를 시작할 수 없다는 뜻이 아니다. 아니 오히려 화장과 허풍이 있다면 연애를 쉽게 시작할 수 있다. 화장을 떡칠해도 예쁘기만 하면 오케이라고 말하는 남자가 어디 한 둘이던가? 거짓말이면 어떻고 허풍이면 어떤가? 자신이 듣고 싶어 하는 말을 해주는 남자를 좋아하는 여자는 또 어디 한 둘이던가? 그래서 세상 사람들이 연애를 시작하려고 할 때 화장과 허풍을 멀리하기 힘든 것이다.

화장과 허풍으로 시작된 연애는 어떻게 진행될까? 필연적으로 더 짙은 화장과 더 큰 허풍으로 귀결될 수밖에 없다. "오늘 눈이 너무 섹시한데"라는 남자 친구의 칭찬을 들은 여자는 다음번에 눈 화장에 더욱 신경을 쓸 수밖에 없다. "역시 오빠는 BMW가 잘 어울려"라는 여자 친구의 칭찬에 남자는 자동차에 더욱 신경 쓸 수밖에 없다. 그렇게 여자의 화장은 점점 더 짙어져 갈 테고, 남자의 허풍은 점점 더 커져갈 것이다.

더 짙은 화장과 더 큰 허풍의 종착지는 어디일까? 끝도 없는 불안이다. '진짜 내 모습을 상대에게 들키면 어쩌지?'라는 불안, '이 거짓말을 어떻게 계속 유지할 수 있을까?'라는 불안. 한 번 시작된 거짓말은 더 큰 거짓말을 불러오듯, 한번 시작된 불안은 더 큰 불안을 불러일으킨다. 둘 사이의 사랑이 깊지 않다면 이 불안 때문에 연애가 끝나기도 한다. '맨 얼굴을 보여주느니 차라리 헤어지는 게 나아' '자동차 리스 비용 때문에 결혼 자금이 없다는 이야기를 하느니 차라리 헤어지는 게 나아'라고 말하는 사람들을 적지 않게 보았다.

있는 그대로의 자신을 보여주는 것의 어려움

시작이 어찌되었든 거짓말을 대충 봉합할 수만 있어도 관계는 지속된다. 그렇게 연애를 지속할 수 있다면 화장과 허풍이라는 거짓으로 연애를 시작해도 좋은 걸까? 아니다. 어쩌면 차라리 더 늦기 전에 헤어지는 것이 더 나은 선택일지도 모른다. 그런 남자와 여자를 알고 있다. 그네들의 이야기를 해보자.

남자는 스물여덟, 자유롭고 활동적인 대학생이었다. 너무나 매혹적인 여자를 만났다. 여자는 남자에게 "저는 공무원이 좋아요"라고 말했다. 그녀와 연애를 할 수만 있다면 무엇이든 할 수 있을 것만 같았던 남자는 "제 꿈이 바로 공무원입니다. 하하"라고 말해버렸다. 그 허풍이 어떤 결과를 가져 올지 그때 남자는 알지 못했다. 자신의 있는 그대로의 모습으로 그녀에게 사랑받지 못할 것을 직감한 그는 허풍을 쳤던 게다. 그 허풍 때문에 그는 공무원 시험을 준비했고, 불운하게(?) 합격을 하고 말았다.

남자는 공무원이 되었고 그녀와 사랑을 하게 되었다. 그리고 결혼까지 하게 되었다. 한 해 한 해 지나면서 자유롭고 활동적인 남자는 틀에 박히고 경직된 공무원 사회에서 질식해가고 있었다. 결혼 5년 차, 남자는 살기 위해 여자에게 말했다. "나, 다른 일 해보면 어떨까? 공무원은 정말 안 맞는 것 같아" 돌아온 여자의 대답은 절망이었다. "지금 애들한테 들어갈 돈이 얼만데, 왜 이제 와서 딴 소리야. 공무원이 좋다고 말한 건 당신이잖아"

이제 여자의 이야기다. 소개팅 자리에서 매력적인 남자를 만났다.

남자는 솔직했다. “전 몸매 좋은 여자가 좋아요” 여자는 다행이라고 생각했다. 팔이나 다리 같은 곳은 날씬한 편이었고, 뱃살은 잘 가릴 수 있는 옷을 입고 나갔기 때문이었다. 여자는 “전 원래 살이 잘 안찌는 체질이에요”라고 말해버렸다. 여자는 남자와 연애를 시작하게 되었고, 그 길로 헬스클럽 등록해 매일 같이 운동을 했다. 불운하게(?) 그녀는 날씬한 몸매를 갖게 되었다. 그녀는 그때 그 선택이 어떤 결과를 가져올지 알지 못했다.

직장에서 일이 많아지면서 스트레스가 많아졌고, 스트레스를 먹는 것으로 해소했던 그녀는 점점 살이 찌기 시작했다. 살이 찌면서 여자는 불안해졌다. 남자에게 사랑받지 못할까봐. 그녀는 다이어트 약을 먹기도 하고, 급기야 지방 흡입을 하러 병원에 다니기도 했다. 너무 힘들었던 그녀는 남자 친구에게 자신의 고충을 털어놓았다. 이런저런 그녀의 이야기를 다 들은 후 돌아온 남자의 답은 절망이었다. “그게 무슨 소리야? 넌 원래 살 안찌는 체질이라며?”

그럼에도 불구하고 있는 그대로의 자신을 보여주어야 한다.

인간은 그 대상이 누구라도 상관없이, 심지어 그 대상이 싫어하는 사람이라 할지라도 그의 관심과 인정, 칭찬의 대상이 되고 싶은 존재다. 인간이 그런 존재인데, 하물며 사랑받고 싶은 대상에게는 오죽할까? 사랑받고 싶은 존재에게 있는 그대로의 자신을 정직하게 내보여주는 것은 여간 어려운 일이 아니다. '공무원이 좋다'고 말하는 여성에게 "난 자유로운 여행 수필가를 꿈꾸는 사람이에요"라고 말할 수 있을까? '날씬 여자가 좋다'라고 말하는 남자에게 "난 먹는 것으로 스트레스를 푸는 사람이에요"라고 말할 수 있을까? 그 매혹적인 사람과 연애를 하고 싶다면 그럴 수 있을까? 정말 쉽지 않는 일이다.

앞서 이야기한 남자와 여자의 이야기는 조금 극단적인 경우다. 연애를 하면서 사랑이 깊어져 상대의 거짓을 이해하고 그것까지 보듬어 주는 사람도 적지 않으니까. 하지만 그렇다고 해도 이것만은 분명하다. 거짓된 모습으로 시작된 사랑은 결국 그 거짓된 모습으로 자신을 점점 더 끌고 들어갈 수밖에 없다는 것. 이보다 더 큰 불행도 없다. 거짓된 모습으로 연애를 시작해서 상처를 입어 본 사람은 안다. 연애를 시작할 때는 항상 정직해야 한다는 걸. 연애를 시작할 때 상대에게 잘 보이기 위해서 거짓말을 하고 싶다는 욕망을 잘 통제해야 한다.

순도 높은 사랑은 있는 그대로의 모습으로 시작된다.

왜 그래야 할까? 있는 그대로의 모습으로 시작된 사랑이 더 순도 높은 사랑이기 때문이다. 예쁜 외모에 끌려서 연애를 시작한 적도 있고, 나에게 잘 맞춰 줄 것 같은 성격에 끌려서 연애를 시작한 적도 있다. 정직하게 돌아보면 그 사랑은 그다지 순도가 높지 못했다. 더 예쁜 사람이 나타나서 사랑이 식어버리기도 했고, 나에게 더 잘 맞춰주는 사람이 나타났을 때 사랑이 식어버리기고 했으니까. 그런 내게 순도 높은 사랑을 할 수 있는 기회가 찾아왔다.

왠지 끌렸던 그녀와 두 번째 만나던 날이었다. '사귀고 싶다'는 나의 고백에 그녀가 조심스럽게 꺼냈던 이야기는 나를 당황케 했다. "좋아요. 그런데 먼저 말하고 싶은 게 있어요. 저는 아버지가 없어요. 어렸을 때 돌아가셨어요." 어찌 보면 뜬금없는, 또 어찌 보면 아픈 이야기를 작은 떨림을 눌러가며 이야기했다. 순간 망설여졌다. '내게 왜 이런 이야기를 하는 거지?' '이 친구와 연애를 해도 좋은 걸까?'라는 걱정들 때문이었다.

그 순간의 망설임이 걷힌 뒤, 그녀가 빛나 보였다. 나는 사랑이 시작되려는 순간에 그녀처럼 정직한 적이 있었던가. 그렇게 있는 그대로의 모습을 내보였던 적이 있었던가. 그 어렵고 힘든 일을 그녀는 해내고 있었다. 그녀가 빛나보였던 건 그녀가 용기를 내어 보여준 어두운 모습 때문이었다. 그녀와 연애하면서 순도 높은 사랑이 어떤 건지 알게 되었다. 다른 사람과 비교하며 내 것을 이기적으로 챙기려는 낮은 순도의 사랑이 아니라 오직 그 사람이기에 모든 것을 주고 싶은 그런 순도 높은 사랑을 경험했다.

그녀와의 연애는 어떤 연애보다 행복했던 기억으로 남아 있다. 사랑의 순도와 행복의 순도는 비례한다는 걸 알게 된 것도 그녀 덕분이다. 있는 그대로의 모습으로 사랑을 시작하는 것은 분명 어렵고 힘든 일이다. 하지만 그럴만한 가치가 있는 일이다. 짧은 인생, 우리가 몇 번의 사랑을 할까? 기왕 하는 연애, 조금 더 순도 높은 사랑을 만끽할 수 있었으면 좋겠다. 용기를 내어 있는 그대로의 자신의 모습을 보여줌으로써.

철학자의 연애 오지랖
연애를 시작할 때 단점부터 말하기

행복한 연애를 위한 팁 하나. 매력적인 사람이 나타났다면, 자신의 단점을 보여주자. 여자라면, 다음 데이트에는 쌩얼로 만나자. 남자라면, 다음 데이트에 텅텅 빈 통장 잔고를 보여주자. 그것이 무엇이든 자신의 있는 그대로의 모습을 보여주자. 상대가 매력적인 사람이라면 더욱 그렇게 하자. 물론 그렇게 하면 대체로 그 매력적인 사람과 연애는 물 건너갈 테다. 경험적으로 봐도 그렇다. 하지만 상관없다. 우리의 쌩얼, 텅 빈 통장 잔고 때문에 떠날 사람은 우리의 행복보다는 불행을 담보하는 연인이 될 수밖에 없기 때문이다.

매력적인 사람에게 자신의 단점을 드러내는 그 힘들고 어려운 과정을 반복할 수 있다면, 언젠가 우리의 행복을 담보하는 근사한 상대가 나타날 것이다. "나는 예쁜 여자가 좋지만, 화장을 안 한 네 모습도 좋아"라고 말하는 남자가 나타날 것이다. "나는 돈이 많은 남자가 좋지만, 돈이 없는 네 모습도 좋아"라고 말하는 여자가 나타날 것이다. 그런 근사한 사람이 나타났다면, 그를 위해 화장도 하고 다이어트도 해서 그가 원하는 예쁜 모습으로 꾸미자. 그녀를 위해 열심히 일해서 통장에 잔고를 빵빵하게 채우자. 너무나 매력적인 그 사람에게 조금 더 사랑받는 존재가 되기 위해서 말이다.

그 과정이 너무 힘들게 느껴진다면, '스피노자'가 자신의 저서 『에티카』에서 마지막으로 했던 이 말을 항상 떠올리자.

"만일 행복(구원)이 눈앞에 있어서 큰 노력 없이도 발견될 수 있다면, 어떻게 거의 모든 사람이 그것을 등한시 할 수 있겠는가? 그러나 모든 고귀한 것은 어려울 뿐만 아니라 드물다."

4. '썸'의 철학

'썸'의 설렘

"나, 요새 썸타고 있어" 듣기만 해도 설레는 말이다. 썸을 탄다는 것이 무엇이기에 그리도 사람들을 설레게 하는 걸까? 일단 '썸을 탄다'는 것은 연애 관계에 돌입하지 않았지만, 연애를 시작할 수 있는 충분한 가능성을 두고 남녀가 만나는 것을 말한다. 그런데 이 썸이란 것은 설레는 일인 동시에 대단히 조심스러운 일이다. 썸의 조심스러움은 연애를 시작하려고 할 때 피할 수 없는 내밀한 세 가지 감정과 관련된다.

첫째, 상대에게 나의 감정을 먼저 드러내는 것 혹은 들키는 것에 대한 부끄러움이다. 썸을 탄다는 것은 서로에게 호감이 있다는 것을 암묵적으로 알지만 그렇다고 나의 감정을 먼저 드러내놓기는 뭔가 부끄럽고 창피한 그런 관계다. 둘째, 자칫 너무 급하게 상대에게 다가가면 혹시 상대가 부담스러워 멀어져가지 않을까 하는 불안감이다. 셋째, 그렇다고 나의 감정을 너무 숨기느라 상대에게 어떤 여지조차 주지 않게 되어 상대가 떠나 버리면 어쩌나하는 걱정이다.

썸의 본질은 앞서 말한 내밀한 세 가지 감정과 결부된 조심스러움이다. 결국 썸이라는 것은, 서로가 서로에게 얼마만큼의 호감이 있는지에 대해 명시적으로 확인한 바 없기에, 조심스러울 수밖에 없는 관계다. 썸이 설레는 본질적인 이유는 그 조심스러움 때문이다. 서로에게 호감은 있지만 자신의 마음을 직접 드러내기에는 아직 조심스러운 그 복잡 미묘한 감정선이 만들어내는 긴장감, 그것이 썸타는 맛이다.

이 썸타는 맛에 매혹되는 이유는 또 있다. 그건 썸의 설렘은 연애가 시작되기 전, 아주 짧은 시간 동안만 맛볼 수 있는 독특한 기쁨이기 때문이다. 물론 연애가 시작되면 또 다른 기쁨들이 있기는 하지만 썸이 주는 기쁨은 독특하다. 썸은 남남 사이에서 연인관계 사이로 진입하기 직전 일시적으로 맛볼 수 있는 것이기에 너무 매혹적이다. 희소하고 짧은 것들은 언제나 매혹의 대상이니까. 그러니 썸을 타고 있다면, 그 설렘을 마음껏 만끽해야 한다. 무료하고 일상적인 삶의 반복에서 썸만큼 우리를 활력적이고 생동적으로 만들어주는 것도 없으니까.

'썸'의 해악에 관해서

"저번에 만난다는 사람 어떻게 됐어?"

"이제, 안 만나."

"왜? 마음에 든다며."

"썸타다가 그만뒀어. 지금 다른 사람이랑 썸타고 있어."

그렇다면 썸은 좋기만 한 것일까? 그렇지 않다. 연애를 위한 썸은 역설적이게도 연애를 가로 막는 장애물이 되기도 한다. 위의 대화에서처럼 연애 관계로 돌입하지 못하고 늘 썸만 타는 사람들이 간혹 있다. 이런 사람들에게 썸은 없는 것만 못하다. 연애를 하기 위해 썸을 타지만 정작 썸만 타고 연애는 하지 않는 역설은 왜 벌어지는 걸까? 연애가 주는 즐거움보다 썸이 주는 설렘이 더 매혹적이기 때문일까? 그런 경우가 있을지도 모르겠다. 하지만 내 경험에 따르면 사정이 조금 다른 것 같다. 썸만 타고 있는 사람과 이런저런 이야기를 나눈 적이 있다.

"왜 썸만 타고 연애는 안하세요?"
"꼭 연애를 해야 하나요? 썸만 타도 좋아요."
"썸이라는 게 연애하기 위한 탐색전 같은 거잖아요."
"뭐, 그렇긴 한데, 막상 연애하면 피곤하잖아요."

썸만 타고 연애를 안 하는 이유에 대해 '피곤해서'라고 했다. 도대체 뭐가 피곤하다는 걸까? 그건 아마 바쁜 일상을 쪼개 만나고 서로에게 간섭하는 등의 연애를 하면 어쩔 수 없이 감당해야 하는 정서적, 물리적 공간의 침범에 대한 거부감일 게다. 아니면 열정적인 연애가 남길 수밖에 없는 이별의 아픔을 미연에 방지하기 위한 자기 보호 장치 같은 것일지도 모르겠다.

사랑은 불편하기에 기쁨을 느끼게 되는 감정이다.

그 '피곤함'이 정서적, 물리적 공간의 침범이든, 이별의 아픔에 대한 자기 보호이든 간에 그건 연애를 하면 피할 수 없는 것들인 것만은 분명하다. 그 피곤함을 피해 연애는 하지 않고 썸만 타겠다는 건 뭔가 이상하다. 썸이든, 연애든 그건 모두 사랑이라는 감정과 결부되어 있는 것들이다. 그런데 사랑이라는 게 뭘까? 사랑이라는 감정은 불편함이 주는 기쁨이다. 정확히는 불편함 마저 기쁨으로 느끼게 하는 것이다. 그래서 사랑은 오묘하고 매혹적이다.

이쯤에서 썸의 매혹에 대해서 복기해보자. 썸이 왜 기쁨을 주는 걸까? 그건 조심스러움 때문이다. 그 조심스러움은 세 가지 감정에서 연유한다고 했다. 부끄러움, 불안감, 걱정. 이것이 기쁨인가? 결코 아니다. 부끄럽고, 불안하고 걱정스러운 것은 불편함이다. 이런 불편함이 설렘과 같은 기쁨을 주는 이유는 분명하다. 상대가 잠정적 사랑의 대상이기 그렇다. 생각해보라. 직장 상사나 선배가 나를 부끄럽게, 불안하게, 걱정스럽게 만든다면 그 관계를 지속하고 싶을까? 정상적인 사람이라면 최대한 빨리 그 관계를 정리하고 싶을 게다.

하지만 썸은 (잠정적이기는 하지만) 사랑과 결부된 문제이기에 그 불편함에서 기쁨을 느끼게 되는 것이다. 연애도 마찬가지다. 연애의 기쁨은 정확히 갖가지 불편함에서 온다. 시도 때도 없이 연락하고, 불쑥 집으로 찾아오고, 상대가 뭐라고 하지 않았는데 알아서 상대의 눈치를 보는 불편함은 상대가 사랑의 대상이 아니라면 결코 감당하고 싶지 않은 불편함이다. 그 불편함을 주는 사람이 사랑의 대상이라면 놀랍게도 그 불편함은 기쁨을 준다. 그게 연애의 기쁨이다. 그러니까 썸이든, 연애든 그것이 주는 기쁨의 메커니즘은 동일하다는 이야기다.

썸만 타고 연애를 하지 않으려는 이유

그런데 왜 썸만 타고, 연애는 하지 않는 일들이 벌어지는 걸까? 연애를 두려워하기 때문이다. 연애는 분명 행복한 일인 동시에 두려운 일이다. 인간은 누구나 자기를 보존하고 싶은 욕구가 있다. 안정을 추구하는 욕구 말이다. 하지만 그 욕구는 사랑이란 감정 앞에서 언제나 좌절되고 만다. 사랑은 '하는' 것이라기보다 '휘말려드는' 것이기에 그렇다. 아무리 자기 삶의 패턴을 잘 지켜나가는 사람일지라도 사랑에 빠지게 되면 상황이 달라진다.

매일 밤 10시에 잠자리에 들어야 하는 규칙적인 사람이 있다고 해보자. 제 아무리 규칙적인 사람이라도 사랑하는 사람이 생기면 그 규칙은 무너진다. 그녀와 심야 영화를 보고 와인 한잔을 하고 싶기도 하기 때문이다. 사랑은 그렇게 한 사람의 안정 욕구를 무너뜨리게 된다. 심각한 문제는 자기보존의 욕구에 균열을 내는 그 불편함이 즐거움을 주기 때문에 자발적이란 사실이다. 그래서 연애는 두려운 것이다. 자신도 어찌할 수 없게 휘말려들어 가버리기에. 그래서 이제껏 자신을 지탱해왔던 안정 욕구에 심각한 균열을 내버리기에.

썸만 타는 사람들은 두려운 것이다. 연애를 시작하게 되면 자신의 안정 욕구에 심각한 균열이 생긴다는 사실을 알고 있는 까닭이다. 썸만 타려는 사람은 비겁한 사람일지도 모르겠다. 사랑의 감정을 느끼고 싶지만 이제껏 유지해왔던 자신의 모습은 바꾸고 싶지 않은 것이니까. 썸만 타려는 사람은 어리석은 사람일지도 모르겠다. 사랑이 주는 기쁨은 불편함의 크기와 비례한다는 것을 모르는 것이니까. 썸이 잠시 설렘으로 끝나지만 연애는 그것보다 훨씬 큰 정서적 충만감을 준다. 썸이 주는 불편함보다 연애가 주는 불편함 더 크기 때문이다.

사랑이라는 동전의 앞면이 기쁨이라면 뒷면은 불편함이다. 사랑이 주는 불편함을 제거하고 기쁨을 누리는 일은 결코 일어나지 않으며, 더 큰 불편함을 감당하면 더 큰 기쁨을 누릴 수 있다. 그래서 '스피노자'는 『에티카』에서 그렇게 말했나보다. **"슬픔이나 기쁨, 증오나 사랑에서 생기는 욕망은, 그 감정이 크면 클수록 그만큼 더 크다."** 인생 뭐 있나? 매일 매일 더 큰 기쁨으로 하루 채워 가면 좋은 것 아닌가? 그게 바로 행복 아닌가? 그러니 썸만 타면서 작은 불편함으로 작은 기쁨을 느끼기보다, 연애를 하면서 기꺼이 더 큰 불편함을 감당하면서 더 큰 기쁨을 느끼며 사는 것이 더 지혜로운 것 아닐까?

철학자의 연애 오지랖

영원한 건 없다. 썸도, 연애도, 사랑도, 삶도.

안다 치자. 더 큰 불편함을 감당하면 더 큰 기쁨을 얻을 수 있다는 사실을 안다 치자. 그 사실을 안다고 선뜻 연애를 시작할 수 있을까? 쉽지 않을 테다. 왜 일까? 많은 이유가 있겠지만 가장 큰 이유는 '영원한 건 없다'는 생각 때문일 게다. 어디서 주워들었든, 몇 번의 연애를 통해 알게 되었든 연애라는 것도 영원하지 않다는 사실을 알게 된다. 모든 것을 다 포기할 수 있을 것 같은 사랑도 결국 끝이 난다. 이별 뒤에 찾아오는 그 쓰라린 아픔은 때로 우리를 허무주의적 무기력에 빠뜨리곤 한다. 그 허무주의적 무기력이 연애를 가로막는 장애물이다.

그렇다면 더 큰 불편함을 감당하며 더 큰 기쁨을 얻을 수 있는 담대한 연애는 어떻게 가능할까? 역설적이게도 '영원한 건 없다'는 사실을 있는 그대로 받아들일 때 가능하다. 세상에 '영원한 것은 없다'는 사실은 너무나 자명한 삶의 진실이다. 사랑도 썸도, 연애도 모두 심지어 삶 자체도 영원한 건 없다. 세상에 '영원한 건 없다'는 삶에 진실에서 허무주의적 무기력을 발견할 필요는 없다. 오히려 그 삶의 진실을 담대하게 받아낼 때, 진짜 연애로 한 걸음 더 다가설 수 있다.

영원한 것이 없기에 어떤 것도 하지 않겠다는 태도는 지혜롭지 못하다. 오히려 영원한 것이 없기에 무엇이든 해보겠다는 태도가 지혜롭고 건강하다. '영원한 것은 없다'는 삶의 진실을 진짜 알게 되면, 허무주의적 무기력이 아니라 실존주의적 활력이 발생할 수밖에 없다. 흔히 죽음에서 허무주의적 무기력을 발견하지만, 진짜 죽음의 문턱에 다녀온 사람은 안다. 죽음이 얼마나 우리네 삶을 활력 넘치게 하는지. '영원한 것이 없다'(죽음)는 삶의 진실은 삶을 담대하게 살아낼 희망과 용기를 준다.

잠시 타임머신을 타고 삶의 마지막 날로 가보자. 우리는 덜 상처 받기 위해 덜 사랑한 것을 후회하게 될까? 더 상처받았지만 더 사랑했던 것을 후회할까? 답은 어렵지 않을 테다. 영원한 것이 없기에 무엇이든 더 시도하며 더 경험하며 살아야 하는 것이다.

썸? 타자! 연애? 하자! 우리에게 더 큰 불편함으로 더 큰 기쁨을 주는 대상이 나타났다면, 기꺼이 사랑하자. 세상에 영원한 건 없으니까. 썸도, 연애도, 사랑도, 삶도.

---

5. 고백의 기술

연애의 시작, 고백

"나 너 좋아해. 우리 사귈까?"

연인 관계는 가족, 동료, 선후배, 친구 관계 같은 일상적 관계들과 다르다. 무엇이 다른가? 연인 관계로 돌입하기 위해서는 '고백'이라는 의식을 치러야 한다는 점이 다르다. 일상적 관계를 시작하는데 고백을 하는 사람은 없다. "오늘부터 우리 가족 할래요?" "나는 오늘부터 당신의 선배가 되고 싶습니다"라는 말은 어색하지 않은가? 일상적 관계는 자연스럽게 시작되어 자연스럽게 유지되고 이어진다. 하지만 아주 예외적인 경우가 아니라면 연애는 그렇게 시작되지 않는다. 고백이 없다면, 연애는 시작되지 않는다.

문제는 이 고백이라는 것이 쉽지 않다는 것이다. 고백의 어려움 때문에 연애를 시작하고 싶은 사람들 중 상당수가 제자리걸음을 하곤 한다. 연애라는 것이 근본적으로 둘 사이의 관계이기 때문에, 고백에는 두 가지 형식이 있다. '하는 고백'과 '받는 고백' 결국 연애라는 것은 누가 고백을 하고, 누가 고백을 받는 과정을 통해 시작된다. 그런데 우리가 어려워하는 고백은 '받는 고백'이 아니다. '하는 고백'이다.

마흔을 넘길 때까지 제대로 된 연애를 한 번도 못 해본 사람이 있다. 그녀는 항상 외롭다고 말하며 '연애하고 싶다'고 말하지만, 좋아하는 사람이 생겨도 절대 고백하지 않는다. '먼저 고백하라'는 나의 조언에 그녀가 돌리는 답은 매번 같다. "연애를 못하는 한이 있어도 절대 먼저 고백은 안할 거예요!" 그녀는 '고백하는 것'이 어려워 지긋지긋해하는 솔로 생활에서 탈출하고 있지 못한 것이다. 그러면서 그녀는 혼잣말로 중얼거린다. '그 사람이 내게 고백을 해주면 얼마나 좋을까?'

'고백하는 것'이 어렵다. '고백 받는 것'은 어려운 일이 아니라 누구든 바라는 일이다. 당연하다. 누구에게든 사랑받고 싶은 것이 인간 아니던가? 그러니 누군가 나에게 고백하는 것보다 황홀한 일도 없다. 하지만 현실은 상상이 아니다. 평범한 외모에, 그저 그런 내면을 가진 우리는 이성으로부터 고백을 끌어낼 특별한 매력이 없다. 인정하자. 우리는 연애를 시작하기 위해서는 먼저 고백을 해야 한다.

우리는 왜 고백하지 못할까?

문제는 고백을 하는 것이 너무 힘들고 어렵다는 사실이다. 고백이라는 것이 무엇이기에 그것이 그리도 힘들고 어려울까? 단순하고 즉각적인 답은 "쪽팔리니까 그렇지!"다. 단순하고 즉각적인 답 대신 고백이라는 것이 무엇인지, 고백의 어려움이 무엇인지에 대해 깊게 알아보자. 그 질문에 대한 답이 바로 우리가 고백을 하지 못하는 본질적인 이유일 테니까.

우선, 단연 첫 번째 이유는 '거절당할까봐서'다. "사실 저 오랫동안 성찬씨를 좋아해왔어요"라는 고백에 "아, 저는 미숙씨를 이성으로 생각해본 적이 없어요"라는 답변을 듣는다면 어떨까? 용기를 내어 고백했지만 거절당한다면 그 민망함, 창피함은 이루 말할 수가 없다. 거절당했을 때 결코 피할 수 없는, 그 상상도 하기 싫은 민망함, 창피함 때문에 쉽사리 고백을 할 수 없는 것이다. 그 쪽팔림을 감당하느니 차라리 연애를 포기하겠다고 이야기하는 사람의 심정을 이해 못할 것도 없지 않은가.

그렇다. 쪽팔림이다. 고백은 쪽팔리는 일이다. 그런데 그 쪽팔림이라는 게 상대가 나의 고백을 거절했기 때문만은 아니다. 고백의 쪽팔림은 단순한 거절의 쪽팔림의 문제가 아니다. 진지하게 누군가에게 고백해본 사람은 안다. 고백은 실오라기 하나 걸치지 않고 상대 앞에 서는 것을 의미한다는 걸. “오래 전부터 널 좋아했었어”라는 고백은 상대의 반응과 별개로 자신을 온전히 드러내는 것이기에 힘든 것이다.

고백이 쪽팔리는 진짜 이유

여기서 고백이 힘든 두 번째이자 본질적인 이유를 찾을 수 있다. ‘진짜 자신을 드러낸 적이 없어서’다. 고백이 쪽팔리는 진짜 이유는 상대의 거절 때문이 아니다. 어린 시절부터 항상 자신의 진짜 모습을 숨기며 살아왔기 때문이다. 그래서 상대가 누구이든 진짜 자신의 모습을 오롯이 드러내는 것 자체가 힘든 것이다. 고백은 빼도 박도 못하고 자신의 감정을 오롯이 드러내는 일 아닌가? 언제나 자신 감정과 욕망을 숨기느라 애를 써왔던 사람이라면, 이 고백은 사실상 불가능한 도전에 가깝다.

고백을 하지 못하는 이유가 또 하나 있다. ‘주도권’이다. 이 이유는 연애 꽤나 해봤다는 사람들에게서 종종 발견된다. 연애 좀 해봤다는 사람들이 흔히 하는 말이 있다. ‘연애에서는 더 사랑하는 사람이 약자가 되는 거야’ 맞다. 연애는 더 사랑하는 사람이 약자가 된다. 생각해보라. 몇 년을 따라 다니고 수십 번의 고백을 통해 겨우 연애를 하게 된 남자가 있다고 해보자. 그 남자가 여자 친구에게 자신이 원하는 것을 이야기할 수 있을까? 쉽지 않다. 언제나 노심초사 여자 친구의 눈치를 보는 약자로 연애를 할 수밖에 없다.

그런데 고백이란 게 뭔가? 쉽게 말해, 내 패를 먼저 다 까 보이는 것이다. 서로 호감을 갖고 있더라도 먼저 고백하는 사람은 상대가 나를 좋아했었다는 사실을 명시적으로 확인할 수 없다. 먼저 고백했기 때문이다. 먼저 고백하는 사람이 연애에서 약자가 될 수밖에 없다. 고백을 받는 사람이 성숙한 사람이 아니라면 말이다. 그래서 연애를 좀 해본 사람들은 종종 먼저 고백하지 않는다. 자기 맘대로 할 수 있는 연애를 하고 싶어서 말이다. 때로는 연애 관계에서 주도권을 잡기 위해 고백을 하지 않기도 한다.

고백의 기술

우선 이것부터 분명히 하자. 연애하고 싶다면, 고백하자! 우리는 '받는 고백'을 원하지만, '하는 고백'이 더 낫다. 왜냐고? 우선 평범한 우리가 고백을 받을 확률이 그다지 높지 않기 때문이다. 둘째로는 사랑의 시작은 언제나 능동적이어야 하기 때문이다. 여기서 능동적이란 말은 내가 원하는 사람과 사랑을 해야 한다는 의미다. 하지만 고백을 받는 것은 수동적이다. 고백 받는 것은 황홀하지만, 그건 능동적인 사랑이 아니라 주어진 조건을 받아들이는 것일 뿐이다.

수동적으로 시작된 사랑, 이것을 진짜 사랑이라고 할 수 있을까? 글쎄 모르겠다. 오직 그 사람이기에 사랑할 수밖에 없어 하는 사랑은 언제나 '고백 하는' 사랑일 수밖에 없다. '고백을 받고' 허락하는 연애는 그나마 괜찮은 사람이기에 하는 연애일 가능성이 크다. 진짜 사랑은 결코 수동적으로 시작되지 않는다. 진짜 사랑은 그나마 괜찮은 사람과 하는 것이 아니라 오직 그 사람이기에 할 수밖에 없는 것이다. 그래서 '고백 받는' 것 보다 '고백 하는' 것이 더 낫다.

볼멘소리를 할지도 모르겠다. '다 아는데도 고백을 못하겠는데 어쩌라고?' 거절당할까봐 두려운가? 많은 고백을 거절당해본 사람으로서 정말 잘 안다. 그것이 얼마나 쪽팔리고 두려운 일인지. 고백의 기로에서 주저하는 이유는 분명하다. '거절의 쪽팔림이냐? 연애의 황홀함이냐?' 사이에서 망설이는 것이다. 수도 없는 거절을 당해서 엄청나게 쪽팔렸지만, 좋아하는 사람이 나타났을 때 고백하려고 노력했다. 그건 거절의 쪽팔림보다 연애의 황홀함이 더 매혹적이었기 때문이었다. 고백해서 쪽팔리는 것보다 연애해서 황홀한 것이 더 남는 장사다. 진짜 연애를 한 번이라도 해본 사람은 다 안다.

고백도 연습이 필요하다.

'그래도 고백은 도저히 못하겠어요'라는 생각이 드는가? 안 되는 걸 무조건 하라는 것도 폭력이다. 조금 돌아가자. 앞서 말했듯이 고백이 어려운 본질적인 이유는 자신의 감정과 본래 모습을 드러내 본적이 거의 없기 때문이다. 우리는 어린 시절부터 혹여 비난 받을까 상처받을까 두려워 자신의 감정과 욕망을 언제나 감추며 살아왔다. 영화를 보고, 소설을 읽는 것이 너무나 좋았지만 선생과 부모는 뭐라 했었나? '쓸데없는 짓 하지 말고 공부나 해'라고 하지 않았던가. 그렇게 우리는 몇 번의 비난과 상처 때문에 자신의 본래 모습을 내보이는 것을 금기

시하게 된 게다.

이런 금기에 너무나 익숙해진 우리가 좋아하는 사람에게 고백하는 것은 사실상 불가능하다. 동료나 선후배에게 조차 자신의 진짜 모습을 보여주지 못하는 것이 지금 우리의 자화상이다. 이런 우리가 어떻게 좋아하는 사람 앞에서 실오라기 하나 걸치지 않고 마주서는 고백이라는 걸 할 수 있을까? 그러니 조금 돌아가자. 우선 그 대상이 누구라도 좋다. 자신의 있는 그대로의 감정과 욕망을 정직하게 내보이는 연습을 하자.

이성적으로 매력을 느끼는 사람 대신 동료, 친구, 선후배 누구라도 좋다. "내 옆에서 떠들지 말아줄래. 난 조용히 있는 게 좋아" "나는 섹스 하는 게 좋아" "나는 네가 좋아. 같이 점심 먹을래?" 이렇게 조금씩 자신의 감정과 욕망을 내보이는 연습을 하자. 그러다보면 언젠가는 용기를 내어 좋아하는 상대에게 고백할 수 있게 될지도 모른다. 고백의 어려움은 본질적으로 자신을 온전히 드러내는 것의 어려움이기 때문이다.

기꺼이 상처받을 준비가 된 사람만이 진짜 연애를 할 수 있다. 고백하자! 놀랍게도 고백이 성공할 확률은 언제나 50% 아닌가. 이건 고스톱에서 이길 확률보다 높다. 칼 마르크스와 엥겔스는 『공산당선언』이라는 저서에서 이렇게 말했다. **"노동자가 혁명에서 잃을 것이라고는 쇠사슬뿐이요 얻을 것은 세계 전체다. 만국의 노동자여 단결하라!"** 연애를 이야기 하는 나는 이 말을 이렇게 바꾸고 싶다. "솔로들이 고백에서 잃은 것은 쪽팔림뿐이요, 얻을 것은 세계 전체다. 만국의 솔로들이여 고백하라!"

철학자의 연애 오지랖

연애는 실전무공이다.

고백해야 한다. 하지만 연애초보들은 적지 않은 시행착오를 겪을 수밖에 없다. 연애에 대한 의욕만 앞서던 내 20대의 고백은 개망신의 연속이었다. 지금 생각해도 얼굴이 화끈거릴 정도로 쪽팔리는 고백들이 많았다. 도서관에서 마음에 드는 사람에게 뜬금없이 영화를 보자고 이야기한 적도 있었다. 겨우 두 번째 데이트에서 나의 마음을 표현 한답시고, 커플링을 주면서 사귀자고 고백한 적도 있었다. 더 창피한 것은 너무나 당연하게 받아들여지지 않았을 그 투박하고 거친 고백들이 거절당했을 때, 어찌할지 몰라 상대에게 화를 내기도 했다는 것이다.

고백은 해야 한다. 하지만 가급적 세련되고 섬세하게 해야 한다. 내가 상처받지 않기 위해서가 아니라 상대에게 나의 호감이 잘 전달되기 위해서 그래야 한다. 연애를 많이 하고 고백을 몇 번 하다보면, 지금 고백이 받아들여질지 아닐지 '감'이 온다. 그 감이 중요하다. 그 감이 중요한 이유는 안 받아들여질 것 같은 고백은 하지 않고, 받아들여질 것 같은 고백만 하기 위해서가 아니다. 그 '감'이 있어야 상대에게 부담을 주지 않으면서 나의 마음을 세련되고 섬세하게 전하는 고백이 가능해지기 때문이다.

그럼 그 '감'은 어떻게 생기는 것일까? 연애는 실전무공이다. 연애는 글로 배울 수 없다. 말로 가르칠 수도 없다. 남녀관계에 흐르는 그 복잡미묘하고 변화무쌍한 감정의 흐름을 어떻게 말과 글로 설명하고 가르친단 말인가. 그 감이란 건, 오직 경험을 통해 느낄 수 있을 뿐이다. 세련되고 섬세한 고백은 연애라는 실전을 많이 경험해본 사람만이 가능한 경지다. 역설적이게도 쪽팔리는 고백을 많이 해봐야 세련된 고백을 할 수 있게 된다. 처음부터 세련된 고백을 할 수 있는 사람은 없다. 그래서 고백도, 사랑도 어려운 것이다.

연애를 하고 싶은가? 영화에 나오는 세련되고 근사한 사랑을 하고 싶은가? 그렇다면, 먼저 쪽팔리는 연습부터 해야 한다. 투박하고 거칠지만 있는 그대로의 고백함으로써 피할 수 없는 쪽팔림을 경험해야 한다. 그 한두 번의 쪽팔림의 경험을 통해 자신에 대해서 더 잘 이해하게 되고 상대의 마음 역시 조금 더 섬세하게 읽을 수 있는 근사한 사람이 될 수 있다. 넘어지면서 상처를 입는 경험 없이 걸음마를 떼는 아이는 없듯이, 거칠고 투박한 고백으로 쪽팔리는 경험 없이 세련되고 성숙한 사랑을 할 수 있는 사람은 없다.

세련되고 섬세한 고백을 하고 싶은가? 일단 쪽팔리자! 그래야 근사한 사람이 되고, 성숙한 연애를 할 수 있다. 잊지 말아야 할 삶의 진실 하나. 뭐든 날로 먹으면 탈이 나게 마련이다.

---

6. 사랑과 우정의 구별법

사랑과 우정 사이

사랑과 우정을 헷갈려 실수한 적이 많았다. 그저 친하게 지내는 친구인줄만 알았는데 나중에 돌아보니 그것이 사랑이었던 적도 있었고, 뜨거운 사랑이라고 생각했는데 지나보니 그건 그저 편한 친구 사이의 감정이었음을 알게 된 적도 있다. 전자의 실수가 깊은 후회로 남는다면, 후자는 둘도 없는 친구에게 깊은 상처를 남기게 된다.

사랑이라는 감정에 익숙하지 않다면, 사랑과 우정 사이에서 혼란스러울 수밖에 없다. 그 혼란스러움은 필연적으로 연애에서 크고 작은 시행착오를 가져 온다. 모든 시행착오를 완전히 피할 수는 없겠지만, 조금의 시행착오라도 줄이기 위해 사랑과 우정 사이의 구별법에 대해 고민해보자.

어느 동성애자의 커밍아웃

언젠가 동성애자를 만나 이야기를 나눈 적이 있다. 그를 통해 사랑과 우정을 어떻게 구분할 수 있는지 알게 되었다. 동성애자를 통해서 이성애에 대해서 좀 더 깊게 알 수 있게 되었으니 참 역설적인 일이다.

"언제 자신에게 동성애적 기질이 있다는 걸 아셨어요?"

"어렸을 때 친구들이 많았어요. 그 중에 한 명하고 유독 친하게 지냈어요. 처음에는 같이 있을 때 좋으니까 그냥 친구라고 생각했죠. 근데 그 친구가 어머니랑 여행을 갔나? 캠핑을 갔나? 그랬어요. 한 일주일을 못 봤거든요. 그런데 다른 친구들은 보면 좋은 걸로 끝인데, 그 친구는 못 보니까 보고 싶고 나중에는 힘들더라고요"

동성애자의 사랑은 묘하다. 남자는 남자를 사랑하고, 여자는 여자를 사랑하기에 그들의 사랑이 가질 수밖에 없는 특이점이 있다. 이성애자들보다 훨씬 더 사랑과 우정 사이에서 혼란스러울 수밖에 없다는 점이다. 이성애자에게 동성과의 관계는 무조건 우정이다. 하지만 동성애자는 그렇지 않다. 동성애자들에게 동성과의 관계는 우정일수도 있고 사랑일 수도 있다. 남자 동성애자에게 남자는 우정의 대상일 수도 있고, 사랑의 대상일 수 있다. 그러니 이성애자도 보다 더 사랑과 우정에 대해 헷갈릴 수밖에 없다.

너무 당연한 이야기이지만, 앞서 말한 동성애자는 자신이 동성애자라는 걸 동성 친구를 통해서 알았다고 말했다. 다른 동성 친구들은 볼 때는 좋았지만, 보지 못한다고 해서 마음이 아프거나 힘들지 않았다고 했다. 그런데 유독 '그 친구'는 달랐단다. '그 친구'를 만날 때는 너무 좋았지만, 못 볼 때는 마음이 아프고 힘들었다. 그런 자신을 보면서 자신이 동성애자라는 사실을 알게 되었다. '그 친구'가 없는 일주일 동안에 '그 친구'를 향한 마음이 우정이 아니라 사랑이라고 확신하게 되었다고 했다.

사랑과 우정의 구별법

나는 그 동성애자를 통해 사랑과 우정을 어떻게 구별해야 하는지 분명히 알게 되었다. 사랑과 우정은 그 대상과 함께 있을 때는 판별하기가 쉽지 않다. 연인도 친구도 함께 있을 때는 기쁨을 주기 때문이다. 게다가 만약 자신이 정서적으로 힘든 상황에 처해 있다면, 우정을 사랑으로 오인하기 더욱 쉽다. 삶이 버거워 누군가에게 기대고 싶을 때는 그것이 친구이든 연인이든 그저 옆에 있다는 것만으로 위로를 받기 때문이다. 누구에게나 삶은 버겁고 힘들기에 사랑과 우정은 더욱 구별이 힘든 것인지도 모르겠다.

사랑과 우정은 그 상대와 함께 있지 않을 때 판가름 난다. 우정은 그 사람과 함께 있을 때 기쁨을 주지만, 함께 있지 않을 때 슬픔을 동반하지 않는다. 하지만 사랑은 다르다. 사랑은 그 사람과 함께 있을 때 기쁨을 주는 동시에 그 사람과 함께 있지 못할 때 큰 슬픔으로 다가온다. 그 슬픔을 사람들은 '그리움'이라고 부른다. 그렇다. 우정은 함께 있을 때 좋지만 헤어져도 상관없는 감정이다. 하지만 사랑은 함께 있을 때 너무 좋지만 헤어지면 너무나 고통스러운 감정이다.

사랑과 우정을 잘 판별해야 한다. 하지만 사랑이라는 감정에 익숙하지 않은 우리에게 그것이 말처럼 쉽지 않다. 사랑과 우정이라는 두 가지 감정을 머리로 이해했다고 해도 상황이 달라지지 않는다. 사랑과 우정은 이성의 영역이 아니라 감정의 영역이니까. 사랑과 우정을 정의할 수 있게 되었다고 해도, 그 둘 사이에서 가끔 혼란스럽다. 그때 우리는 어떻게 해야 할까?

'개와 늑대의 시간'에 해야 할 일

어떤 문제에 대해 고민하고 있을 때 세상 사람들은 너무 쉽게 말한다. "우물쭈물 거리지 말고 빨리 결정해!" 이 조언은 아주 효과적이다. 망설이기만 하다가 아무런 결정도 내리지 못하고 세월에게 결정을 맡겨버리는 사람들에게 특히 그렇다. 하지만 이 조언이 항상 옳은 것은 아니다. 때로 우리에게는 '개와 늑대의 시간'이 필요하다. **'개와 늑대의 시간'은 해질녘 혹은 동틀 때 즈음의 시간을 말한다. 그 시간에는 저 멀리 희미하게 보이는 것이 내가 기르는 개인지 아니면 나를 잡아먹으러 오는 늑대인지 구분할 수 없다.**

때로 아무런 판단도 내리지 말고 기다려야 할 때가 있다. 섣불리 판단해서는 안 될 때가 있다. 개를 늑대로 오인해 방아쇠를 당겨 버리면 소중한 개를 죽이게 될 테니까. 반대로 늑대를 개로 오인해서 반가운 마음에 섣불리 뛰어나가면 늑대에게 물려 죽을지 모를 일이다. '개와 늑대의 시간'에서는 아무런 판단도, 행동도 하지 않고 해가 떠오를 때까지 그저 그렇게 제 자리에서 기다려 한다. 아직 사랑이라는 감정에 익숙하지 않은 사람들에게 이 '개와 늑대의 시간'이 필요하다.

사랑과 우정에서 혼란스러울 때 해야 할 일

사랑과 우정 사이에서 혼란스러워하고 있다면 섣불리 자신의 감정을 예단하지 말자. 우정을 사랑이라고 오해하는 것도, 사랑을 우정이라고 오해하는 것도 나와 상대에게 큰 상처를 줄 수밖에 없기 때문이다. 마치 선부른 판단으로 소중한 개를 죽이거나 아니면 늑대에게 물려 죽게 될 수 있는 것처럼. **그런데 '개와 늑대의 시간'에 관해서 알아야 사실이 하나 더 있다. 사랑과 우정을 구별하기 위해서는 먼저 상대와 떨어져 있어보아야 한다. 이것이 중요하다.**

사랑인지 우정인지 헷갈리게 하는 사람이 있다면, 우선 그 사람과 헤어져 봐야 한다. 헤어진 상태로 '개와 늑대의 시간'을 맞이해야 한다. 그때 자연스럽게 알게 된다. 그 사람에 대한 감정이 우정인지 아니면 사랑인지. '개와 늑대의 시간'이 지나면 사랑인지 우정인지 명확하게 드러난다. 연인이라고 생각했던 사람과의 헤어짐이 아프지 않다면 그 감정은 우정에 가까운 것이다. 반대로 친구라고 생각했던 사람과의 헤어짐이 아프다면 그 감정은 사랑에 가까울 것이다.

7. 연애와 자존감

우리가 불행한 이유, 자존감

글 쓰는 삶을 살게 된 이후 많은 사람들을 만났다. 수업이든, 상담이든, 혹은 개인적인 만남이든, 내가 만났던 대부분의 사람들은 안타깝게도 자신의 불행한 삶을 호소했다. 쇼핑 중독에 빠져 있는 사람, 폭식으로 건강에 이상이 온 사람, 직장을 그만두고 우울증을 겪고 있는 사람, 여자 친구의 이별 통보에 삶의 의미를 잃어버린 사람, 이혼 뒤에 찾아온 불안장애로 병원을 다니고 있는 사람 등등. 각자의 불행한 삶에 힘들어하고 있었다.

그네들의 '앞으로 어찌 해야 할까요?'라는 질문에 내 대답은 대체로 같았다. "연애하세요!" 어떤 이는 당황했고 어떤 이는 황당해했지만 나는 진심으로 답해준 것이었다. 저 마다의 사연에 '연애하세요!'라는 같은 처방을 내린 이유는 분명하다. 저마다의 불행에 대해 이야기했지만 그 불행의 근본 원인은 모두 같다는 사실을 알게 되었기 때문이다.

그 원인은 자존감이다. 불행한 삶에서 괴로워하고 있는 사람들의 공통점은 자존감이 낮다는 사실이다. 쇼핑 중독, 폭식증에 빠지는 이유도 자존감이 낮기 때문이고, 우울증이나 불안장애에 시달리는 이유 역시 자존감이 낮아서다. 그들에게 튼튼한 자존감이 있었다면, 저마다의 방법으로 그 불행한 삶을 극복했을 게다. 물론 이 말이 자존감만 있다면, 모든 일이 잘 풀릴 거란 의미는 아니다. 고되지 않은 삶도 없고, 사연 없는 삶도 없다. 하지만 어떤 이는 그 고됨과 사연에도 의연하게 삶을 헤쳐 나가고 어떤 이는 그 자리에서 주저앉아 버린다.

불행이란 건 삶의 고됨과 굴곡진 사연 때문에 발행하는 게 아니다. 그 고됨과 사연에 직면하지 못하고 외면하고 도망치려 할 때 발생한다. 그래서 구슬픈 사연과 고된 삶에도 불구하고 누군가는 불행하지 않은 삶을 사는 것이다. 힘들다고 다 불행한 게 아니다. 튼튼한 자존감을 가진 사람의 삶도 힘들고 고되다. 하지만 불행하지 않다. 그저 힘들고 고된 일을 묵묵히 심지어 때로는 유쾌하게 견디며 헤쳐 나간다. 불행의 근본 원인은 힘든 삶이 아니라 낮은 자존감이다.

자존감은 '자신을 있는 그대로 받아들이는 능력'

불행한 삶으로부터 구원해줄 그 자존감이란 건 도대체 무엇일까? 자존감은 '자신을 있는 그대로 받아들이는 능력'이다. 그런데 이 자존감이란 것이 쉽지 않다. 대체로 사람들은 자신의 좋은 모습만 자신이라고 받아들이고, 자신의 나쁜 모습은 자신이 아니라고 외면해버리기 때문이다. **자존감이 낮은 사람들의 두 가지 대표적 특징이 있다. 불안과 콤플렉스.**

먼저 불안부터 말해보자. 자존감이 낮은 사람은 시도 때도 없이 밀려드는 이유 모를 깊은 불안감 때문에 힘들어 한다. 이 불안감의 정체는 뭘까? 내가 외면하고자 했던, 하지만 사실은 자신이 분명히 알고 있는 부정적인 모습을 다른 사람에게 들키면 어쩌나하는 두려움이, 그 불안의 정체다. 불안의 원인은 빈약한 자존감이다.

같은 맥락에서 자존감이 낮은 사람의 또 하나의 특징인 콤플렉스도 이해할 수 있다. 직장 생활을 할 때 유능한 팀장이 있었다. 그는 모두 불가능하다고 말하는 업무를 수차례 성공시킬 정도로 유능했다. 하지만 그의 자존감은 상당히 빈약했다. 그에게는 심각한 콤플렉스가 있었다. '학벌 콤플렉스'였다.

지방대를 나온 팀장은 자신의 입으로 결코 자신이 지방대를 나왔다는 사실을 말하지 않았으며, 다른 이가 그 사실을 말하면 불같이 화를 내곤 했다. 팀장은 긍정적인 자기인식(유능한 팀장)은 자신의 모습으로 받아들였지만, 부정적인 자기인식(지방대 출신)은 온전히 받아들이지 못했다. 자신을 있는 그대로 받아들이는 능력, 자존감이 현저히 부족했기 때문이었다. 그 때문에 그는 긴 시간 동안 학벌 콤플렉스에서 벗어나지 못했다. **다른 다양한 종류의 콤플렉스도 다 마찬가지다. 긍정적 자기인식만 받아들이고 부정적 자기인식을 은폐하려 했기에 일어난 사달이다. 원인은 빈약한 자존감이다.**

혹여 자신이 은폐해 놓았던 부정적 자기인식을 누군가에게 들킬까 노심초사(불안)하기에, 그 콤플렉스에서 벗어날 수 없는 것이다. 이렇게 콤플렉스와 불안은 붙어 있다. 요컨대, 불안과 콤플렉스는 허약한 자존감이 낳은 샴쌍둥이다. 자존감이 빈약한 사람들은 불안과 콤플렉스를 모두 갖고 있다.

우리가 자존감이 낮은 이유

행복한 삶을 원한다면, 자존감 있는 삶을 선택해야 한다. 단단한 자존감을 갖기 위한 방법론은 간단하다. 있는 그대로의 자신을 받아들이면 된다. 자신이 생각하기에 좋은 모습이든, 나쁜 모습이든 그 모든 모습을 자신이라 인정하고 받아들이면 된다. 분명 옳은 이야기다. 하지만 가끔은 옳은 이야기는 우리를 좌절시키고, 또 분노케 한다. 옳은 이야기를 듣고 있노라면 속에서 "다 안다고! 아는 데 안 되는 걸 어쩌라고!"라는 말이 터져 나온다. 그렇다. 말이 쉽지 부정적인 자기 인식을 인정하는 게 어디 쉬운 일이던가.

한동안 나 역시 그랬다. 행복한 삶을 살고 싶어서 자존감을 높이고 싶었지만 쉽지 않았다. 몇 없는 긍정적 자기인식(근육질 몸매, 좋은 직장, 일을 잘한다는 평판)을 부여잡고 겨우 살아가고 있는데, 부정적 자기인식(대범한척 했지만 사실은 겁쟁이고, 돈에 연연하지 않은 체 했지만 한없이 쪼짠하고, 쿨한 척했지만 한없이 찌질한 자신)을 받아들이기가 쉽지 않았다. 그 부정적 자기인식을 긍정하며 내 모습이라고 받아들일 수가 없었다. 겁 많고, 쪼짠하고, 찌질한 내 모습을 인정했다가는 그마나 있는 알량한 자신감마저 다 날아 가버릴 것 같아 두려웠다.

자존감이 낮은 사람은 나와 비슷할 게다. 장점을 날조하고 단점을 은폐하느라 급급해서 자존감이 낮아진 것일 테다. 우리는 왜 이렇게 된 걸까? 단단한 자존감을 가진 사람은 부정적 자기인식, 예컨대 자신의 나쁜 점, 단점마저 사람들 앞에서 턱 턱 꺼내놓는데 말이다. 자존감이 높은 사람, 그러니까 자신의 장점과 단점을 모두 긍정하고 꺼내놓을 수 있는 사람들의 공통점이 있다. 그건 '어떤 경우에도 자신이 사랑받을 만한 사람이다'라는 확신이다.

단단한 자존감을 가진 사람은 타인의 시선에 신경 쓰지 않는 사람이라고 믿는 경우가 있다. 오해다. 단단한 자존감을 가진 사람은 타인의 시선에 시선을 쓰지 않는 사람이 아니다. 어떤 경우에도 자신이 타인에게 사랑받을 수 있는 사람이라고 확신하는 사람이다. 그래서 꺼내놓았다가는 결코 누구에게도 사랑받지 못할 것 같은 치명적 단점이나 나쁜 점도 긍정하며 사람들 앞에 턱턱 꺼내놓을 수 있는 것이다. 누구나 갖고 싶은, 하지만 누구도 쉽게 갖기 힘든 자존감은 결국 어떤 경우에도 자신이 사랑받을 수 있는 사람이라는 확신에서 오는 셈이다. 그렇다면 이제 그 확신은 어디서 오는지 물어야 할 차례다.

자존감은 '사랑받은 기억의 합'이다

이제 자존감을 다시 정의하자. 자존감은 '사랑받은 기억의 합'이다. 내면이 확립되어 가는 시기인 유아시절 부모나 혹은 부모 같은 존재로부터 충분한 사랑을 받은 기억이 있는 사람은 자존감이 튼튼하다. 유아기에 부모의 헌신적이며 무조건적인 사랑을 충분히 받았던 사람은 성인이 되어서도 믿게 된다. 자신이 어떤 사람일지라도 사람들에게 충분히 사랑받을 사람이란 걸. 그런 사람은 비교적 쉽게 자신의 나쁜 점과 단점조차 자신의 모습의 일부라고 받아들일 수 있다. 자신에게 그런 나쁜 점과 단점이 있다고 하더라도 자신은 분명 사랑받을 수 있는 존재라고 확신하고 있기 때문이다.

자존감이 허약하다면, 어린 시절 헌신적이며 무조건적인 사랑을 충분히 받지 못했기 때문이다. 나 역시 그랬다. 부모는 헌신적이며 무조건적인 사랑을 해주었다기보다 그네들이 원하는 행동을 할 때 사랑해주었고, 원하지 않는 행동을 할 때는 냉담했다. 돌아보니 그랬다. 어머니는 성적이 잘 나온 날은 따뜻한 미소로 반겨주었고, 성적이 떨어진 날은 싸늘한 시선으로 짜증을 내기도 했으니까. 그때 알았던 것 같다. 긍정적인 모습만 보여주어야 엄마에게 사랑받을 수 있다고. 그렇게 나는 부정적인 모습을 감추기 위해 자존감이 낮은 아이가 되어버렸다.

주위를 돌아보자. 자존감이 허약한 사람은 어린 시절 충분한 사랑을 받지 못한 경우가 많고, 자존감이 튼튼한 사람은 어린 시절 충분한 사랑을 받았던 경우가 대부분이다. 아이들만 봐도 그렇다. 집에서 충분히 사랑받는 아이는 밖에서 굳이 다른 사람들에게 잘 보이려고 하지 않는다. 반면 집에서 충분한 사랑을 받지 못한 아이는 자신의 단점을 가리고 장점을 날조해 주변 사람들에게 관심과 인정을 받으려 애를 쓴다. 정신분석학에 기반을 둔 이런 이야기는 분명 우리를 잘 설명해준다. 하지만 동시에 자존감이 허약한 사람들에게는 심각한 좌절감을 안겨준다.

과거는 돌릴 수 없다. 하지만.

왜? 과거를 바꿀 수 없기 때문이다. 자존감이 낮은 이유를 알았을 때, 한동안 부모를 원망했다. 그네들이 나에게 헌신적이고 무조건적인 사랑을 해주었더라면, 이유 모를 불안이나 불필요한 콤플렉스에 시달리지 않았을지도 모를 일이니까. 하지만 과거는 바꿀 수 없다. 그리고 부모 역시 버거운 삶의 무게를 버텨내느라 고된 인생을 살았던 사람 아니던가. 그러니 부모를 원망하는 것은 합리적이지도 않고 염치없는 짓이기도 하다.

어른이 되었다면 자신의 문제는 자신이 해결해야 한다. 이 허약한 자존감의 문제를 어떻게 해결할 것인가? 더 늦기 전에 부모가 주었던 헌신적이고 무조건적인 사랑을 받는 경험을 해야 한다. 이 방법 외에 다른 방법, 없다. 자존감은 사랑받은 기억의 합이니까. 세 가지 구체적인 방법이 있다. 첫째, 타임머신을 타고 유아시절로 돌아가는 것이다. 둘째, 지금이라도 부모에게 사랑을 받는 법이다.

첫째는 물리적으로 불가능하다. 둘째는 물리적으로 가능하다 할지라도 부모와 자식의 관계가 이미 변했기에 불가능하다. 유아기에 사랑받은 기억의 합이 자존감으로 형성되는 건, 유아에게 엄마는 '완전한' 존재이기 때문이다. 아이에게 엄마는 전지전능한 '완전한' 존재이기에 아이는 엄마의 사랑으로 자존감을 쌓을 수 있는 것이다. 하지만 지금 우리에게 엄마는 어떤 존재인가? '완전한' 존재이기보다 우리가 사랑을 주어야 하고 보살핌을 주어야 할 존재 아닌가. 그러니 두 번째 방법도 불가능하다.

지금 연애하면, 자존감 높아진다.

세 번째 방법이 있다. 연애다. 진짜 연애. 자존감은 사랑받은 기억의 합이다. 하지만 이 사랑에는 두 가지 전제 조건이 있다. 첫째는 그 사랑은 헌신적이며 무조건적이어야 한다는 것. 둘째는 그 사랑을 주는 사람을 '완전한' 존재로 느껴야 한다는 것. 이것으로 우정이나 짝사랑, 혹은 받기만 하는 사랑으로는 자존감이 튼튼해지지 않는 이유를 설명할 수 있다.

우정은 상대가 있을 때 좋고, 없을 때도 상관없는 감정이다. 그래서 우정은 헌신적이지도 무조건적이지도 않다. 그러니 자존감이 높아질 리가 없다. 짝사랑도 마찬가지다. 주기만 하는 사랑이다. 짝사랑은 아무리 해도 사랑받은 기억이 없기 때문에 자존감도 높아지지 않는다. 받기만 하는 사랑 역시 마찬가지다. 그 사랑은 분명 헌신적이고 무조건적일 수 있다. 하지만 그 사랑 역시 자존감을 튼튼하게 만들기 어렵다. 내가 매력을 느끼지 못하고 자기 혼자 나를 사랑해주는 사람은 '완전한' 사람이 아니라 어딘지 모르게 부족한 사람처럼 보이기 때문이다.

연애다. 진짜 연애. 진짜 연애를 하면 자존감이 높아진다. 왜 그런가? 우선 누군가 나를 사랑하면 그 상대는 자신이 어찌되어도 상관없다는 듯 나에게 모든 것을 주고 싶어 한다. 그 사랑만이 유아시절 엄마의 사랑에 가장 육박한 사랑이다. 헌신적이고 무조건적인 사랑. 동시에 나 역시 상대를 진심으로 사랑한다면 나는 그 사람 앞에서 아이가 된다. 여자라면 상대가 어떤 절대자처럼 느껴질 테고, 남자에게 그 대상은 마치 여신처럼 느껴지기 때문이다.

이처럼 진짜 연애는 우리를 아이로 만들고, 동시에 우리를 아이로 만든 그 '완전한'(실제로는 완전해 보이는) 상대는 우리에게 헌신적이고 무조건적인 사랑이라는 선물을 준다. 아이처럼 천진한 얼굴로 받아든 그 선물(사랑) 안에는 또 다른 선물이 들어 있다. 그 선물 안의 선물, 그것이 바로 자존감이다. 연애에 매혹되는 이유는 우리의 낮은 자존감을 끌어올릴 유일한 방법임을 직감하기 때문은 아닐까? 연애는 분명 남는 장사다. 연애 그 자체로 우리를 설레고 즐겁게 만들 뿐만 아니라 그 연애를 통해 삶을 행복하게 만들 자존감 역시 단단하게 만들 수 있으니까.

철학자의 연애 오지랖
나의 콤플렉스 극복기

20대의 나는 콤플렉스 덩어리였다. 공부도 못했고, 뚱뚱했으며, 여드름투성이였다. 공부를 잘해 서울에 있는 대학을 간 친구에게 느닷없이 화를 내기도 했고, 뚱뚱한 모습을 가리려 항상 검은 색 옷만 입었고, 여드름투성이인 얼굴을 가리려 항상 땅만 보고 걸었다. 그 모든 콤플렉스를 벗어던지고 싶었다. 그 지긋지긋한 콤플렉스로부터 벗어나기 위해 별짓을 다 했다. 살을 빼면 뚱뚱이 콤플렉스로부터 벗어날 수 있을 거라 생각했다. 피부가 좋아지면 여드름 콤플렉스로부터 벗어날 수 있을 거라 생각했다.

그나마 자신을 사랑하는 마음이 남아있었던 덕분일까? 악착같이 다이어트를 해 살을 빼고 근육질의 몸을 만들었다. 피부에 좋다는 세정제, 스킨, 로션을 다 찾아다녀서 그나마 흉측하다는 말은 피할 수 있는 정도의 피부가 되었다. 뚱땡이, 여드름 콤플렉스를 벗어날 수 있었을까? 아니다. 살을 뺀 이후에도 조금만 배가 나온 것 같으면 불안했다. 얼굴에 작은 뾰루지 하나만 생겨도 심장이 두근거렸다. 그뿐일까? 뚱뚱한 사람을 보면 '뚱땡이들은 다 게으른 인간들이야!' '여드름투성이 인간은 드러운 인간들이야!' 라며 과도한 반응을 보였다. 변한 외모와 관계없이 나는 여전히 콤플렉스 덩어리였다.

그러다 연애를 시작했다. 5월에 햇살보다 더 아름다웠던 그녀는 나의 고백을 받아주었다. 하루하루가 경이로웠다. 마치 여신과 차를 마시고, 이야기를 나누고, 섹스를 하고 있다고 느껴졌기 때문이다. '남자는 처음에

제일 사랑하고, 여자는 갈수록 더 사랑한다'는 말은 사실이었던 걸까? 시간이 지날수록 그녀는 나를 헌신적이고 무조건적으로 사랑해주었다. 나보다 더 나에게 많은 관심을 보였던 그녀였기에 나의 콤플렉스를 모를 리가 없었다. 배가 나왔다며, 여드름이 났다며 짜증을 내고 있을 때였다.

그녀는 나의 배를 만져주며, "배 좀 나오면 어때? 배가 나오는 것도 좋아, 오빠가 밥을 잘 먹었으면 좋겠어"라고 말해주었다. 그녀는 나의 여드름을 만져주며, "괜찮아. 여드름은 좀 나면 어때. 그것도 예뻐 보여"라고 말해주었다. 그 뒤로 내겐 놀라운 일이 벌어졌다. 거울에 비친 뱃살과 여드름이 예전만큼 혐오스러워 보이지 않았다. 결코 받아들일 수 없을 것 같았던 부정적인 내 모습을 긍정하고 있는 자신을 발견했다. 자존감이 튼튼해져갔고 그래서 조금씩 콤플렉스를 극복해가고 있었다. 너무나 사랑했던 여신과 같았던 그녀 덕분에.

지나보니 알겠다. 힘들 때마다 나 자신을 버틸 수 있게 해주었던 자존감은 지난 연인들에게 받았던 분에 넘치는 사랑 때문이었다는 걸. 콤플렉스를 극복하고 싶다면, 다른 방법은 없다. 연애를 시작해야 한다. 그때서야 지긋지긋한 콤플렉스와 결별할 수 있다. 그래서 한 번도 이야기한 적 없지만, 이 책을 통해 나를 사랑해주었던, 그 모든 사람들에게 너무나 감사하다는 말을 전하고 싶다. "콤플렉스를 떠나보내게 해줘서, 자존감을 만들어줘서, 정말 고마워"

---

8. 연애, 자발적 노예라는 유혹

연애에서 뒷걸음질 치는 이유

"좋아하는 사람이 있는데 사귀자고 말을 못하겠어요."

"왜?"

"기분이 좀 이상해요. 뭐랄까? 걔랑 있으면 제가 수동적인 사람이 되는 것 같고, 자꾸 걔 눈치보고 있고 있는 것 같고, 여하튼 제가 좀 작아지는 기분이 들어서요."

자기주관이 뚜렷하고 자기주장 역시 확실한 친구를 한 명 알고 있다. 그녀는 몇 번의 연애를 했지만 사실 그건 연애라기보다 자신을 좋아해주는 사람을 받아준 것이었다. 그런 관계는 언제나 일방적이다. 그녀가 시간이 될 때 남자친구를 만나고, 자신에게 일이 있으면 언제든 남자친구와의 일정을 변경했다. 모든 관계가 그렇듯 남녀 관계 역시 일방적이면 오래가지 못하는 법이다. 그렇게 그녀는 꽤 긴 시간 솔로로 있었다. 그러다 그녀가 좋아하는 사람이 나타난 것이다.

주관도 뚜렷하고 자기주장도 확실히 하는 그녀지만, 좋아하는 상대에게 쉽게 고백하지 못하고 있다. 왜일까? 거절당할까봐서도 주도권을 잃게 될까봐서도 아니었다. 그건 그녀가 진짜 연애를 처음 시작하려고 하기 때문이었다. 그녀가 이전에 했던 것은 엄밀한 의미에서 연애도 사랑도 아니었다. 그저 주변 사람들이 남자를 만나야 할 때라기에, 남자를 만나보면 무언가 배우는 것이 있다기에 남자를 만난 것뿐이었다. 마치 학원을 다니듯 자기계발을 위해 연애를 한 셈이었다.

사랑, 누군가 앞에서 한없이 작아지는 경험

그녀는 왜 좋아하는 사람 앞에서 서면 작아지는 기분이 든다고 했을까? 그건 절대 나를 떠나지 않았으면 좋겠다고 생각하는 사람이 언제든 나를 떠날 수 있다는 사실을 직감하기 때문이다. 보기만 해도 설레고 행복을 주는 사람은 놓치고 싶지 않다. 사랑이 우리를 얼마나 행복하게 하는지 알고 있기 때문이다. 하지만 자유의지를 가진 상대는 언제든 우리를 떠나지 못할 이유가 없다.

단박에 사랑에 빠질 만큼 매혹적인 상대를 만나본 사람은 안다. 그 사람에 앞에만 서면 어리바리해져서 말도 더듬게 되고, 눈치를 보게 되고, 자신이 한없이 작아질 수밖에 없다는 사실을 말이다. 나에게 너무 큰 행복을 주는 그(그녀)가 나에게 관심을 보여주지 않을까봐 혹은 혹시라도 나를 떠나 버릴까봐 노심초사하게 되기 때문이다. '사랑하고 싶은 사람 앞에서면 한없이 작아진다'는 건 자명한 연애의 진실이다.

이 사실을 뒤집어보면 어떤 상대와 연애를 시작해야 하는지도 알 수 있다. 누군가를 만났을 때 한없이 당당하고 결코 작아지지 않는다면, 그 사람은 연애를 시작할 대상이 아닌 게다. 눈치를 보게 만들고, 자신을 작은 존재로 만들지 않는 상대는 연애의 대상이라기보다 내가 편하게 만날 수 있는 액세서리 같은 사람일 뿐이다. 눈치 보는 일 없고 언제나 당당한 연애를 해왔던 그녀는 이제야 액세서리가 아닌 진짜 남자친구를 만날 기로에 선 셈이다.

연애를 하면 자발적 노예가 된다.

진짜 연애라는 것이 무엇일까? 그건 자발적 노예가 되는 것이라고 말할 수 있다. 정말이다. 사랑은 상대의 자발적 노예가 되고 싶다는 유혹으로부터 시작된다. 지금 하고 있는 것이 진짜 연애인지 아닌지 분명하게 구분할 수 있는 방법이 있다. 상대를 만났을 때 드는 마음이 '내 뜻대로 되게 해주소서!'인지 아니면 '당신 뜻대로 하소서!'인지를 질문해보면 된다. 전자는 일상적 관계이고, 후자가 사랑의 관계다. 진짜 사랑은 언제나 '상대의 뜻대로' 자신을 맞추고 싶다는 유혹으로부터 시작될 수밖에 없다.

'당신 뜻대로 하소서!'는 정확히 노예의 정서다. 여기서 그녀가 연애 앞에서 왜 그리 혼란스러워하며 뒷걸음질 쳤는지 그 이유를 알 수 있다. 주관이 뚜렷한 그녀는 언제나 주인으로 살고 싶어 했다. 하지만 사랑에 빠진 사람은 언제나 '당신 뜻대로 하소서!'라고 말하는 노예의 정서에 빠질 수밖에 없다. 주인으로 살고 싶어 하던 그녀는 처음 느껴보는 노예의 정서에 당혹감을 느낀 것이다. 연애라는 것은 그런 것이다. 내 뜻이 아니라 상대의 뜻에 자신의 모든 것을 맡기고 싶은 정서.

그녀에게 연애라는 것이 자발적으로 노예가 되는 것이라고 말해주며, 좋아하는 사람에게 고백하고 연애를 시작하라고 했다. 하지만 그녀는 "저는 주체적인 주인으로 살고 싶어요. 연애해서 노예가 된다면, 연애하고 싶지 않아요"라고 답했다. 그리고 그녀는 다시 물었다. "주인으로 살 때 가장 행복한데 왜 연애를 해서 노예로 살아야 하는 거죠?" 때로 당돌한 질문은 삶을 명료하게 드러내는 법이다. 그녀의 당돌한 질문에 나는 이리 답해주었던 걸로 기억한다.

"좋아하는 사람 앞에서 자발적 노예가 되는 건 상대를 위해서가 아니라 너 자신을 위해서야" 의아해 하는 그녀의 표정을 뒤로 하고 설명을 덧붙였다. "사랑에 빠진 사람들이 언제나 '당신 뜻대로 하소서'라고 말하는 건, 자신이 주체적이고 능동적이지 않아서라기보다 오히려 그 반대에 가까워. 누구보다 주체적이고 능동적인 사람만이 사랑하는 사람 앞에서 '당신 뜻대로 하소서'라고 말할 수 있는 거야" 이건 궤변이 아니다.

연애, 주인이 노예로, 다시 노예가 주인이 되는 역설적 공간

주인으로 살고 싶지 않은 사람이 있을까? 하지만 매혹적인 상대가 나타나면 우리는 눈치보고 한없이 작아지는 노예가 되고자 한다. 왜 이런 일이 발생하는 걸까? 그 내밀한 이유는 분명하다. 그 매혹적인 상대를 내게 붙잡아두기 위해서다. 자유의지를 가진 매혹적인 상대를 어떻게 내게 붙잡아둘 수 있을까? 그건 분명 상대가 원하는 것을 해줄 때다. 영화 〈미저리〉(로브 라이너 감독, 1990)의 여주인공처럼 매혹적인 상대를 감금해 놓고 연애를 할 게 아니라면, 우리가 할 수 있는 것은 상대가 원하는 것을 해주는 것뿐이다.

매혹적인 상대의 노예가 될 때, 그 상대는 우리를 떠나지 못할 가능성이 높아진다. '당신 뜻대로 하소서!'라는 정서는 분명 헌신적이지만 동시에 이기적인 것이기도 하다. 내가 사랑하는 이의 노예가 되려는 이유는 그 상대가 나를 떠나지 못하게 하려는 일종의 포박이기 때문이다. 영화 〈미저리〉의 여주인공이 좋아하는 남자를 침대에 묶고 다리를 부러뜨려 언제까지나 자신에게 머물게 하고 싶었다면, 그보다는 성숙한 우리는 매혹적인 그(그녀)가 원하는 것은 무엇이든 해줌으로써 언제까지나 자신에게 머물게 하고 싶은 것이다. 그래서 사랑하는 이에게 자발적으로 노예가 되려는 건 헌신적인 동시에 이기적이다.

누가 주체적인가? 누가 주인인가? 누가 능동적인가? 존재만으로도 내게 무한한 기쁨을 주는 매혹적인 상대를 그저 떠나가도록 내버려두는 사람일까? 아니면 스스로 노예가 됨을 자처함으로써 사랑하고픈 사람을 내게 묶어두려는 사람일까? 좋아하는 사람이 나타났다면 치명적 유혹을 감행해야 한다. '나를 옆에 두고 있으면 넌 언제나 네 뜻대로 할 수 있는 노예를 가지는 거야! 그래도 나와 사랑하지 않을 거야?'라는 치명적 유혹. 자발적 노예라는 치명적 유혹은 역설적이게도 수동적인 사람은 결코 할 수 없는 유혹이다. 오직 당당하고 주체적이고 능동적인 주인만이 할 수 있는 유혹이다.

사랑은 복잡하고 미묘하며 역설적인 것이다. 연애를 하면 알게 된다. 주인이 노예가 되고 노예가 다시 주인이 된다는 걸. 능동적인 것이 수동적인 것이 되고, 다시 수동적인 것이 능동적인 것이 된다. 그래서 유사 이래 탁월했던 철학자들조차 사랑이라는 감정에 다들 다른 정의를 내놓고 있는 것일 테다. 사랑은 그만큼이나 복잡하고 미묘하며 또 역설적이기에. 같은 이유로 사랑을, 연애를 책을 통해서 배울 수는 없는 것일 테다. 사랑은 오직 연애를 통해서 울고 웃으며 상처를 주고 상처를 받으며 배울 수밖에 없다.

철학자의 연애 오지랖

연애를 하고 싶다면, 주인이 되는 것도 노예가 되는 것도 두려워하지 말자.

연애의 황홀함은 분명 노예로 살 용기가 있는 사람에게만 주어지는 보상이다. 그런데 놓치지 말아야 할 연애의 진실이 더 있다. 그건 이미 주인인 사람만 노예가 될 가능성이 있다는 사실이다. 원래 노예였던 사람은 노예가 될 기회조차 없기에 사랑을 할 수 없다. 사랑은 주인으로 사는 사람만 할 수 있다. 이미 주인인 사람만 다시 노예가 될 수 있기에.

삶 전체가 이미 노예의 태도로 점철되어 있다면, 연애는 자칫 더 깊은 불행의 구렁텅이로 우리를 몰고 갈지도 모른다. 어렸을 때는 부모, 선생, 더 커서는 상사와 사장을 주인으로 모시고 사느라 단 한 번도 주인으로 살아본 적 없는 사람에게 연애는 위험하다. 그런 노예가 하는 헌신은 상대를 내 곁에 묶어두기 위해 하는 능동적 사랑이 아니라 빈약한 자존감을 메우기 위한 구걸이기 때문이다.

모든 삶이 노예로 점철된 사람은 사랑의 대상이 누구인지 개의치 않는다. 마치 밥만 주면 누구든 주인으로 모시는 진짜 노예처럼. 사랑과 관련된 노예의 정서는 자발적이고 특정 대상만을 향한다. 나를 설레게 하고 나를 두근거리게 하는 대상. 오직 그 사람에게만 자발적으로 노예가 되어야 한다. 그 사람을 내가 원할 때까지 내 곁에 묶어 두기 위해서 말이다. 자발적 노예는 그 자체로 이미 누구보다 주체적인 주인이라는 사실을 잊지 말자.

진짜 연애는 연애 이외의 관계에서 철저하게 주인이 되는 사람에게만 허락된다. 이놈 저놈에게 이미 모두 노예인 사람이 어찌 자발적으로 누군가의 노예가 될 수 있단 말인가. 이미 노예인 것을. 진짜 연애를 하고 싶다면, 사랑하고 싶은 대상이 찾아올 때까지 악착같이 당당한 주인으로 살아내자. 바로 오직 그 사람이기에 사랑할 수밖에 없는 그 사람의 자발적 노예가 되기 위해서 말이다.

철학자의 연애 상담
쇠렌 키에르케고르

"대부분의 사람들은 자신에 대해서는 주관적이지만 모든 타인들에 대해서는 객관적, 때로는 지나칠 정도로 객관적이다. 그렇지만 우리에게 주어진 임무는 자신에 대해서는 객관적이고 모든 타인들에 대해서는 주관적일 수 있는 것이다."

– 쇠렌 키에르케고르 『사랑의 역사』

"어떤 사람과 연애해야 할까?"

본격적인 연애를 시작하기 전에 피할 수 없는 질문이다. 호감이 가는 사람은 많지만 정작 어떤 사람과 연애를 해야 할지 망설여지는 건 당연한 일이다. 호감이 가는 사람 중 어떤 이와 연애를 해야 할까? 너무나 당연한 말이지만, 그 기준은 사랑이다. "어떤 사람과 연애해야 할까?"라는 질문의 답은 식상할지도 모르겠지만, 사랑하는 사람이다.

하지만 문제는 사랑이라는 감정에 익숙하지 않은 사람에게 호감과 사랑은 언제나 혼란의 대상이란 사실이다. 그저 키가 크다는 이유로, 돈이 많다는 이유로, 날씬하다는 이유로, 좋은 직업을 가졌다는 이유로 호감을 가질 수는 있다. 하지만 그런 호감으로 연애를 시작하는 것은 위험하다. 호감이 사랑으로 발전하는 경우는 우리의 생각만큼 흔치 않기 때문이다. 호감 없이 사랑할 수는 없지만, 호감이 생겼다고 사랑할 수 있는 것은 아니다.

연애는 사랑하는 사람과 해야 한다. '연애를 해야 사랑을 할 수 있는 것 아니냐?'고 물을 수도 있다. 옳은 이야기다. 연애와 사랑은 어느 것이 먼저라고 말하기 힘들 정도 동시적인 사건인 까닭이다. 하지만 적어도 이것만은 분명히 말할 수 있다. '연애는 사랑이라는 감정이 움터오는 사람과 해야 한다' 그리고 사랑은 분명 호감과 다르다. 호감은 말 그대로 좋아하는 마음이다. 그렇다면 사랑은 무엇일까? 우리 속에 어떤 감정이 움터올 때, 그것이 사랑이라고 믿어도 좋을까?

그에 대해 덴마크의 종교철학자 쇠렌 키에르케고르는 자신의 저서 『사랑의 역사』에서 이렇게 답하고 있다.

> "대부분의 사람들은 자신에 대해서는 주관적이지만 모든 타인들에 대해서는 객관적, 때로는 지나칠 정도로 객관적이다. 그렇지만 우리에게 주어진 임무는 자신에 대해서는 객관적이고 모든 타인들에 대해서는 주관적일 수 있는 것이다."

여기서 키에르케고르가 말한 '우리에게 주어진 임무'는 사랑이다. 그러니까, 키에르케고르는 이렇게 말하고 있는 셈이다. '사랑하기 전에는 자신에 대해서는 주관적이고 타인에 대해서는 객관적이지만, 사랑하게 되면 자신에 대해서는 객관적이고, 타인에 대해서는 주관적일 수 있다' 언뜻 난해하게 들리지만, '객관적', '주관적'이라는 철학적 개념만 알면, 키에르케고르의 이야기도 동시에 사랑이라는 감정에 대해서도 보다 명확하게 이해할 수 있다.

철학에서 '객관적'은 'objective', '주관적'은 'subjective'를 번역한 말이다. 그런데 'objective'는 '사물'(혹은 대상)을 뜻하는 'object'에서 유래한 말이고, 'subjective'는 '주인'(주체)을 뜻하는 'subject'에서 유래한 말이다. 그러니까 '자신에 대해서 객관적이 된다'는 말은 자신을 사물로 본다는 즉 대상화한다는 말이다. '타인에 대해서 주관적이 된다'라는 말은 타인을 주인으로 본다는 즉 주체화한다는 말이 된다. 키에르케고르는 자신을 대상화하고, 타인을 주체화하는 것이 바로 사랑의 감정이라고 말했던 셈이다.

사실 키에르케고르가 아니라도 이미 다 아는 이야기다. 고3 수능을 망치고 돌아온 날이었다. 평소 모의고사보다 훨씬 못 미치는 점수를 받아들고 온 날 스스로에게 이렇게 말하고 있었다. "오늘 아침부터 컨디션이 안 좋았고, 내가 앉은 맨 뒷자리에 찬바람이 너무 불었던 게 문제였어!" 대학에 갈 친구와 재수를 할 친구들이 나뉘었고, 재수할 친구들이 모여 소주를 한 잔 하는 날이었다. 그 중 한 녀석이 "수능 날 아침에 배탈만 안 났어도 나도 벌써 대학 갔을 거야"라고 말했다. 그 이야기를 듣고 불쑥 말해버렸다. "임마, 그게 원래 네 실력이야!"

이처럼 우리는 언제나 자신에게는 관대(주관적)하고 타인에게는 엄격(객관적)하다. '내로남불', 그러니까 내가 하면 로맨스고 남이 하면 불륜이란 말이 괜히 나온 게 아니다. 우리는 자신에게는 한없이 주관적이고, 타인에게는 지나칠 정도로 객관적이다. 키에르케고르는 인간의 이런 점을 꿰뚫어 본 것이다. 하지만 키에르케고르는 인간의 희한한 모습을 발견했다. 사랑에 빠진 인간은 자신에게는 냉정할 정도로 객관적이고 되고, 타인에게는 너무나 너그럽게 주관적이 된다는 사실을 발견했다.

이건 철학을 몰라도 사랑을 해본 사람은 다 안다. 사랑에 빠져 본 사람은 안다. '자신에 대해서는 객관적'이 되고, '타인에 대해서는 주관적'이 된다는 걸. 상대는 너무 완벽해 보이고, 나는 단점투성이처럼 보인다. 나를 사랑에 빠뜨린 사람은 옷차림은 물론이고 걸음걸이나 작은 몸짓 하나도 그렇게 완벽해보일 수 없다. 하지만 그때 거울에 비친 내 모습은 어떤가? 옷은 형편없이 촌스러워 보이고, 오늘따라 왜 이리 피부는 엉망이고 뚱뚱해 보이는지, 어디 하나 단점이 아닌 데가 없다.

그래서 키에르케고르는 사랑에 대해서 이렇게 말했던 것이다. "사랑은 많은 죄를 덮어준다. 왜냐하면 사랑은 죄가 나타나는 것을 막고, 죄가 탄생하는 순간에 질식시키기 때문이다." 정말 그렇지 않은가. 사랑하는 이의 죄(결점, 단점, 잘못)가 보이지 않는 것은 실제로 그런 것이 없기 때문이 아니다. 바로 사랑이 죄(결점, 단점, 잘못)가 나타나는 것을 막고, 죄가 탄생하는 순간에 질식시키기 때문일 테다.

돌아보면 이건 대단히 놀라운 일이다. 세상에 완벽한 사람이 어디 있을까? 장점뿐인 인간도, 단점뿐인 인간도 없다. 그럼에도 사랑이라는 감정이 움터오면 상대는 장점뿐인 완벽한 사람처럼, 나는 단점뿐인 초라한 사람처럼 보인다. 그게 바로 키에르케고르가 말한 사랑이다. "어떤 사람과 연애를 해야 하나요?"라는 질문에 키에르케고르라면 이렇게 답해 주었을지도 모르겠다. "어떤 경우에도 주관적으로 보이는, 그래서 너 자신을 객관적으로 보게 만드는 사람과 연애하라!"

어머니를 일찍 잃고, 여섯 형제 중 다섯 형제마저 잃고, 게다가 젊은 시절 지독히 사랑했던 여인과 파혼의 경험을 한 사람이 바로 키에르케고르다. 혹독한 사랑의 상처로 그는 만성적인 불안에 시달렸다. 그런 그가 사랑에 관한 감수성이 섬세할 수밖에 없었던 건, 너무나 당연한 일이었을 테다. 그래서 사랑에 관한 키에르케고르의 이야기는 믿을 만 하다.

나의 연애사, 연애가 내게 남긴 것들

수영을 좋아했다. 물살을 가르고 뻗어나가는 느낌, 손으로 물을 잡는 느낌, 물속에서 느껴지는 고요함이 좋았다. 그래서 시간이 나면 늘 수영장으로 향했다. 그곳에서 K를 만났다. K는 한 눈에 호감을 가질 매혹적인 외모를 갖고 있었다. 20대였던 나 역시 그녀에게 관심을 가졌던 것은 너무나 당연한 일이었다. 매일 수영장에 와서 자주 마주쳤기 때문이었을까? 아니면 그나마 다른 사람보다 수영을 조금 더 잘했기 때문이었을까? 운 좋게 나는 그녀와 연애를 하게 되었다.

서점을 좋아했다. 책을 자주 읽지는 않았지만 그곳에 가면 정신적으로 성숙해질 것만 같은 느낌이 좋았다. 그래서 시간이 나면 종종 서점으로 갔다. 그곳에서 L을 만났다. 사람들이 좀처럼 찾지 않는 소설과 시집이 꽂혀 있는 모퉁이 바닥에 이어폰을 끼고 마치 자기 방인 것처럼 편하게 앉아 있었다. 왜인지 모르겠지만 그녀에게 계속 눈이 갔다. 무대뽀인 성격 때문이었을까? 지금이 아니면 다시 그녀를 볼 수 없을 것 같다는 조바심 때문이었을까? 용기를 내어 연락처를 물었고 운 좋게 나는 그녀와 연애를 하게 되었다.

K와 L, 두 명과의 연애를 통해 호감과 사랑이 어떤 차이가 있는지 분명히 알게 되었다. K에게 나는 분명 호감이 있었다. 호감이 있었으니 그녀와 연애를 시작했던 것이다. 호감이 있었지만 그녀와의 첫 만남부터 헤어졌던 날까지 단 한 번도 나에게 객관적이고 그녀에게 주관적이었던 적이 없다. 언제나 나는, 나 자신에게 주관적이었고, 그녀에게 객관적이었다. 그녀를 만나면서 자신에 대해서는 근거도 없이 '나 정도면 충분히 괜찮은 남자 아니야'라고 주관적으로 생각했고, 그녀에 대해서는 '키는 168이고 몸무게는 48정도겠네'라며 지극히 객관적으로 생각했다.

하지만 L은 달랐다. 첫 만남부터 나에게는 한없이 객관적이 되었고, 그녀에게는 한없이 주관적이었다. 그녀와 데이트가 있는 날이면 나의 온갖 단점이 보였다. 머리 모양이 이상한 것 같기도 하고, 배가 나와 보일까봐 밥도 먹지 않고 데이트를 하러 나갔다. 그보다 더 자신을 객관적으로 본 적도 없었던 것 같다. 하지만 그녀는 어찌나 그리 완벽해 보이던지. 아찔한 하이힐은 고사하고 촌스러운 운동화에, 세련된 토드백 대신 거북이 등껍질 같은 백팩까지. 완벽은커녕 눈길 한 번 주지 않을 외모였지만 내게는 그 모든 것이 너무나 완벽해보였다. 그녀가 완벽해보일수록 나는 점점 더 초라하게 느껴졌다.

그 두 연애 끝에, "어떤 사람과 연애를 해야 할까?"라는 질문에 분명히 답할 수 있게 되었다. 호감이 가는 상대와 연애를 할 수 있다. 하지만 그 호감이라는 감정이 사랑, 그러니까 자신에게는 객관적, 타인에게는 주관적이 되는 감정과 유리된 것이라면 연애를 시작하는 것은 위험하다. 호감으로만 시작된 연애는 상대뿐만 아니라 자신에게도 너무나 큰 상처를 남길 수밖에 없기 때문이다. K와 연애를 통해서 나는 그것을 분명히 알게 되었다. 나에게는 한없이 주관적이고, K에게는 한없이 객관적이어서 서로가 서로에게 얼마나 큰 상처를 주었던가.

L과의 연애는 달랐다. 나 자신은 객관적으로 보였고, L은 주관적으로 보였다. 물론 호감이 아닌 사랑으로 시작된 연애라고 모든 것이 순탄하고 단 한 번의 상처도 없는 건 아니다. 그런 연애는 없다. 하지만 분명한 건, L과 연애를 통해 깊은 정서적 충만감을 느꼈고, 행복했으며, 그로 인해 조금 더 나은 사람이 될 수 있었다. 어쩌면 L이 아니었다면, 키에르케고르의 사랑에 대한 이야기가 무슨 의미였는지 이해할 수 없는 사람으로 남아있었을지도 모르겠다.

연애를 시작하려는 기로에 서있다면, 키에르케고르의 이야기를 잊지 말자. 연애 상대를 고르는 기준이 있다면 그것은 '자신을 객관적으로 보게 만드는, 주관적으로 보이는 상대'일 것이다. 그런 사람과 연애를 시작하는 것이 좋겠다. 그렇게 연애가 주는 행복의 정수를 만끽할 수 있었으면 좋겠다.

세 번째 이야기 연애, 그 시작의 철학

1. 연애, 타자의 발견

연애박사들의 헛소리

"연애를 많이 해보는 게 좋아요. 그래야 여자에 대해 빠삭하게 알게 되거든요."

자칭 연애박사들이 있다. '연애컨설턴트'라는 그럴듯한 직업이 생긴 것을 보니 요즘에는 그걸로 밥벌이도 하는 모양이다. 그들은 종종 '연애를 많이 하면 이성에 대해서 잘 알게 된다'는 조언을 한다. 우선 그네들이 왜 이런 이야기를 하는지부터 알아보자. 남자와 여자는 같은 행성에 살 뿐, 전혀 다른 종류의 인간이라 보아도 무방하다. 남자로 태어나서 남자로 길러진 사람과 여자로 태어나 여자로 길러진 사람은 너무 다르기 때문이다. 오죽 했으면 '화성에 온 남자, 금성에 온 여자'라는 제목의 책까지 나왔을까.

그런 까닭에 연애초보들은 이성을 대할 때 수많은 헛발질을 하게 된다. 그 헛발질 때문에 좋아했던 사람을 안타깝게 떠나보내야만 하는 경우도 부지기수다. 그래서 많은 연애박사들이 수단과 방법을 가리지 말고 이성이 어떤 존재인지 아는 것이 중요하다고 역설하는 것일 테다. 비단 연애만 그럴까? 일상적인 관계를 잘 꾸려가는 데도 이성을 잘 아는 건 중요한 일이다. 어찌 되었건 지구의 반은 남자고 그 나머지 반은 여자니까. 연애박사들은 너무나 어려운 숙제인, 이성의 존재를 잘 알기 위한 방법으로 연애를 추천하는 셈이다.

태어나서 연애 근처에 한 번 가보지 못한 사람과 많은 연애를 경험해본 사람이 이성을 대하는 데는 분명한 차이가 난다. 연애를 많이 해본 남자는 안다. 여자는 대체로 항상 관심과 칭찬을 받고 싶어 하고 또 다정하게 대해주길 바란다는 걸. 그래서 연애 꽤나 해봤다는 남자는 바쁜 와중에도 여자 친구에게 자주 연락하고, 예쁘다고 말해주고, 다정하게 말하려고 노력한다. 연애를 많이 해본 여자도 마찬가지다. 그네들은 남자가 대체로 대화보다 먼저 섹스를 원하며, 종종 혼자 있기를 원한다는 걸 알고 있다. 그래서 그녀들은 가급적 남자가 원하는 걸 해주려고 노력한다.

선무당이 사람 잡는다.

연애를 많이 하면 이성에 대해 잘 알게 된다는 건 너무나 자명해

보인다. 하지만 이는 연애의 진실이 아니다. '선무당이 사람 잡는다'는 말이 있다. 대체로 자칭 연애박사 혹은 연애컨설턴트는 선무당인 경우가 많다. 아무리 많은 연애를 해도 세상의 모든 여자(남자)를 만나 볼 수는 없다. 그러니 연애 꽤나 했다고 '여자(남자)는 이런 존재야!'라고 단정하듯 말하는 건, 일종의 선입견이다. 자신이 만난 여자(남자)의 공통점을 성급하게 일반화하는 과정에서 만들어지는 선입견.

내게도 선무당이었던 시절이 있었다. 적지 않은 연애를 통해 '여자는 이런 존재구나!'라는 확신에 차있던 시절이었다. 그 확신 중에 하나는 여자는 언제나 관심 받고 싶어 하고, 그래서 자주 연락하는 걸 좋아하는 존재라는 확신이었다. 그러다 한 여자를 만나 연애를 시작했다. 연애 초반 너무나 당연하게 자주 연락을 했다. 통화를 할 때마다 뭔가 찜찜하다고 느꼈지만 이유를 알 수 없었다. '여자에게는 당연히 이렇게 해줘야 해'라는 확신이 있었으니까. 하지만 그 얄팍한 확신이 찢겨져 나가는 데는 시간이 얼마 걸리지 않았다. 그녀가 어학연수를 준비하느라 한창 바쁠 때였다. 짬을 내어 그녀에게 전화를 했다.

"뭐해?"

"뭐하긴 제출할 서류 챙기고 어학연수에 필요한 것들 준비하고 있지."

"그렇구나. 준비는 잘 되가?"

"오빠? 지금 중요한 이야기 할 거 아니지?"

"어? 어… 그렇지. 용건이 있어서 전화한 거 아니니까."

"미안한데, 당분간 가급적 중요한 일 아니면 주말에 만나서 이야기하자."

그날 그녀와의 대화에서 얼마나 민망하고, 쪽팔리고, 당황했는지 모른다. 하지만 그 경험은 너무나 소중했다. 그녀는 이제껏 만났던 여자와 달랐다. 여자라고 다 관심 받고 싶고, 항상 남자 친구의 연락을 기다리는 존재가 아니라는 걸 그때 처음 알았다. 그녀를 만나지 못했다면, 어쩌면 지금까지도 '여자는 이런 존재야'라는 확신이 나만의 선입견이었음을 모른 채 살았을지도 모르겠다. 연애를 하면 여자(남자)를 알 수 있지만, 그 여자(남자)는 보편적인 존재가 아니다. 겨우 자신이 만났던 몇몇 여자(남자)의 공통분모로 추출해낸 선입견일 뿐이다.

그런 지극히 편협한 선입견으로 무장한 선무당은 필연적으로 헛발질을 할 수밖에 없다. '여자(남자)는 이런 존재야!'라고 확신하는 남자(여자)는 피곤하고 위험하다. 지금 눈앞에 있는 상대를 읽으려 하지 않고 자신의 확신 속에 존재하는 허구의 대상과 연애를 하는 것이니 말이다. 그런 사람과 하는 연애는 얼마나 피곤하며 또 때로는 얼마나 위험하겠는가. 안 봐도 비디오다. 그래서 '연애를 많이 하면 여자(남자)를 알게 된다'는 건 명백한 헛소리다.

연애를 통해 발견하는 건, '단독적'인 '타자'다.

연애를 통해 가장 먼저 발견하게 되는 건 '타자'다. 이 타자라는 건, 이성과는 다르다. 철학에서 '타자'는 '나와 다른 어떤 존재'라고 정의된다. 그런데 '타자'가 나와 다른 존재라면 이성은 역시 타자 아닌가? 이성은 분명 나와 다른 존재니까. 여기서 '단독성'singularity이라는 철학 개념을 알 필요가 있다. 이 '단독성'은 「안티오이티푸스」를 공저한 철학자 '들뢰즈'와 정신과의사 '가타리'가 사용한 개념이다.

'단독성'은 쉽게 말해, 다른 어떤 것으로도 환원되지 않는 개별적이고 유일한 것을 의미한다. 연애를 통해 발견되는 타자는 바로 '단독성'을 가진 타자다. 놀랍게도 진짜 연애를 몇 번 해보면 알게 된다. 여자도 남자도 없다는 걸. 오직 '예빈', '유나', '수향', '정은', '동환', '우진', '선빈', '진규' 같은 어떤 것으로도 환원(바꿀 수 없는)되지 않는 개별적이고 유일한 한 사람만 존재한다는 걸 알게 된다.

연애를 하면 추상적인 여자 혹은 남자라는 이성을 알게 되는 것이 아니다. 개별적이고 유일한 '단독적'인 '타자'를 알게 되는 것이다. 엄밀한 의미에서 여자·남자는 존재하지도 않는다. 사실이지 않은가? 세상에 여자가 어디 있나? 또 남자는 어디 있나? 있으면 데려 와보라. '예빈', '유나', '수향', '정은'이라는 유일하고 단독적인 한 사람을 데려올 수 있을 뿐이다. 우리는 연애를 통해 여자·남자를 알게 되는 것이 아니라, 누구로도 환원되지 않는 개별적이고 유일한 '단독성'을 가진 '타자'를 알게 된다.

의구심이 든다. 그 타자라는 것을 꼭 연애를 통해서만 알게 되는 것은 아니지 않은가? 주위에 얼마나 많은 타자들이 존재하던가. 그러니 꼭 연애를 하지 않더라도 우리는 '예빈', '수향', '정은', '동환', '우진', '선빈'을 알 수 있는 것 아닌가? 여기에 우리의 치명적인 오해가 숨어 있다. 우리는 타자를 잘 알고 있다고 여기지만 전혀 모른다. 우리는 오직 사랑이라는 감정을 통해서만 단독적인 타자를 발견할 수 있다.

우리는 직장 동료, 선후배들을 알고 있을까? 모른다. 단독적 타자라는 것은 너무나 사랑하기에 그래서 내 마음대로 하고 싶지만, 결코 그럴 수 없는 사람을 통해서만 발견된다. 직장 동료나 선배가 "네 생일에 못 갈 것 같아"라고 말해도 우리는 별로 신경 쓰지 않는다. 그저 '무슨 일이 있겠거니' 하고 넘어 간다. 하지만 그 상대가 연인이라면 이야기가 전혀 다르다. 내 생일에 여자(남자)친구가 함께 할 수 없다고 하면, 무슨 일인지 또 그 일이 내 생일보다 더 중요한지 집요하게 묻고 싶어진다.

내 마음과 같아지기를 간절히 바라지만, 결코 그럴 수 없는 타자

사랑하는 이에게 바란다. 내 마음과 같기를. 하지만 안타깝게도 그런 일은 결코 일어나지 않는다. 상대 역시 살아왔던 삶의 맥락이 있고, 자신이 원하는 것을 할 수 있는 자유의지를 갖고 있기 때문이다. 내 맘과 같기를 바라지만, 절대 그런 일이 일어나지 않는, 사랑하는 상대가 나타났을 때 비로소 단독성을 가진 타자를 발견하게 된다. '아, 내 생일이 여자(남자)친구의 아버지 기일이었구나'라는 사실을 알게 되고, '밤마다 통화가 안 되는 건, 우울증 치료 때문에 수면제를 먹고 있기 때문이었구나'라는 걸 그제야 알게 된다.

일상적 관계에서 단독적인 타자를 발견할 일은 없다. 애초에 직장 동료나 선배에게는 내 마음과 같기를 바라지 않는 까닭이다. 오직 사랑하는 사람에게만 불가능한 요구를 하고 싶다. 연인이 내 마음과 같아지기를 바라는 그 불가능한 요구. 그 불가능한 요구 때문에 발생할 수밖에 없는 고통스러운 과정을 통해 단독적인 타자를 발견하게 된다. 그렇다. 연애를 통해 알게 되는 건, 이성이 아니라 타자다. 어떤 존재도로 바꿀 수 없는 단독적인 타자.

많은 연애를 했지만, 단독적인 타자를 발견한 것이 아니라 여자(남자)만 발견했다면, 그건 엄밀한 의미에서 연애를 한 것이 아닐지도 모르겠다. 유일하고 단독적인 한 사람을 만난 것이 아니라 세상에 존재하지 않는 여자 혹은 남자라는 유령과 만난 것일 테니까. 진짜 연애는 여자 혹은 남자라는 이성을 만나는 것이 아니다. 어떤 사람과도 대체 불가능한 유일하고 단독적인 한 사람을 만나는 것이 연애다. 이제 우리에게 물어볼 차례다. "나는 연애를 한 적이 있을까?" "나는 단독적인 타자를 발견한 적 있을까?"

철학자의 연애 오지랖
바람둥이에게 배우자!

연애를 통해 이성을 발견하는 게 아니라면, 연애초보와 연애 경험이 많은 사람의 차이는 어떻게 설명할 수 있을까? 그 둘은 분명 현격한 차이가 나지 않는가? 연애 경험이 많은 사람이 세련되게 이성을 대하는 그 노련함은 어디서 온 걸까? 그 답은 바람둥이에게서 얻을 수 있을 것 같다.

많은 연애 경험으로 이성을 후리고 다니는 사람들을 흔히 바람둥이라고 한다. 그래서 사람들은 바람둥이를 좋아하지 않는다.

하지만 바람둥이만큼 인문학적 감수성이 섬세한 사람도 없다. 바람둥이만큼 타자를 예민하고 조심스럽게 읽을 수 있는 사람도 없기 때문이다. 진짜 바람둥이는 '여자(남자)는 이런 존재니까 이렇게 하면 돼!'라는 일반론적 연애 공식을 이야기하지 않는다. 진짜 바람둥이는 단독적인 한 사람을 읽어내려고 한다. 오직 그 사람이기에 가질 수밖에 없었던 상처와 아픔, 기쁨과 추억을 읽어 내려고 온 힘을 기울인다. 그게 바람둥이의 힘이고, 매력이다.

바람둥이가 어떻게 그 많은 연애를 성공할 수 있었을까? 바람둥이는 여자(남자)를 만나지 않는다. 유일하고 단독적인 한 사람을 만날 뿐이다. 바람둥이는 한 사람을 섬세하게 읽어낼 수 있다. 생각해보라. 아무도 읽어내지 못했던 나만의 상처와 아픔, 기쁨과 추억을 공감하고 교감할 수 있는 사람에게 어찌 매혹되지 않을 수 있을까? 그 사람을 어떻게 사랑하지 않을 수 있을까? 이 사실을 알게 된다면, 바람둥이를 피하고 싶은 게 아니라, 내가 먼저 바람둥이를 유혹하고 싶을지도 모를 일이다.

연애를 하기 위해서 바람둥이에게 배워야 할 것이 있다. 여자(남자)를 대하는 테크닉? 화려한 언변? 아니다. 인간에 대한 감수성이다. 섬세하고 조심스럽지만 최대한, 내 눈앞에 있는 한 사람을 읽어내려는 그 노력을 배워야 한다. 그 인간에 대한 감수성을 배워야 한다. 그럴 수 있을 때 우리는 단독적인 타자를 발견할 수 있다. 단독적인 타자를 발견할 수 있는 감수성을 갖게 될 때, 누구를 만나도 세련되고 노련하게 연애를 시작할 수 있을 게다.

2. 밀당의 철학

'밀당'은 필요할까?

"어제 밤에 통화가 안 되더라?"

"어, 남자친구가 갑자기 연락이 와서."

"그래서? 그 야밤에 만나러 나갔어?"

"어? 어. 나도 보고 싶기도 해서."

"미쳤어. 미쳤어. 연애 초반에 밀당 잘못하면 나중에 후회한다."

카페에서 글을 쓰다 엿듣게 된 대화였다. 연애에 관한 글을 쓰고 있었기 때문이었을까? 서른 즈음 되어 보이는 여자들의 대화는 더욱 선명하게 들렸다. 그렇다. '밀당'. 이 '밀당'은 연애 초반에 많이 고민하게 되는 문제다. 우선 '밀당'이 무엇인지부터 이야기해보자. '밀당'은 '밀고 당기기'의 준말이다. 그러니까 연애 초반 가끔은 상대를 '밀어서' 조바심을 나게 하고, 또 가끔은 상대를 '당겨서' 설레게 하는 것이 '밀당'이다. 쉽게 말해, 상대의 애간장을 태우게 만드는 일종의 연애 전략인 셈이다.

이 밀당은 연애에서 필요한 걸까? '밀당은 필요하다'고 말하는 사람의 의견을 들어보자. 밀당 예찬론자가 한 명이 있다. 그는 밀당의 필요성에 대해서 이렇게 말했다. "연애라는 게 적당한 긴장감이 있어야

해. 연애 초기에 너무 쉽게 보이면 좋아하는 마음이 쉽게 수그러드니까 말이야" '밀당이 필요하다'는 주장의 근거는 크게 두 가지다.

첫째는 '상대에게 쉽게 보이면 안 되기' 때문이다. 이는 연애 초반 콩깍지가 씌여서 상대가 원하는 것을 다 해주었다가는 자칫 상대가 나를 함부로 대할지도 모른다는 걱정에서 기인한다. 둘째는 '상대의 좋아하는 마음을 유지하기 위해서'다. 이는 상대가 원하는 것을 다 들어주면 나에 대한 애정도 사라질지 모른다는 불안감에 기인하는 것이다.

밀당은 필요 없다.

결론부터 말하자. 밀당은 필요 없다. 왜 그런가? 일단 밀당은 사랑의 정서가 아니기 때문이다. 밀당은 협상의 정서다. 협상이 무엇인가? 상대의 심리를 탐색하고 파악하여 내 것을 지키고 내 이익을 극대화하기 위한 전략 전술이다. 밀당은 협상이다. 협상을 할 때 상대에게 쉽게 보이면 안 된다. 왜? 내 것을 지킬 수 없으니까. 협상을 할 때 상대가 원하는 것을 다 들어주면 안 된다. 왜? 원하는 것을 다 얻은 상대는 협상 테이블을 박차고 나갈 테니까.

연애는 사랑의 관계다. 사랑이 무엇인가? 내 중심을 버리고 상대의 중심에 내 몸을 맡기는 것이다. '나'라는 행성을 도는 위성을 갖는 게 아니라 내가 바로 누군가의 위성이 되는 것, 그게 사랑이다. 그래서 사랑을 하면 자발적 노예가 되는 것이다. 항상 내 것을 먼저 챙기던 주인의 삶에서 상대의 것을 먼저 챙겨주는 노예가 되는 것, 그게 사랑이다.

그 사랑의 관계가 바로 연애다. 그러니 협상의 정서인 밀당은 연애에서 필요 없는 것, 아니 악착같이 기피해야 할 것이다.

상대가 나를 함부로 대하기를 간절히 바라는 것이 사랑이다. 그렇게 그 사람의 노예가 되어 그 사람의 기쁨의 대상이 되기를 기꺼이 자청하는 것이 사랑이다. 그런데 상대가 나를 함부로 대할 것이 걱정되어 밀당을 하는 건, 상대를 사랑하는 것이 아니라 자신을 사랑하는 것이다. 누구보다 자신을 사랑하는 사람이 어떤 상대를 만나서 하는 행동, 그게 바로 협상이다. 내 것을 지키고 내 이익을 지키고 싶은 협상.

밀당 없이, 연애해야 사랑할 만한 사람을 만날 수 있다.

누군가는 물을지도 모르겠다. '밀당이 사랑의 감정을 지속시키려는 행동이라면 괜찮은 것 아니냐?' 너무나 사랑했기에 밀당 없이 모든 것을 다 주었지만 상처받았던 사람이 종종 하는 질문이다. 이런 상처가 있는 이는 사랑하는 사람이 나타나면 모든 것을 다 주고 싶은 마음을 애써 누르기도 한다. 내 것을 지키기 위해서가 아니라 너무나 소중한 지금의 사랑을 유지하기 위해서. 조금 야박하지만 단호하게 말하자. 이 경우에도 밀당은 필요 없다.

왜 그럴까? 나는 연애를 하면서 밀당을 하지 않았다. 여자 친구가 보고 싶을 때는 보고 싶다고 말했고, 여자 친구가 만나자고 하면 낮이든 밤이든 언제든 그녀 곁으로 달려갔다. 그 연애의 끝은 어떻게 되었을까? 그녀는 내게 갑작스럽게 "너랑 만나는 게 별로 재미가 없다"라는 말과 함께 이별을 통보했다. 영문도 모른 체 이별을 통보받았던 나는 처음에는 그녀를 원망했고, 나중에는 밀당을 하지 않은 나 자신을 후회했다. '적절히 긴장감을 유지했으면, 그녀가 나를 재미없어 하지 않았을 텐데'라는 후회.

밀당을 했으면 그녀를 조금 더 곁에 둘 수 있었을까? 또 그랬다면 행복한 연애를 할 수 있었을까? 아니었을 게다. 그녀는 사랑할만한 사람이 아니었던 게다. 그녀는 '사랑'이 필요했던 게 아니라 '재미'가 필요했던 사람이었다. 밀당을 했으면 그녀에게 재미를 줄 수 있었을지도 모르겠다. 하지만 그랬다면 연인이 있지만 한없이 외로운 끔찍한 경험을 지속해야만 했을 테다. 밀당을 하지 않은 덕분으로 사랑할 준비가 되지 않은 사람을 떠나보낼 수 있었고, 동시에 사랑할 만한 사람을 찾아 떠날 수 있게 된 셈이었다.

실수 없는 삶은 없다. 연애 역시 몇 번의 실수를 겪을 수밖에 없다. 그런데 사람들은 밀당을 하지 않았던 것을 연애의 실수라고 여기는 경향이 있다. 하지만 연애의 진짜 실수는 밀당을 하는 것이다. 사랑을 유지하기 위해 밀당을 하지만 역설적이게도 그 때문에 진짜 사랑에서 점점 더 멀어지게 되기 때문이다. 밀당 없이 연애하면 분명 상처받는다. 하지만 그 상처로 인해 사랑할만한 사람을 발견할 수 있는 안목과 기회를 선물 받게 된다. 그래서 연애는 기꺼이 상처받을 준비가 된 사람에게 허락된 선물인지도 모르겠다.

하지만 밀당은 필요하다.

분명 연애에서 밀당은 필요 없고, 해서는 안 되는 것이다. 하지만 어디 예외 없는 법칙이 있던가. 연애가 그리 단순하던가. 연애에서 밀당이 필요한 지점이 있다. 그 지점은 어디일까? '밀당은 필요 없지만, 동시에 필요하다'는 궤변 같은 이야기를 납득시키기 위해 내 연애 이야기를 하나 더 방출해야겠다. 밀당 없이 연애하느라 상처를 받기도 했고, 또 더 이상 상처 받지 않기 위해 상처를 주기도 했던, 다사다난한 연애 뒤의 이야기다.

새로운 연애를 시작했다. 밀당은 결코 연애에 도움이 안 된다는 걸 알고 있었지만 가끔 밀당을 했다. 한참 열애 중인 시기에 2~3일을 연락 한 번 하지 않은 적도 있고, 또 어느 시기에는 통화를 해도 '보고 싶다'는 이야기를 마음속으로 꾹꾹 눌러 담은 적도 있다. 나는 왜 그랬을까? 그녀에게 쉽게 보이지 않기 위해서 그랬던 걸까? 그녀와 사랑을 조금 더 연장하기 위해서 그랬던 걸까? 아니다.

2~3일 동안 연락하지 않았던 건, 그녀의 가슴 아픈 가족사로 인해 복잡하게 얽혀 있는 문제가 터져 나오기 시작했다는 걸 알게 되었기 때문이었다. 그녀와 함께 하고 싶었지만, 그녀는 자신의 가족사에 관해 나와 이야기하고 싶어 하지 않았다. 그래서 목소리라도 듣고 싶은 마음을 애써 참았던 것이다. 그녀가 자신의 상처를 내게 자연스럽게 말할 수 있는 시간을 기다려 내고 싶었다.

한동안 '만나자'는 말도 '보고 싶다'라는 말을 하지 않은 적도 있다. 그건, 그녀의 예전 남자친구가 그녀에게 다시 연락이 온다는 사실을 알게 되었기 때문이었다. 지금 나와 사귀고 있다고 해서 그녀가 반드시 나를 사랑해야만 하는 것은 아니다. 사랑은 의무가 아니니까. 그녀에게 진짜 사랑하는 사람이 누구인지 자문할 수 있는 공간을 열어주고 싶었다. 그래서 보고 싶은 마음, 불안한 마음을 애써 참으며 밀당을 했던 것이다.

밀당은 필요하다. 나를 위해서 아니라 상대를 위해서.

연애에서 밀당이 정당화될 때가 있다. 나를 위한 밀당이 아닌 상대를 위한 밀당이 그렇다. 나는 밀당을 했다. 2~3일을 연락하지 않았고, '보고 싶다'는 말도 하지 않았다. 하지만 그건 나를 위해서가 아니었다. 그녀를 위해서였다. 솔직히 말해, 그녀에게 따져 묻고 싶었다. "왜 나에게 가족에 대한 이야기를 하지 않는 거야? 우리가 그 정도 사이밖에 안 되는 거야?" 그녀를 몰아 붙이고 싶었다. "지나간 남자는 잊는 거야. 지금은 나랑 연애하고 있잖아. 보고 싶어."

밀당은 필요하다. 나를 위해서가 아니라 상대를 위해서. 상대의 감정을 섬세하게 살피고 그 사람만의 공간을 마련해주기 위한 밀당은 필요하다. 때로는 상대를 밀어 내어 멀어지고, 또 때로는 상대를 당겨서 가까워질 수 있는 밀당이 필요하다. 그런 밀당이 없다면, 필연적으로 사랑하는 사람에게 크고 작은 상처를 줄 수밖에 없다. 추워하는 상대를 밀어 내거나, 더워하는 상대를 끌어안게 될 테니까. 상대를 위한 밀당은 전략이라기보다 지혜에 가깝다. 전략이 나를 위한 것이라면 지혜는 상대를 위한 것이니까.

자신을 보호하고 싶다면, 밀당을 나와 가장 먼 곳에 떨쳐 두자. 나를 위한 밀당은 행복한 연애를 가로 막는 가장 큰 장애물이니까. 상대를 보호하고 싶다면, 밀당을 나와 가장 가까운 곳에 두자. 상대를 위한 밀당은 성숙한 연애를 하는 데 가장 필요한 지혜로움이니까. 복잡 미묘한 그래서 하나의 정해진 답이 없는 것이 연애다. 그래서 연애에서 밀당은 때로는 필요 없고, 때로는 필요하다.

철학자의 연애 오지랖

눈치 보는 연습을 하자!

어머니의 명언 하나. "눈치 없는 기(것이) 인간이가!" 학창시절 그토록 듣기 싫었던 어머니의 이 말이 주옥같은 명언이었음을 나이 들어 알겠다. 밀당을 하지 않는 것은 비교적 쉽다. 왜? 그냥 마음 가는 데로 하면 되니까. 보고 싶을 때 '보고 싶다'고 하면 되고, 상대에게 무언가를 주고 싶다면 그냥 주면 된다. 하지만 정작 어려운 건, 밀당을 하는 것이다. 상대를 위한 밀당. 이게 정말 쉽지가 않다.

연인이 이야기하고 싶어 하지 않는 것 같아 연락하고 싶은 걸 겨우 참고 있는데, 정작 상대는 그로 인해 외로움을 느낄 수도 있다. 또 남자 친구의 질투심을 이용해 사랑을 확인하고 싶어 예전 남자 친구의 이야기를 꺼낸 것인데, 남자 친구가 한동안 연락을 하지 않는다면 여자 친구의 심정이 어떨까? 그 여자는 남자에게 어머니의 명언을 돌려주고 싶을지도 모르겠다. "눈치 없는 게 인간이냐!"

상대를 위한 밀당을 잘하기 위해서는 눈치가 빨라야 한다. 상대가 진짜 원하는 것이 무엇인지 파악하는 능력이 있어야 한다. "당분간 연락하지 마!"라는 이야기는 '좀 더 자주 연락을 하란 말이야!'란 의미일 수 있다. "요새 예전 남자 친구에게 연락이 와"라는 말은 '우리 사이가 멀어진 것 같아 불안해'라는 의미일 수도 있다. 상대를 위한 밀당은 상대의 진짜 속내를 잘 읽어낼 수 있어야 가능하다. 그래서 연애에서 눈치는 인간에 대한 섬세한 감수성이라고 말할 수 있다.

연애를 잘하기 위해서는 눈치 보는 연습이 필요하다. 너무나 사랑하는 상대의 마음을 잘 읽어내는 연습을 해야 한다. 이건 분명 연습이 필요하다. 우리는 사랑하기 전에는 누군가의 눈치를 보는 것을 싫어하기 때문이다. 그래서 연애도 연습이 필요하다. 상대방의 눈치를 보는 연습. 그 연습을 하다 보다보면 어느 순간 말하지 않는 연인의 속내마저 잘 읽어낼 수 있는 섬세한 감수성을 갖게 될 게다.

---

3. 모든 사랑은 첫사랑이다

상대의 과거에 대해 신경 쓰이는 감정은 불안이다.

불쑥 튀어 나온 이야기를 통해서든, 어쩌다 보게 된 사진을 통해서건, 우연히 알게 된 연인의 과거 연애에 자꾸만 마음이 쓰이고 속이 상한다. 겉으로 쿨한 척하려고 애를 쓰지만 솔직한 속가음은 이것저것 집요하게 더 캐묻고 싶은 심정이다. 남자든 여자든 마찬가지다. 상대방의 과거 문제, 정확히는 이전 연인과 관련된 문제 때문에 다투거나 마음 상해본 적이 없는 사람은 거의 없을 게다.

연인이 불쑥 꺼내는 예전 남자(여자) 친구 이야기에 아무렇지도 않다면, 그게 더 문제일지도 모르겠다. 흔히 연인의 과거에 신경이 쓰이는 감정을 질투심이라고 여긴다. 하지만 그 감정은 질투심이라기보다, 일종의 불안에 가깝다. 그 감정이 불안이라면 대체 어떤 종류의 불안일걸까?

사랑한다면, 내가 상대에게 최고의 기쁨을 주는 존재가 되고 싶다. 하지만 갑자기 남자(여자) 친구가 예전 연인의 이야기를 꺼낼 때 찜찜하고 신경이 쓰인다. 불안이다. '혹여 나보다 과거의 연인이 지금 내 옆에 있는 남자(여자) 친구에게 더 큰 기쁨을 주었던 것은 아닐까? 만약 그렇다면 남자(여자)친구가 더 큰 기쁨을 찾아 떠나버리면 어떻게 하지?' 라는 불안. 그 불안감 때문에 상대의 과거 연애사를 더 캐묻고 싶은 것이다. 예전 사람보다 내가 더 잘해주기 위해서. 그래서 상대가 나를 떠나지 못하게 하기 위해서.

우연히 연인의 과거 흔적을 발견하게 될 때 스스로에게 묻게 된다. '혹시 남자(여자) 친구를 내 곁에 붙잡아두기에 충분한 기쁨을 주고 있지 못한 것은 아닐까?' 연애하면서 상대의 과거 이야기 때문에 다투거나 마음이 상한 적이 있을까? 그건 '지금 나랑 연애하면서 왜 내게 집중하지 않는 거야!'라고 화를 내고 싶은 게 아니다. '내가 더 잘해줄 테니까 날 떠나지 마!'라고 절절하게 부탁하고 싶은 것이다. 쿨하지 않고 구질구질해 보이지만 사실이다. 하지만 창피할 건 없다. 연애는 상대 앞에서 한없이 구질구질해지는 것이니까.

모든 사랑은 첫사랑이다.

어떤 종류의 불안이든, 불안은 정신 건강에 좋지 않다. 연인의 과거로부터 파생되는 이 불안 역시 마찬가지다. 이 문제를 어떻게 해결할 수 있을까? 간단한 해결책이 있다. 그건 서로가 첫사랑이면 된다. 서로가 서로에게 첫사랑이라면 과거의 문제 때문에 불안할 일은 없는 것 아닌가? 상대에게 옛 연인 자체가 존재하지 않는다면, 내가 상대에게 더 큰 기쁨을 주지 못한다고 불안해할 필요가 없는 셈이니까.

그런데 이 간단한 해결책은 공허하다. 지금 만나고 있는 사람이 이미 많은 연애 경험을 가지고 있을 수도 있고, 바로 우리 자신이 이미 몇 번의 연애 경험이 있을 수 있기 때문이다. 지나간 과거는 바꿀 수 없기에 이 해결책은 의미가 없어 보인다. 하지만 걱정할 건 없다. 몇 번의 연애를 경험했든 관계없이, 모든 사랑은 이미 첫사랑이기 때문이다. 선뜩 믿어지지 않겠지만 사실이다. 모든 사랑은 첫사랑이다. 이해도 납득도 안 되는 이 주장을 우리네 일상 이야기를 통해 설명해보자.

선빈은 작년에 오래 사귄 여자 친구와 헤어졌다. 이별의 아픔으로 한동안 힘들어 했지만 잘 견뎌내었다. 그 즈음 새로운 사람이 나타났고, 선빈은 다시 연애를 하고자 마음먹었다. 그녀와 연애를 시작하면서 선빈은 신기한 경험을 했다. 선빈은 한동안 영화관에 가지 못했다. 영화관에 들어섰을 때 고소한 팝콘 냄새는 여지없이 예전 사랑과 추억을 떠올리게 만들었기 때문이다. 그것이 너무 힘들어 선빈은 영화관에 가는 것을 꺼렸다. 하지만 새로 만난 그녀와 함께 간 영화관에서는 자신을 괴롭히던 옛 사랑과 추억이 기억조차 나지 않았다. 되레 너무나 익숙했던 그 영화관이 낯설게 느껴질 정도였다.

여기서 잠깐, 우리가 첫사랑이 딱 한 번이라고 생각하는 이유가 뭘까? 내 삶의 첫 번째 사랑은 한 번 뿐이기 때문 아닌가. 하지만 만약 우리가 연애를 할 때마다 다시 태어난다고 가정해보자. 그렇다면 매번의 사랑이 첫사랑이 되는 셈 아닌가? '연애를 하면 사람이 변한다'는 이야기를 경험했거나 들어 본 적이 있을 테다. 정말이다. 연애를 하면 사람이 변한다. 늘 자신의 일상과 습관을 유지하려는 우리에게 연애를 통한 극적인 변화는 사랑이 아니었다면 언감생심 상상할 수도 없는 변화다.

'느끼한 파스타가 제일 싫어!'라고 말했던 사람이 파스타를 좋아하게 되기도 하고, '세상에서 아빠가 제일 좋아!'라고 말하던 효녀도 아빠 보약을 꺼내 남자 친구에게 주기도 한다. 늘 자신의 생각과 습관, 취향,

익숙함을 지키고 싶은 사람들에게 이 정도의 변화는 다시 태어나지 않고는 거의 불가능한 변화다. 그렇다. 진짜 연애를 하면 다시 태어나게 된다. 다시 태어나지 않으면 결코 바뀌지 않았을 법한 것들까지 변하니까. 매번의 연애는 우리를 다시 태어나게 하기에, 사랑은 매번 생의 첫사랑일 수밖에 없는 것이다.

연애를 시작하면 다시 태어난다.

알랭 바디우라는 철학자는 사랑에 대해 이렇게 말했다. **"사랑은, 둘이 있다는 후 사건적인 조건 아래서 이루어지는, 세계의 경험 또는 상황의 경험이다."** 조금 어렵다면, '둘이 있다는 후 사건적인 조건'을 연애라고 생각하자. 바디우는 두 사람이 만나 연애를 시작한 후에 벌어지는 상황의 경험이 바로 사랑이라고 말하고 있는 셈이다. 여기서 '둘'이 있는 사건 후에 벌어지는 경험이 사랑이라는 것에 주목하자. 이 말은 그 '둘'의 조합이 바뀌면, 즉 그 둘이 각각 서로 다른 사람을 만나 연애를 하게 되면 그 후에 벌어지는 상황의 경험도 달라진다는 의미이기도 하다. 즉 사랑이 달라진다는 말이다.

선빈이 같은 장소에 갔지만 예전 기억으로부터 벗어나 전혀 새로운 상황의 경험을 한 것도 이해가 된다. '둘'의 조합이 달라졌기 때문이다. 우리 역시 한 번쯤은 경험해보지 않았을까? 너무나 익숙한 장소였지만, 사랑하는 연인과 함께 가게 되면 어딘지 모르게 낯설게 느껴지는 경험 말이다. 선빈의 경험과 알랭 바디우의 통찰을 헤아리다보면 알게 된다. 연인이라는 '둘'이 존재하고 그 뒤에 일어나는 상황의 경험이 사랑이라면, 결국 모든 사랑은 첫사랑일 수밖에 없다는 사실을. 아무리 많은 연애를 했더라도 새로운 사람을 만나면(둘의 조합이 바뀌면) 새로운 사랑을 시작하게 된다. 그래서 모든 사랑은 언제나 첫사랑이다.

남자든 여자든 연애를 시작하면서, 상대도 그리고 나도 서로에게 첫사랑이었으면 하는 불가능한 일을 바랄 때가 있다. 과거의 상처, 추억, 흔적으로부터 벗어나 자유롭게 사랑하고 싶은 것이다. 지금 내 모습에서 옛 연인의 흔적을 찾고, 옛 연인과 행복한 기억을 나를 통해 복원하려 하는 것은 아닐까 두렵고 불안하다. 하지만 두려워할 필요도, 불안할 필요도 없다. 새로운 사람을 만나 새로운 사랑을 시작하면 그건 이미 첫사랑이니까. 모든 사랑은 이미 첫사랑이다. 사랑은 마법 같은 것이라 불가능한 것들을 가능하게 해준다.

철학자의 연애 오지랖

사랑을 확인하는 묘책, '변하지 않는다면, 사랑이 아니다.'

사랑이라는 감정은 대단히 복잡하고 미묘한 감정이기에 종종 사랑이라는 감정에 대해 혼란을 느낀다. 여기에 사랑이라는 감정을 확인할 수 있는 묘책이 있다. '사랑하면 사람이 변한다'는 진부해보이기까지 하는 사랑의 공식이 바로 그 묘책이다.

'지금 사랑하고 있다'고 믿는다면, 먼저 자신의 감정과 느낌을 되돌아 보자. 분명 익숙한 음악이었는데 연인과 함께 들었을 때 무언가 미묘하게 다른 느낌으로 들린 적이 있었던가? 수도 없이 갔던 장소인데, 연인과 함께 갔을 때 무언가 미묘하게 낯선 느낌이 피어오른 적이 있었던가? 누군가를 만났을 때 예전과 분명하게 달라진 자신을 발견한 적이 있던가? 만약 '그렇다'라고 답할 수 있다면, 지금 하고 있는 건 분명한 사랑이다. 사랑하면 사람이 변하기 때문이다.

하지만 사랑하고 있다고 믿지만 자신이 예전과 변한 것이 없을 수도 있다. 연애를 하고 있지만 삶의 관성은 그대로라면, 그건 진짜 사랑과 연애가 아닐지도 모르겠다. 사랑을 하고 있다면서 다시 태어난 것처럼 다른 사람이 되지 않았다면 아프게 돌아볼 일이다. 그럴듯하게 사랑과 연애를 흉내 내고 있는 건 아닌지. 진짜 사랑하게 되면 많은 것들이 변한 자신을 만나게 된다. 진짜 사랑은 그런 것이다. 변하지 않는다면, 사랑이 아니다. 조금 더 정확히 말하자면, 내가 변한 만큼 사랑하고 있는 것일 게다.

4. 물고, 빨고, 안고 싶은, 그 이유

연애와 스킨십

연애를 시작하면 상대와 같이 있고 싶다. 영화도 보고, 차도 마시고, 이야기도 나누고 싶기 때문이다. 하지만 정말 그 때문에 연인과 같이 있고 싶은 걸까? 뜨거운 연애가 시작되면 스킨십을 하고 싶다. 정직하게 말해 연인과 극장에 가고, 카페에 가는 이유는 손을 잡고, 포옹하고, 키스하고 싶어서 일지도 모르겠다. 만약 스킨십을 원하지 않는다면, 왜 굳이 연인과 극장이나 카페에 갈까? 친한 친구와도 얼마든지 극장이나 카페에 갈 수 있는데 말이다. 연애를 할 때 상대와 같이 있고 싶은 이유는 스킨십을 원해서다.

세상이 많이 변했지만, 여전히 보수적인 사람이 많다. 어떤 이는 연애 기간에 따라 스킨십 진도를 매뉴얼처럼 정해놓기도 했다. 연애를 시작한지 일주일이면 손잡기, 한 달이면 포옹, 세 달이면 키스, 여섯 달이면 섹스, 대략 이런 식이다. 상대가 너무 매혹적이어서 만난지 일주일 만에 키스를 하고 싶은 욕망이 일어도 꾹 참는다. '자유롭고 개방적으로 스킨십을 해도 좋다'는 식상한 이야기를 하려는 건 아니다. (그건 뒤에 훨씬 더 강도 높게 이야기를 할 테니까) 그보다 좀 더 근본적인 이야기를 해보자.

'왜 사랑하는 사람과 스킨십을 하고 싶을까?' 이 질문으로부터 시작하자. '연인이 있으면 당연히 스킨십을 하고 싶은 것 아니야?'라며 너무 당연해서 의문조차 가져 본 적 없는 이 질문에 한 번쯤은 답해볼 필요가 있다. 이 낯선 질문을 통해 우리가 갖고 있던 스킨십에 관한 판타지와 태도를 되돌아 볼 수 있다.

사랑하면 상대를 알고 싶다.

연애를 하면 궁금증이 생긴다. '상대를 알고 싶다'는 궁금증. 한참 연애하던 시절을 떠올려보자. 하루 종일 만나서 이야기를 했는데, 무슨 할 이야기가 또 남았는지 귀가 뜨거워질 정도로 밤새 전화통을 붙잡고 이야기를 나누지 않았던가. 왜 그렇게 상대와 많은 이야기를 나누고 싶었을까? 상대를 알고 싶어서다. 남자 친구가 어떤 음식을 좋아하는지 어떤 음식을 싫어하는지, 좋아하는 음악은 어떤 건지, 싫어하는 가수는 누구인지, 취미는 무엇인지 등등. 남자 친구의 모든 것을 알고 싶다. 그래서 끝도 없는 대화를 나누는 것일 게다.

왜? 대체 왜 그리도 상대에 대해서 궁금해 하는 걸까? 그건 연애를 하면 상대에게 기쁨을 주고 싶기 때문이다. 연애를 하면 상대에게 기쁨을 주는 사람이 되고 싶다. 그 어떤 사람보다 더 큰 기쁨을 주는 대상이 되고 싶다. 그래야 상대가 나를 떠나지 않을 테고, 그래야 계속 사랑 받을 수 있을 테니까.

그런데 문제가 있다. 연애를 시작할 때 상대에 대해 잘 모른다는 사실이다. 상대에게 기쁨의 대상이 된다는 건, 상대에게 좋아할만한 것들을 주고, 싫어할만한 것들을 피해야 가능하다. 하지만 그럴 수 없다. 상대에 대해 잘 모르니까. 연애를 막 시작했지만 긴 시간 서로의 존재도 모른 채 살아왔고 또 서로 살아왔던 삶의 맥락도 너무 달랐다. 그래서 우리는 기를 쓰고 상대를 알고 싶은 것이다. 연인이 좋아하는 것들을 주고, 싫어하는 것들을 피하고 싶어서.

'타마라'의 'statue of love'

연애 초반 많은 대화를 나눴지만 서로에 대해 모르는 지점은 늘 있게 마련이다. 심지어 서로에 대해 오해하기도 한다. 많은 대화에도 불구하고 연인은 서로 직감한다. 아직 상대를 잘 모르고 있다는 걸. 한 사람을 정확하고 분명하게 알 수 있는 방법이 있다. 그건 상대방이 되어 보는 것이다. 내가 사랑하는 그 사람이 되어 볼 수만 있다면, 그 사람이 무엇을 좋아하는지도 무엇을 싫어하는지 오해 없이 알 수 있을 것만 같다. 그런데 이것이 가능할까? 만약 가능하다면 그건 어떤 의미일까? 상대방이 되어 본다는 건 어떤 의미일까?

가끔은 백 마디 말보다 하나의 예술작품이 생각을 더 명료하게 할 때가 있다. 타마라(Tamara Kvesitadze)라는 예술가의 작품, 'statue of love'(사랑상)을 찾아보자. 철사 같은 재질로 만든 거대한 두 연인의 육체가 있다. 둘은 점점 가까워지더니 급기야 서로를 육체를 관통해서 지나간다. 여기서 주목해야 할 지점은 연인이 서로 관통되는 지점이다. 그때가 연인이 상대방이 되어보는 순간이다. 상대가 되어본다는 건 그런 느낌일 테다. 상대방의 육체 안으로 온전히 들어가 상대를 오롯이 느껴보다는 그런 느낌.

하지만 예술 밖 현실에서 그런 일은 결코 일어나지 않는다. '타마라'의 연인들은 관통 가능한 육체를 가졌지만 우리는 그렇지 않기 때문이다. 상대방을 가장 잘 알려면 상대방이 되어 보아야 하는데 그것이 불가능하기에 우리는 차선책을 택한다. 그 차선책은 상대와 거리를 최대한 줄이려고 하는 것이다. 관통까지는 못하더라도 관통 직전까지는 가고 싶은 것이다. 불완전하지만 그렇게라도 상대방이 되어보고 싶은 것이다. 너무나 사랑하기 때문에. 그 사랑의 시도는 불가능하기에 더욱 절절하다.

불가능한 시도, 포옹 그리고 키스

상대방이 되고 싶지만 관통 불가능한 육체를 가진 죄로, 할 수 있는 것은 상대와 거리를 최대한 줄이는 것뿐이다. 그 불가능한 그래서 절절하기까지 한 시도가 바로 스킨십이다. 한참을 멀리 떨어져서 손을 잡고, 포옹하고, 키스할 수는 없는 노릇 아닌가. 손을 잡고 포옹하고 키스하는 건, 상대방이 되어 그를 알고 싶다는 불가능한 시도다. 그 시도는 애초에 불가능하기에 더욱 간절해지는 것이다. 이것이 바로 우리가 연애를 할 때 왜그리 붙어있고 싶어 하는지에 대한 대답이다.

연인과 손을 잡을 때 알게 된다. 상대의 손에서 전해오는 체온. 그 마주 잡은 손만큼은 마치 내가 상대가 된 것 같다. 연인이 우리를 꽉 안아줄 때 알게 된다. 상대의 가슴에서 전해 오는 그 심장박동의 두근거림. 서로가 서로를 꽉 안고 있는 그 순간만큼은 내가 상대가 된 것 같다. 연인과 뜨거운 키스를 할 때 알게 된다. 연인의 입술 떨림과 혀의 감미로운 부딪힘. 누구와도 그리 가까이 접촉한 적 없는 바로 그 순간만큼은 내가 상대가 된 것 같다. 그 모든 스킨십을 통해 우리는 상대를 조금 더 알게 된 것 같다.

손을 잡고, 포옹을 하고, 키스를 할 때 느껴지는 설렘의 정체는 무엇일까? 그저 동물적 본능일까? 결코 가능하지 않을 것 같은, 상대가 되어보려는 시도가 잠시지만 가능한 것처럼 느껴지기 때문인 것은 아닐까? 마치 기적을 경험한 것과 같은 느낌은 아닐까? 정말 그럴지도 모르겠다. 절대 일어나지 않을 일이라고 믿고 있었던 일이 현실이 되었을 때 설레지 않는 이는 없을 테니까. 뜨거운 연애를 하면 왜 그리도 상대와 찰싹 붙어 물고, 빨고, 안고 싶은지 그 이유를 알겠다. 그건 상대방이 되어 상대를 알아가고 싶다는 간절한 바람이다.

사랑한다면 물고, 빨고, 안자.

이제 스킨십에 대해 부정적이거나 혹은 스킨십은 기간에 따라 매뉴얼대로 해야 한다고 여기는 사람에 대해 이야기해보자. 스킨십에 대해 부정적인 사람은 상대방을 사랑하지 않는 것이다. 자신의 성적 가치관 혹은 종교적 가치관에 때문에 그런 것이라고 항변을 하지만 그건 본질적인 이유가 아니다. 연인이 있지만 그와의 스킨십에 대해 부정적인 사람은 결국 둘 중 하나다. 상대를 사랑하지 않아서 그를 알고 싶지 않은 경우이거나 혹은 자신을 가장 사랑하는 사람이거나.

스킨십을 매뉴얼에 따라야 한다고 말하는 이는 어떤 사람일까? 스킨십이란 것은 결국 상대를 알고 싶다는 간절한 바람인데, 그것에 매뉴얼에 있다는 것은 상대를 필요한 만큼 알겠다는 것 아닌가? 상대를 필요한 만큼만 알겠다는 것, 이것은 내가 상대방의 기쁨의 대상이 되지 못해도 상관없다는 것이다. 이 말은 '언제든 네가 나를 떠나도 상관없다'는 이야기와 같다. 스킨십에 매뉴얼을 정한다는 것은 상대를 사랑하지 않거나 혹은 자신을 가장 사랑할 때만 가능한 일이다.

진짜 사랑을 한다면, 과감하게 스킨십을 하자. 촌스러운 성윤리, 혹은 타인의 시선 같은 것은 잠시 접어두자. 사랑하는 사람이 있다면, 물고, 빨고, 안자. 그렇게 상대방이 되어보려고 노력하자. 그렇게 상대방을 알아가자. 그렇게 상대방에게 기쁨을 주는 사람이 되자. 그것이 다른 어떤 행위도 줄 수 없는 오직 연애만이 줄 수 있는 유일한 행복이니까. 이 행복을 만끽하지 못할 거라면 왜 연애를 해야 할까? 주변에 널리 친구와 우정을 쌓아도 그만인데.

철학자의 연애 오지랖

애무하지 않는 자, 모두 유죄!

섹스(여기서는 남자의 성기가 여자의 성기로 삽입되는 과정이라고 하자)가 스킨십의 절정이라면 그 직전은 애무다. 그런데 남자든 여자든 섹스를 할 때 애무를 하지 않는 혹은 귀찮아하는 사람이 간혹 있다. 나는 감히 말하고 싶다. '애무하지 않는 자, 모두 유죄!' 이런 과격한 이야기를 하는 데는 이유가 있다. 애무야말로 사랑이라는 것을 가장 잘 표현해주는 행위이기 때문이다. 더 진도를 빼기 전에 에마뉘엘 레비나스라는 철학자의 애무에 대한 이야기를 들어보자.

"올바르게 말하자면 애무를 받는 대상은 손에 닿지 않는다. 이러한 접촉에서 주어지는 손의 미지근함이나 부드러움, 이것이 애무에서 찾는 것이 아니다. 이러한 애무의 추구는, 애무가 찾는 것이 무엇인지 모르고 있다는 사실을 그 본질로 구성한다. (중략) 애무는 거머쥘 수 없는 것에 대한 새로운 전망을 열어 주는 이러한 배고픔의 증대, 점점 더 풍요해지는 약속으로 가득 차 있다." 『시간과 타자』

섹스는 분명 스킨십의 절정이지만 역설적이게 섹스는 사랑을 방해하는 행위로 기능하기도 한다. 서로에게 조심스럽게 다가가고 상대가 어떤 사람인지 섬세하게 살피려고 했던 사람이 섹스 후에 변하는 경우가 종종 있다. 왜 일까? 그건 섹스는 상대와 가장 가까이 다가가는 경험이기 때문이다. 섹스를 통해 마치 내가 상대의 모든 것을 알게 되었다고 착각하기에, 섹스 후에 더 이상 섬세하고 조심스럽게 상대를 알려고 하지 않는 것이다.

앞서도 말했지만, 아무리 상대를 알려고 해도 근본적으로 우리는 상대를 온전히 알 수 없다. 상대의 육체를 관통할 정도로 상대방이 되어 볼 수 없는 까닭이다. 그렇다면 사랑이란 것은 결국 '섹스'보다 차라리 '애무'의 정서에 가깝지 않을까? 애무가 무엇인가? 손으로 입술로 혀로 상대를 조심스럽고 섬세하게 더듬는 행위 아닌가. 그래서 레비나스는 '애무를 받는 대상은 손에 닿지 않는다'고 말한 것일 테다. 이 애무는 레비나스의 말처럼 '애무의 추구는 애무가 찾는 것이 무엇인지 모르고 있다는 사실을 그 본질로 구성한다'

이것이 바로 사랑의 정서다. 상대를 알고 싶지만 결코 알 수 없기에 끊임없이 상대를 더듬어 알아가려는 노력. 레비나스는 이러한 노력을 '애무'라고 말하고 있다. 그리고 이런 노력으로 타자를 알아갈 수 있다고 말하고 있다. 끊임없이 더듬고 핥는 애무야말로 결코 알 수 없지만 끊임없이 상대를 알아가려는 사랑의 정서라고 말하고 싶다. 애무는 거머쥘 수 없는 것에 대한 새로운 전망을 열어주기에 점점 배고픔을 증대시키지만, 결국 점점 더 풍요로워지는 약속으로 가득 차 있는 것이다.

애무는 사랑이기에 연애를 점점 더 풍요롭게 해준다. 애무하지 않는 이는 상대를 알아가려 하지 않는 이다. 상대를 알아가려 하지 않는 이는 상대를 사랑하지 않는 자다. 그래서 감히 이렇게 말하고 싶다. 애무하지 않는 자, 모두 유죄다. 사랑한다면, 애무하자!

---

5. 섹스에 관한 몇 가지 오해

연애를 시작하면 어김없이 고민되는 지점이 있다. 섹스다. 섹스의 관련된 이야기는 개인의 가장 내밀한 부분 중 하나이기에 공개적으로 많이 논의되지 못한다. 그렇기에 여전히 섹스에 관해서 오해되고 있는 부분이 많다. 특히 연애를 시작하려 할 때, 많은 사람들이 이 섹스에 관련된 문제 때문에 남모를 속앓이를 하기도 한다. 섹스와 연애는 떼래야 뗄 수 없는 관계다. 섹스에 관한 몇 가지 오해에 대해서 이야기해보자. 행복한 연애를 위해서. 행복한 섹스를 위해서.

1) 섹스를 긍정하세요?

섹스에 관한 우리의 생각

"연인이 있다면 섹스를 많이 하세요."
"그래도 너무 자주 하는 건 좀…."
"섹스가 나쁜 건가요?"
"나쁜 건 아니지만 딱히 좋다고 말할 것은 아니잖아요."

철학을 가르치는 수업에서 대학생들과 나눴던 대화였다. 고등학교 때였던가? 근처 여고에서는 매년 혼전순결 서약 같은 걸 했었던 걸로 기억한다. 동네 교회에서 그 비슷한 행사를 했었던 기억도 난다. 혼전순결서약, 결혼을 하기 전에 섹스를 하지 않겠다는 서약이다. 황당하다. 결혼하기 전에 섹스를 하지 말라는 이야기도 황당하지만, 남자에게는 요구하지 않는 혼전순결을 여자에게만 요구했던 것은 더욱 황당한 일이다.

혼전순결서약이 말하는 것이 결국 무엇인가? 단순하게 말해, '결혼 전에 하는 섹스는 나쁘다'는 것 아닌가. 세상이 많이 변해 '섹스가 나쁜가요?'라는 질문에 명시적으로 '나쁜 것은 아니에요'라고 말할 정도는 되었지만, 여전히 섹스를 마음 놓고 긍정할 수 없는 것도 사실이다. 그러니 섹스가 나쁘냐는 질문에 '그렇다고 딱히 좋다고 말할 것은 아니잖아요'라는 대답을 하는 것일 테다.

왜 섹스를 긍정하지 못하고 참고 억눌러야 할 것으로 생각하게 되었을까? 먼저 조선시대부터 이어진 유교적인 가부장 문화를 떠올릴 것이다. 하지만 우리가 섹스를 긍정하지 못하게 된 데에는 훨씬 더 근본적이고 내밀한 이유가 있다. 먼저 서양의 철학자를 한 명 만나보자. 데카르트 그는 서양의 중세를 종결짓고 근대를 연 철학자다. 데카르트라는 이름은 들어보지 못했어도, "나는 생각한다. 고로 존재한다"라는 유명한 이야기는 한 번 즈음 들어봤을 법하다.

데카르트의 저주

데카르트는 인간의 이성, 즉 정신의 중요성을 주장하면서, 인간이라는 존재를 정신과 신체로 나누어 파악했다(이것을 데카르트의 '이원론'이라고 한다). "나는 생각한다. 고로 존재한다"(cogito ergo sum)라고 말한 이유도 인간의 존재 이유 자체가 생각, 즉 이성(정신)에 있다고 생각해서였다. 그러니 당연히 데카르트에게 인간은 이성적인 존재였다. 그런데 문제가 발생했다. 세상에는 비이성적인 존재가 얼마나 많던가. 단식 중인 세월호 유가족 앞에서 폭식 투쟁을 할 정도로 비이성적인 존재가 넘쳐나는 건, 데카르트 시대나 지금이나 마찬가지였을 게다.

'세상에 넘쳐나는 비이성적인 인간들은 어떻게 설명할 거야?'라는 질문에 데카르트는 답해야만 했다. 자신이 '인간은 이성적인 존재'라고 말했으니까. 데카르트의 답은 '인간에게는 육체가 있기 때문'이었다. 인간은 원래 이성(정신)적인 존재이지만, 육체로 인해 발생하는 여러 욕망이나 감정들이 이성적인 부분을 방해한다고 말했던 것이다. 그래서 데카르트는 인간이 이성적 존재가 되기 위해서는 육체로 인해 파생된 욕망과 감정을 통제하고 억눌러야 한다고 주장했던 것이다.

바로 이 때문에 우리가 섹스를 긍정하지 못하게 된 것은 아니었을까? 우리는 여전히 데카르트를 벗어나지 못했다. 이성적인 것(공부, 독서, 사색)은 고결하고 좋은 일이라고, 육체적인 것이나 욕망에 관련된 것(먹고, 자고, 마시고, 섹스 하는 것)은 천박하고 나쁜 일이라고 여기는 경향이 여전히 남아 있다. 섹스를 긍정하지 못하게 된 것은 데카르트의 저주 때문일지도 모르겠다. 이성적인 인간이 되기 위해 육체적인 욕구와 그로 인해 파생된 욕망과 감정은 기피하거나 억눌러야 할 대상으로 여기게 된 것은 아닐까?

몸과 정신은 따로 존재하지 않는다. 그래서 섹스는 좋은 것이다.

사랑은 정신적인 것이고, 섹스는 육체적인 것이기에 사랑은 고상하고 좋은 것이고, 섹스는 천박하고 나쁜 것이라고 여기게 된 것일 테다. 그런데 이런 생각의 바닥에는 전제가 하나 있다. 정신과 육체가 따로 있다는 전제(이원론). 이 전제는 과연 옳은 것일까? 정말 정신과 육체가 따로 존재하는 걸까?

시험기간에는 밥을 안 먹는 친구가 있었다. 그의 지론은 '배가 고파야 생각이 명료해져서 집중이 잘 된다'였다. 그는 집중해서 공부를 잘했을까? 한두 시간 공부하면 지쳐서 책상에 엎드려 자는 일이 다반

사였다. 반면 적절하게 밥을 잘 먹은 친구가 오히려 더 집중해서 공부 잘했고 성적도 더 좋았다. 정신과 육체는 완전히 별개로 존재하는 게 아니라 유기적으로 서로 연결되어 있다.

데카르트는 틀렸다. 정신과 몸은 따로 있지 않다. 정신과 몸은 함께 간다. 아니 그 자체가 이미 하나다. 정신과 육체가 하나라면, 정신적인 것에 더 높은 가치를 부여할 필요도, 육체적인 것에 더 낮은 가치를 부여할 필요도 없다. 섹스가 나쁘다는 관념은 가부장적이고 유교적인 문화의 산물이거나 데카르트부터 시작된 근대적 인식의 산물일 뿐이다. 섹스는 좋다. 잘 먹어야 공부에 집중할 수 있듯이, 섹스를 잘 해야 사랑에도 집중할 수 있다. 아니 섹스(육체)와 사랑(정신)은 이미 하나인 것인지도 모르겠다.

2) 섹스와 사랑은 별개인가?

"섹스를 하고 싶긴 한데, 그럼 혹시 사랑이 식지 않을까 걱정이 되요"

섹스와 관련된 대화를 나누다보면 종종 나오는 이야기다. 섹스와 사랑이 별개의 영역으로 존재한다고 믿는 것이다. 아니 심지어 섹스와 사랑이 반비례 관계에 있다고 생각하는 사람도 적지 않다. 섹스를 나쁜 것으로 여기지는 않지만, 섹스를 많이 하면 사랑이 식지 않을까 걱정하는 것이다. 섹스를 주저하게 만드는 또 하나의 이유다. 잘못된 관념은 언제나 행복으로부터 멀어지게 만드는 법이다.

섹스와 사랑은 별개라는 생각도, 그 둘이 반비례 관계에 있다는 생각도 모두, 데카르트의 '몸과 정신이 별도로 존재한다'는 생각에서 파생된 생각들이다. 단도직입적으로 묻자. 섹스를 많이 한다고 사랑이 식을까? 결코 그런 일은 없다. 오히려 섹스를 많이 하면 사랑이 더 깊어진다. 누군가는 '현실은 그렇지 않아!'라고 말할지도 모르겠다. 사랑해서 섹스를 했지만 그 때문에 사랑이 식어 버리거나 혹은 서로에게 흥미를 잃어버린 경험이 있는 사람은 더욱 그럴 것이다.

이런 경험들은 마치 사랑과 섹스가 별개 영역이고 심지어 반비례 관계에 있다고 오해할 소지를 남길 수 있다. 하지만 이는 여지없는 오해다. 섹스를 해서 사랑이 식은 게 아니다. 애초부터 사랑의 대상이 아니라 섹스의 대상을 찾아서 그런 것일 뿐이다. 진짜 연애를 하면 알게 된다. 섹스를 통해 얼마나 많은 정서적 교감이 이루어지는지, 그래서 얼마나 사랑이 깊어지는지.

진심으로 사랑하는 사람과 농밀한 섹스를 나눠본 적 있는 사람은 안다. 그런 섹스 후에 상대가 얼마나 더 사랑스러워 보이는지. 그런 섹스 이후에 얼마나 더 깊은 연애가 시작되는지. 몸과 정신이 하나이기에 사랑과 섹스는 별개의 영역에 있는 것도, 반비례 관계에 있는 것도 아니다. 섹스(육체적 행위)를 통해 사랑(정신적인 행위) 역시 더 깊어지고 더 온전해진다. 사랑이 식을까봐 섹스를 참는 것만큼 어리석은 일도 없다. 사랑하는 사람이 있는데도 그 좋은 걸 하지 못하니까. 또 사랑이 더 깊어질 기회도 스스로 박탈하고 있으니까.

3) 섹스는 사랑의 결실이 아니라 시작이다.

과도하게 은폐되었기에 과도하게 신비화된 섹스

"하기는 할 건데, 아직은 때가 아닌 것 같아요"

섹스가 나쁜 것이라 생각하지도 않고, 섹스를 하고 싶기는 한데, 아직 때가 아니라고 말하는 사람도 있다. 그럼 그때는 언제일까? 대체로 답은 '사랑이라는 감정이 좀 더 확실해지고 나서'다. 이런 대답은 대체로 여자가 많이 하지만 남자 중에도 이런 생각을 갖고 있는 사람이 있다. (남자와 여자의 성에 대한 인식 차이에 대해서는 뒤에서 좀 더 깊게 이야기하기로 하자) 이런 일은 왜 벌어지는 걸까? 연애를 하고 있지만 때가 될 때까지 섹스를 미뤄두는 이유는 뭘까?

근본적인 이유는 섹스가 사랑의 결실이라고 믿는 고정관념 때문이다. 섹스는 오랜 시간 내밀한 영역에서 은폐되어 있었기에 과도하게 신비화된 측면이 있다. 인간도 동물이다. 그래서 인간 역시 동물이 하는 것을 하며 산다. 먹고, 마시고, 자고. 이런 것들이 딱히 자랑할 만한 것은 아니지만 그렇다고 숨어서 할 필요도 없다. 하지만 유독 섹스만은 그렇지 않다. 동물들은 섹스를 할 때 주변의 눈치를 본다거나 은폐되고 밀폐된 공간을 찾지 않는다. 하지만 인간은 섹스를 가장 은밀하고 은폐된 곳에서 하려고 한다. 섹스라는 것을 다른 욕망에 비해 과도하게 금기시했기 때문이다.

과도하게 금기시 된 것은 반드시 과도하게 신비화된다. 과도하게 신비화된 것은 중요한 것으로 부각될 수밖에 없다. 섹스가 그렇다. 섹스는 거의 모든 인간이 하는 일반적인 행위다. 하지만 인간은 섹스에 과도한 의미부여를 한다. 그건 섹스가 긴 시간 가장 강력하게 금기시 되었기 때문이다. 섹스가 사랑의 결실이라는 고정관념은 바로 이런 메커니즘을 통해 발생한 것이다. 마치 섹스가 사랑의 보증서인 것처럼 의미를 부여하게 된 것은 섹스를 과도하게 은폐하느라 과도하게 신비화된 탓이다.

섹스는 사랑의 시작이다.

결론부터 말하자. 섹스는 사랑의 완성도, 결실도, 보증서도 아니다. 섹스는 사랑의 시작일 뿐이다. 사랑이 완성되면 섹스를 하겠다는 생각은 섹스에 대한 가장 큰 오해 중에 하나다. 연애를 하고 있다면 때를 기다려 섹스를 할 필요가 없다. 섹스, 하고 싶으면 그냥 하면 된다. 물론 그 대상이 '아무나'는 아니다. 사랑이 시작될 것 같은 느낌을 주는 사람이 있다면 섹스를 해도 좋다는 말이다. 섹스가 바로 사랑의 시작이기 때문이다.

'몸과 마음은 하나!'라는 사실을 잊지 말자. 사랑(정신)의 완성은 결국 섹스(육체)의 교감이 없다면, 이루어지기 어렵다. 사랑이 완성되면 섹스를 하겠다는 말은 영원히 사랑을 완성하지 않겠다는 역설적인 선언과 다름없다. 물론 안다. 좋아하는 사람이 생겼다고 해서 선뜻 상대에게 섹스를 요구하는 것도, 또 상대의 섹스 요구에 선뜩 응하는 것도 쉽지 않다는 걸. 인간 역시 동물이기에 사랑의 감정 말고 단순한 섹스에 대한 육체적 욕구가 있을 수 있다. 하지만 아니 그래서 섹스가 사랑의 시작인 것이다.

누군가와 섹스를 끝낸 후 남는 것이 공허와 허무 혹은 후회뿐이라면 그 상대는 사랑의 대상이 아닌 것이다. 반대로 섹스 후에 상대를 향한 애틋함, 충만감, 소망스러움이 찾아온다면 사랑이 시작된 것이다. 섹스, 그것은 사랑이라는 감정을 명료하게 확인할 수 있는 리트머스 종이인지도 모르겠다. 섹스가 끝난 후에 리트머스의 종이에 남겨진 색깔을 통해 자신과 상대의 감정이 단순한 욕정이 있었는지 아니면 사랑이었는지 분명하게 확인할 수 있으니까.

혹시 사랑이 움터오는 것을 직감하지만 섹스를 미루는 건, 나와 상대의 감정을 정직하게 확인할 용기가 없어서는 아닐까? 서로의 정직한 감정을 확인할 때 받게 될 상처가 두려워서. 상처를 피하기 위해 자신을 그리고 상대를 속이는 것은 우리들의 너무도 오래된 습관 아니던가. 그래서 키에르케고르라는 철학자는 사랑에 대해서 그렇게도 잔인하게 말했나보다. 사랑은 '목숨을 건 비약'이라고. 섹스는 분명 '목숨을 건 비약'일지도 모르겠다. 하지만 그 비약이 없다면, 사랑이라는 감정에 도달하기 매우 어렵다.

4) 정상적인 섹스는 가능한가?

섹스는 취향이다.

"섹스할 때 구두신고 하자고 말하고 싶은데 그럼 여자 친구가 이상하게 생각하겠죠?"

"남자 친구에게 폴로 향수가 날 때 흥분이 되는데 그런 이야기하면 절 이상하게 보겠죠?"

수위를 조금 높여보자. 사람들은 자신의 성적 욕망이나 취향을 드러내는 것을 꺼리는 경향이 있다. 섹스는 가장 내밀한 욕망 중 하나이기에 쉽게 털어 놓은 적이 없어서다. 그래서인지 연애 중인 사람들은 자신의 성적 욕망이나 취향이 비정상적인 것이라고 여기는 경향이 있다. 연인에게 자신의 성적 취향을 선뜩 밝히지 못하는 것을 이해 못할 바도 없다. 내밀한 성적 취향이나 욕망을 밝혔다가 '변태' 취급을 받으면 어쩌나 두려운 것이다.

사랑하기에 상대에게 좋은 모습만 보여주고 싶은 게 연애 아닌가? 그래서 사람들은 종종 묻는다. "정상적인 섹스는 어떤 거예요?" 이 질문에 답하기 전에 먼저 '정상적인 섹스가 가능한가?'라는 질문부터 해야 한다. 노골적으로 이야기하자. 남자가 위에 여자가 아래에 있는 섹스를 소위 '정상위'라고 한다. '정상'위니까 그게 정상적인 섹스인 걸까? 그렇다면, 여자가 엎드린 상황에서 남자가 뒤에 있는 자세로 섹스하는 소위 말하는 '후배위'는 비정상인 걸까?

'미셸 푸코'라는 철학자는 「광기의 역사」에서, '비정상'(광인)을 정신병원이란 권력구조를 이용해 배제하고 감금시키는 과정을 통해 '정상'이 존재하게 되었다고 밝힌 바 있다. 그래서 푸코는 "정상인이라는 개념은 창안물"이라고 말했다. 푸코는 '정상-비정상'이 애초에 별개로 존재하는 어떤 것이 아니라 어떤 대상을 '비정상'으로 규정함으로써 나머지가 '정상'이 된 것이라고 말하고 있다. 마찬가지로 특정한 섹스를 '비정상'으로 규정함으로써 '정상'적인 섹스가 창안된 것일지도 모른다.

사실 '정상적인 섹스'라는 말 자체가 이미 말이 안 된다. 왜냐? 섹스라는 것 자체가 지극히 개인적인 한 사람의 취향이기 때문이다. 클래식 음악을 좋아하는 사람이 있고, 발라드 음악을 좋아하는 사람이 있고, 트로트 음악을 좋아하는 사람이 있다. 취향이다. 이 취향을 두고 클래식 음악을 좋아하는 사람은 정상이고, 트로트 음악을 좋아하는 사람은 비정상이라고 말하지 않는다. 섹스 역시 마찬가지다. 섹스 역시 한 개인의 취향이기에 거기에 '정상-비정상'의 구분은 그 자체가 이미 말이 안 된다.

'변태'나 '색녀'로 오해받으면 어쩌나?

정상위도, 후배위도, 구두신고 섹스하는 것도, 폴로 향수를 느끼면서 섹스하는 것도 모두 개인적인 취향일 뿐이다. 섹스에 대한 어떤 취향도 정상적이지도 비정상적이지도 않다. 그렇다고 문제가 여기서 끝나는 게 아니다. 현실 연애로 돌아오자. 섹스가 개인적인 취향이라고 생각하는 사람일지라도, "오늘은 검은색 스타킹 신고하면 안 될까?" "손목에 시계차고 있는 걸 보면 흥분 돼"라고 연인에게 자신의 성적 취향에 대해 말하기는 쉽지 않다. 특히나 연애 초기라면.

섹스가 취향이긴 하지만 연애는 혼자가 아닌 둘이 하는 것이기에 상대가 나의 성적 취향을 어찌 생각할지 걱정이 된다. 혹여나 나를 왜곡된 성적 가치관을 갖고 있는 '변태'나, 섹스만 밝히는 '색녀'로 생각하면 어쩌나하는 걱정에서 자유로울 수 없다. 언제나 사랑받고 싶은 대상에게 오해받을까 두려워하는 마음, 이것이 연애에서 섹스에 관한 문제로 속앓이를 할 수밖에 없는 중요한 이유 중 하나다. 이쯤에서 연애에서 섹스가 사랑을 더욱 깊게 만들어주는 메커니즘에 대해서 알아볼 필요가 있겠다.

섹스의 두 가지 효용

섹스할 때를 생각해보자. 입술에 키스는 물론이고, 다른 사람에게는 보여주는 것도 꺼려지는 성기에 입을 갖다 대고 키스하고 애무를 한다. 그뿐인가? 가장 섬세하고 예민한 서로의 성기가 결합할 때 느껴지는 그 쾌감은 묘한 표정과 신음소리를 불러일으킨다. 그 표정과 신음소리는 둘 이외에는 누구도 알지 못하는 둘만의 소중한 경험으로 자리 잡게 된다. 이 경험은 서로의 가장 내밀한 그래서 누구도 알지 못하는 비밀을 공유했다는 둘만의 강한 유대감으로 이어진다. 이 유대감은 분명 사랑을 더욱 깊게 만드는 요소 중 하나다.

섹스를 통해 사랑이 깊어지는 이유가 이 유대감만은 아니다. 남자든 여자든 성기는 '불결한' 것일 수밖에 없다. 성은 언제나 억압과 금시의 대상이었기 때문에, 성기는 남에게는 결코 드러낼 수 없는 불결한 것으로 인식될 수밖에 없다. 그런데 놀랍게도 섹스는 서로의 가장 불결하다고 생각하는 부분을 가장 사랑스럽게 대해주는 행위다. 누구에게도 사랑받을 수 없는 불결한 곳이라고 여겼던 곳을 열정적으로 어루만지며 혀로 핥기도 한다. 이 과정은 그저 서로의 본능적인 성적 욕구를 해소하는 것 이상의 의미를 가진다.

상대가 나의, 내가 상대의 가장 '불결한' 부분을 가장 사랑스럽게 대해준다는 것, 이것은 서로가 서로를 온전히 받아들여준다는 의미이기도 하다. 생각해보라. 너무도 불결하다고 여겼기에 누구에게도 드러낼 수 없었던 부분을 연인이 열정적으로 사랑해줄 때, 나 자신이 온전하게 누군가에게 받아들여졌다고 느끼지 않을 도리가 없다. 상대도 마찬가지다. 서로가 서로를 온전하게 받아들였다는 느낌은 섹스 자체가 주는 즐거움과는 비교도 되지 않을 충만감이다. 그래서 섹스는 사랑을 더욱 깊고 온전하게 만들어준다.

정상적인 섹스는 없고, 또 자신의 성적 취향을 숨길 필요도 없다. 자신의 성적 취향을 정직하게 드러내고 그것을 서로가 받아들일 때 더 깊은 사랑이 시작되기 때문이다. 구두를 신고 섹스하고 싶다는, 폴로 향수를 맡을 때 마다 흥분이 된다는, '불결한' 욕망을 연인은 귀엽게 이해줄 것이다. 아니 그 욕망에 열정적으로 부응해줄 것이다. 이미 서로를 사랑하고 있으니까. 누구에게도 드러낸 적 없는 '불결한' 욕망을 서로 드러내고 공유하는 과정을 통해 사랑은 더욱 깊어 질 것이다.

철학자의 연애 오지랖

섹스보다 좋은 것도 없다.
연애를 하고 있다면 섹스하자.
그것도 최대한 많이.
나이 들면 하고 싶어도 못한다. 오지랖 끝.

6. 남자의 섹스, 여자의 섹스

사회적인 혹은 생물학적인 차이 때문에 남자와 여자는 다를 수밖에 없다. 그러니 당연히 섹스를 대하는 생각이나 태도 역시 다를 수밖에 없다. 연애 초기에는 섹스에 대한 서로 다른 생각이나 태도 때문에 크고 작은 마찰을 피할 수 없다. 조금 더 세련되고 성숙한 연애를 위해 남자의 섹스와 여자의 섹스에 대한 이야기를 해보자.

'강박증'적인 남자의 섹스

"좋아하는 화가가 전시회하는 데 오늘 거기 갈까?"
"좋아, 근데 먼저 모텔부터 갔다 가자"

'남자는 하루 종일 온통 섹스 생각밖에 없어!' 연애 경험 꽤나 있는 여자들이 종종 하는 말이다. 조금의 과정이 섞이긴 했지만 전적으로 부정할 수만도 없는 이야기다. 정직하게 말해보자. 연애를 하게 되었기 때문에 섹스를 시작하는 남자도 있지만, 섹스를 하기 위해 연애를 시작하는 남자도 있다. 사회적인 이유에서건, 생물학적인 이유에서건, 남자는 연애를 하면서 섹스에 아주 큰 비중을 두는 건 사실이다. 그러니 여자 친구가 함께 데이트하기 위해 전시회에 가자는 이야기에도 모텔부터 먼저가자고 이야기하는 것이다.

남자의 섹스를 어떻게 설명할 수 있을까? 정신분석학적 용어를 빌려 설명하자면, 남자의 섹스는 '강박증'적이다. 앞서 설명한 바 있듯이, **"강박증자는 대상을 자기 자신의 것으로 간주하며, 타자의 욕망과 그 존재를 인정하지 않는다."** 그래서 강박증자는 성관계에서도 상대를 우연적인 용기나 매체로 보기에 상대방을 대체 가능하고 교환 가능한 것으로 보는 경향이 있다. 모든 남자들이 그런 것은 아니겠지만, 많은 남자들은 섹스에 관해서 강박증적이다.

남자들은 섹스하는 상대를 자기 것으로 간주하려고 하고, 상대의 욕망이나 존재를 인정하지 않으려는 경향이 있다. 섹스할 때 여자 친구의 감정 상태나 컨디션을 섬세하게 살피기보다 자신의 성적 욕구에 더 집중하는 남자들이 많은 것도 이 때문이다. 여자 친구가 있으면서 다른 여자와 섹스를 하려고 애를 쓰는 이유도 같은 맥락에서 이해할 수 있다. 강박증적인 사람은 섹스 상대를 우연적인 매체나 용기로 보기에 그 상대방은 대체 가능하고 교환 가능하기 때문이다.

‘히스테리’적인 여자의 섹스

“좋아, 근데 먼저 모텔부터 갔다 가자”

“알겠어. 오빠 좋은 대로 하자”

여자는 전시회에 가고 싶었지만, 남자 친구가 모텔부터 가자는 제안에 좋다고 했다. 하지만 내심 한편으로는 찜찜하다. ‘나랑 만나면 섹스 말고는 하고 싶은 게 없는 건가?’라는 약간의 불안감이 밀려왔기 때문이었다. 남자의 섹스가 ‘강박증’적이라면, 여자의 섹스는 ‘히스테리’적이다. 여기서 말하는 히스테리란 일상적인 개념(분노, 짜증 같은)이 아니라 정신분석학적인 개념이다. **“히스테리 환자는 (중략) 타자가 무엇을 욕망하는지 알아내려 한다. 그녀는 스스로 타자의 욕망을 지속시킬 수 있는 특정한 대상이 되려고 한다.”**

모든 여자가 그런 것은 아니지만, 여자는 대체로 ‘히스테리적’이다. 남자 친구가 무엇을 욕망하려는지 알아내려고 하고, 남자 친구의 욕망을 지속시킬 수 있는 특정한 대상이 되려고 노력한다. 그래서 앞서 대화에서 여자 친구는 전시회를 가고 싶은 마음을 누르고 모텔로 가기로 한 것이다. 여자의 섹스 역시 ‘히스테리’적이다. 여자는 자신의 성적 욕구를 직접적으로 피력하기보다 남자의 성적 욕구를 수용해주는 경우가 많은 것도 이 때문이다.

여자는 대체로 섹스에 대해서 남자보다 수동적이고 소극적인 경향이 있다. 이는 ‘여자는 정숙해야 돼!’라는 왜곡된 성 의식의 영향이 크다. 또 다른 이유가 있다. ‘히스테리’적인 사람은 자신보다 타자를 강조하기 때문이다. 여자는 섹스에 관해서 '히스테리'적이기에 자신보다 타자를 강조한다. 그래서 섹스에 대해서 남자보다 수동적이고 소극적일 수밖에 없는 것이다. '혹시 오늘 남자 친구가 섹스할 기분이 아니면 어쩌지? 섹스할 컨디션이 아니면 어쩌지?'라며 타자를 강조하기에 섹스에 대해서 수동적이고 소극적일 수밖에 없는 것이다.

남자가 여자보다 성욕이 더 강할까?

남자의 섹스와 여자의 섹스에 대해 오해되는 부분이 하나 더 있다. 성욕에 관한 것이다. '남자와 여자 중 누가 더 성욕이 강할까?'라는 질문에 대체로 남자라고 답한다. 하지만 이는 오해다. 섹스는 인간의 욕구다. 남자건 여자건 모두 성욕이 있다. 그리고 성욕의 크기는 성별차가 아니라 개인차다. 그런데 왜 남자가 여자보다 더 성욕이 강하다는 편견을 가지게 되었을까? 그건 남자의 섹스는 강박증적이고, 여자의 섹스는 히스테리적이기 때문일 게다.

남자는 섹스에 관해서 자신의 욕망에만 집중하는 경향이 있고, 여자는 섹스에 관해서 상대의 욕망의 대상이 되려는 경향이 있다. 바로 이 때문에 성욕이 남자에게 더 큰 것처럼 부각되곤 한다. 자신의 욕망에 집중하는 남자의 강박증적 섹스 경향 때문에, 마치 남자의 성욕이 여자의 성욕보다 더 큰 것처럼 보이는 착시효과가 일어나는 것이다.

여자의 성욕은 남자보다 작지 않다. 단지 여자의 성욕이 '히스테리'적이기에 여자의 성욕이 남자의 그것보다 작아 보이는 것뿐이다. 여자가 성욕이 없거나 혹은 남자보다 성욕이 크지 않아서 섹스를 요구하지 않는 게 아니다. 여자는 자신보다 상대를 더 강조하기에, 남자의 욕망의 대상이 되고 싶기에 남자의 육체적, 정서적 컨디션을 유심히 살피느라 그런 것일 뿐이다. 남자가 시도 때도 없이 섹스를 요구하는 건, 자신의 욕망에만 집중하느라 그런 것이고, 여자가 그보다 섹스를 많이 요구하지 않는 건, 상대의 욕망에 집중하느라 그런 것이다.

남자는 여자의 성욕을 두려워한다.

'남자의 성욕이 여자보다 크다'는 오해를 만든 원인은 또 있다. 왜곡된 성 의식이다. 노골적으로 말해 '여자는 밝히면 안 돼!'라는 남성중심의 성 의식을 암묵적으로 내면화해왔기에 그렇다. 성욕의 크기는 성별차가 아니라 개인차다. 그럼에도 불구하고 존재하는 '여자는 성욕이 남자보다 작다'는 인식은, 여성을 소유물화 해온 기존 남성 위주의 사회가 만들어낸 폭력적이고 억압적인 논리가 내면화된 결과일 뿐이다. '여자는 성욕이 작다'는 말은 사실 '여자는 성욕이 작아야만 해'라는 말에 다름 아니다.

그래서 왜곡된 성 의식에서 자유로워지는 순간이 찾아오면 여자들은 종종 스스로에 대해서 놀라기도 한다. 여자들이 왜곡된 성 인식에서 자유로워지는 대표적인 순간은 이혼 후다. 이혼을 하면 성적인 부분뿐만 아니라 거의 모든 사회적 통념으로부터 자유로워진다. 이혼한 여성들과 이야기를 나누다 보면 자신의 성욕이 이 정도인지 몰랐다며 놀랐다는 이야기를 종종 하곤 한다.

어떤 남자도 직접적으로 말하지 않지만, 남자는 여자의 성욕을 두려워하는 경향이 있다. 이건 섹스를 할 때 여자가 '조금 더 해줘'라고 말해서가 아니다. 그러니까 남자가 여자가 원하는 만큼의 섹스를 해줄 수 없어 두려움을 느끼는 게 아니라는 말이다. 그건 표면적인 이유일 뿐이다. 본질적인 이유는 따로 있다. 소유물은 주인에게 어떤 요구도 하지 않는다. 오직 주인만이 소유물에게 어떤 요구를 할 뿐이다.

남자가 여자에게 성적 욕구를 당당하게 하는 것은 일정 정도 상대가 나의 소유물이라고 여기기 때문이다. 그런데 갑자기 여자가 자신의 성적 욕망을 적극적으로 피력하면서 이런저런 요구를 하기 시작하면 상황이 달라진다. 남자는 두려워진다. 자신의 소유물이라고 생각했던 여자가 갑자기 자신과 동급인 주인이 되려는 것처럼 느껴지기 때문이다. 그래서 때때로 여자가 자신의 성적 욕구를 당당하고 노골적으로 할 때, 남자는 당황스럽고 급기야 두려워지기까지 하는 것이다.

여자가 성적 욕망을 표현하지 못하는 이유

사회적 통념이 괜히 만들어졌을까? 이런저런 이유에도 불구하고 여전히 여자는 성적 욕망을 적극적으로 피력하지 못하는 경향이 있다. 여자가 자신의 성적 욕구를 드러내지 못하는 이유는 무엇일까? 낯선 경험에 대한 두려움, 임신 공포증 등 많은 이유가 있을 테다. 다른 한편으로는 남성중심의 왜곡된 성의식이 여성에게도 이미 내면화되었기 때문이기도 하다. 즉, 여성 자신이 스스로를 상대의 소유물처럼 여기는 경향이 있기 때문이다. 남자와 다른 결의 욕망이지만, 당연히 여자에게도 섹스하고 싶다는 욕망이 있다.

연애를 막 시작해 남자 친구와 자야 하나 말아야 하나를 고민하는 여자가 있었다. 나는 "남자 친구와 자고 싶은 생각이 들어요?"라고 물었다. 여자는 "네, 손잡으면 떨리고 그래서 자면 어떨까? 그런 생각을 하긴 해요"라고 답했다. "그럼 한 번 자 봐요"라고 대답해주었다. 여자가 되돌린 답은 나를 당황스럽게 만들었다. "벌써요? 누구 좋으라고요"

'누구 좋으라고요'라는 말에 순간 당황했다. 마치 '지금 섹스하면 내가 손해잖아요'라는 말처럼 들렸기 때문이다. 여자는 남자와 섹스하고 싶다고 느꼈지만 섹스하면 자기가 손해라고 여기고 있는 것 아닌가? 왜 이런 모순적인 감정이 생기는 걸까? 이건 여자 스스로가 자신을 상대의 소유물처럼 여기고 있기 때문이다. 이것도 일종의 히스테리적인 반응이다. 브루스 핑크는 이렇게 말했다.

> "히스테리환자는 성적 상대인 타자를 강조한다. 그녀는 타자의 욕망을 지배하기 위해 스스로 그 욕망의 대상이 된다."

자신의 욕망(섹스)을 뒤로 한 채, 남자 친구의 욕망(섹스)에 집중하는 여자는 흔하다. 어떤 여자는 남자 친구에게 더 사랑받기 위해 섹스에 응하기도 하지만, 어떤 여자는 남자 친구에게 더 사랑 받기 위해 섹스를 미루거나 기피하기도 한다. 섹스하고 싶어 안달이 난 남자 친구라면 자신을 더 사랑해줄 것이라 믿기 때문이다. 그래서 자신의 욕망(섹스)을 눌러 놓으면서까지 남자 친구의 욕망을 해소해주지 않는 것이다. 남자친구의 섹스 욕구를 받아주는 이유도, 받아주지 않는 이유도 결국 모두 '타자의 욕망을 지배하기 위해 스스로 그 욕망의 대상이 되려는 '히스테리'적인 행동인 셈이다.

사랑하지 않아도 섹스할 수 있을까?

'사랑하지 않아도 섹스할 수 있을까?' 사랑과 섹스에 관련된 가장 흔한 질문이다. 어떤 이는 '가능하다, 아니다'라고 단정적으로 말하기도 하고, 또 어떤 이는 '남자는 가능하고, 여자는 아니다'라고 조건부로 답하기도 한다. 단정적인 논의보다, 조건부 논의가 좀 더 설득력이 있으니 후자의 논의로 이야기해보자. 먼저 남자 이야기부터.

남자는 사랑하지 않아도 섹스할 수 있을까? 내 답은 '그렇다'이다. 만약 그렇지 않다면, '노동의 상품화는 근대 이후의 일이지만, 여성의 성 상품화는 유사 이래 지속되어 왔다'는 이 불편한 진실을 어떻게 설명할 수 있을까? 두 번 물을 것도 없이 남자는 사랑하지 않아도 섹스할 수 있다. 아니 더 정확하게 말해, 사랑의 정서와 섹스의 정서에 대해 나름의 기준으로 둘을 구분할 수 있는 남자는 그리 많지 않다. 성욕과 사랑을 헷갈려 하는 남자들이 얼마나 많은가.

여자는 어떨까? 사랑하지 않아도 섹스할 수 있을까? 한때 내 답은 '아니다'였다. 정서적 공감 능력이 남자보다 뛰어난 여자는 사랑 없이는 육체적 관계에서 기쁨을 느낄 수 없다고 생각한 적이 있다. 하지만 세월이 지나 마흔을 앞두고 있는 지금은 달리 생각한다. 여자도 사랑 없이 섹스할 수 있다. 사랑하지 않는 대상과의 섹스를 통해서도 쾌감을 느낄 수 있다. 성욕은 정서적인 욕구가 아니라 육체적인 욕구이기 때문이다. 육체적인 만족만으로 오르가즘에 올라본 적이 있는 여성들은 이 사실을 알고 있다.

남자도 처음 보는 매력적인 여자와 격정적인 섹스를 할 수 있고, 여자도 마찬가지다. 물론 남자와 여자가 다르듯이, 남자의 섹스와 여자의 섹스는 역시 다르다. 성적인 욕망을 느끼는 지점도, 그걸 대하는 태도도 다르다. 하지만 남자든 여자든 섹스에 대한 욕망은 동일하게 존재한다는 것, 이걸 인정하는 것이 중요하다. 이것을 인정하게 되면, 남자는 여자의 섹스에 대해서 더 잘 이해하게 될 것이고, 여자 역시 남자의 섹스에 대해 더 잘 이해하게 될 것이다.

철학자의 연애 오지랖

로맨틱과 에로틱을 동시에 허하라!

'사랑–섹스'의 관계는 '로맨틱–에로틱'의 관계로 설명할 수 있다. 사랑의 정서가 표상하는 이미지에 대해 생각해보자. 분위기 좋은 카페에서 함께 차를 마시고, 쌉싸름한 와인을 마시며 이야기를 나누고, 함께 음악을 들으며 포옹하고 키스를 나누고, 서로에게 편지를 쓰는 장면을 떠올릴 것이다. 이 얼마나 로맨틱한가?

섹스의 정서가 표상하는 이미지는 어떤 걸까? 남자는 여자의 팬티 속으로 손을 집어넣고, 여자는 남자의 성기를 부드럽게 만져주고, 서로 온몸을 애무하고, 커지고 단단해진 남자의 성기가 축축해진 여자의 성기 속으로 삽입되는 장면을 떠올릴 것이다. 이 얼마나 에로틱한가. 행복한 연애의 비법은 이 사랑의 정서인 로맨틱과 섹스의 정서인 에로틱 사이에서 적절한 균형을 잡는 데 있다.

남자는 에로틱에 집중하는 경향이 있고, 여자는 로맨틱에 집중하는 경향이 있다. 하지만 남자에게도 로맨틱한 면이 있고, 여자에게도 에로틱한 면이 있다. 문제는 순서에 있다. 남자는 에로틱에서 로맨틱을 느끼고, 여자는 로맨틱에서 에로틱을 느낀다. 남자는 사랑하는 여자 친구와 격정적인 섹스를 한 이후에 그녀가 더 사랑스럽게 느껴져, 차도 마시고 이야기도 하고 싶고, 음악도 듣고 싶어 하는 존재에 가깝다. 여자는 반대다. 여자는 분위기 좋은 바에서 와인을 마시면서 이런저런 이야기를 한 이후에 섹스를 하고 싶어 하는 존재에 가깝다.

연애를 할 때 섹스 문제로 다툼이 생기는 이유는 이 사실을 몰라서인 경우가 대부분이다. 남자는 '먼저 에로틱부터!'라고 말하고, 여자는 '먼저 로맨틱부터!'라고 말하느라 서로가 원하는 에로틱과 로맨틱에 도달하지 못하고 다투는 것이다. 닭이 먼저냐 계란이 먼저냐의 다툼이다. 해결책은 간단하다. 로맨틱과 에로틱을 동시에 허락하면 된다. 순서만 다를 뿐, 여자도 에로틱을 원하고, 남자도 로맨틱을 원하니까.

진심으로 서로를 사랑한다면, 남자는 먼저 따듯하게 손을 잡고, 나의 두근거림이 전달되도록 포옹해주자. 여자는 먼저 남자 친구의 은밀한 곳을 만져주고, 자신에게도 성적 욕망이 있다는 사실을 상대도 알 수 있게 이야기 해주자. 아니, 이미 진심으로 서로를 사랑한다면, 그리 할 필요도 없을 게다. 이미 서로가 무엇을 원하는지 잘 알고 있을 테니까. 또한 에로틱의 끝에 로맨틱이 있고, 로맨틱의 끝에 에로틱이 있다는 사실도 이미 알고 있을 테니까.

---

7. 연애와 질투

질투 유발 작전

"나 어제 길가다 어떤 남자가 번호를 물어보더라."

"그래서?"

"남자 친구 있다고 말했지."

"그 새끼 참 이상한 새끼네. 그러니까 너도 너무 꾸미고 다니고 그러지 마!"

표면적으로는 연인이 다투고 있는 것 같지만 실상은 그렇지 않다. 남자가 화를 내며 여자를 다그치지만 여자는 내심 행복하다. 여자는 남자가 요즘 들어 연락도 뜸하고 예전만큼 자신에게 관심을 가져주지 않는 것 같아 내심 신경 쓰였다. 여자는 '질투 유발 작전'을 쓴 것이다. 다른 남자가 번호를 물어봤다는 건 물론 거짓말이다. 하지만 그렇게 말하면 두 가지 효과가 있다.

첫째, 우선 남자의 사랑을 확인할 수 있다. 남자가 질투를 한다는 건 여전히 그녀를 사랑한다는 증표니까. 두 번째는 사랑이 예전 같지 않더라도 질투심을 유발하면 다시 사랑이 뜨거워지는 것처럼 보인다는 것이다. 그런 의미에서 '질투 유발 작전'은 일석이조의 효과만점 연애 전략인 것 같기도 하다. 하지만 정말 그럴까? 질투심은 사랑과 연애에 긍정적인 것일까?

질투는 연애의 적

사귄지 얼마 되지 않아 연애의 설렘과 기쁨을 만끽하는 연인이 있었다. 금요일 저녁, 분위기 좋은 일본식 선술집에서 기분 좋게 이야기를 나누며 술 한 잔을 했다. 연애 중인 남녀가 술 한 잔에 기분이 좋아져 무엇이 하고 싶었을까? 두 번 물을 것도 없이, 뜨거운 잠자리다. 모텔에 들어선 연인은 누가 먼저랄 것도 없이 격정적인 섹스를 나누었다.

알싸하게 취한 술 한 잔이 문제였을까? 그 상태로 모텔을 향한 것이 문제였을까? 격정적인 섹스는 가끔 정신을 혼미하게 만들기도 한다. 게다가 술 한 잔까지 했던 것이 화근이 되었다. 격정적인 섹스 중 여자는 자신도 모르게 과거의 연인의 이름을 불러버린 것이 아닌가! 순간 찬물을 부은 것처럼 분위기가 싸늘해졌고, 이런저런 변명을 해보았지만 남자는 당황스러움을 감추지 못한 채 집으로 돌아갔다.

남자는 당황스러움이 가라앉은 자리에 강한 질투심이 자리 잡았다. 여자는 다음날 실수라고 이야기를 했지만, 남자는 점점 더 커져오는 질투심에 그녀에게 화를 내고 짜증을 내는 횟수가 많아졌다. 그 사건은 몸에 베인 습관 같은 과거의 흔적으로 인해 부지불식간에 일어난 일이었기에, 여자는 남자의 오해를 풀어주려고 했다. 하지만 어디 사람 마음이 맘처럼 되던가. 여자는 남자의 이미 커진 질투심을 감당하지 못해 이별을 택하고 말았다. 이처럼 그 질투심이 심해지면 자칫 연애 자체를 파탄내기도 한다.

질투심의 두 가지 원인, '사랑'과 '소유욕'

사랑과 질투는 떼어 놓고 생각할 수 없는 문제다. 질투심으로 인해 크고 작은 다툼이 일어나는 것도 연애의 일반적인 풍경이다. 상대의 과거에 집착하는 사람은 질투심에 사로잡힌 사람이다. 사랑하는 사람에게 질투심을 느끼는 것은 당연하다. 하지만 한 번 정도는 그 질투심이라는 감정에 거리를 두어 그것의 원인에 대해서 진지하게 자문해보아야 한다.

질투심은 어디서 오는 걸까? 우선 두말 할 것도 없이 사랑이라는 감정에서 온다. 연인이 다른 이성에게 관심을 보이는 것 같을 때, 솟구쳐 오르는 그 질투심은 열렬히 사랑하는 마음이 없다면 설명할 길이 없다. 분명 사랑은 질투심을 불러일으킨다. 하지만 중요한 것은 질투심의 또 다른 원인이 있다는 사실이다. 그건 소유욕이다. 결국 질투심의 원인은 두 가지다. 사랑과 소유욕.

사실 우리는 이미 다 알고 있지 않은가. 지금 열렬히 사랑하고 있는 사람이 다른 이성에게 관심을 가질 때 질투심에 사로잡히기도 하지만, 이미 사랑이 식어버려 헤어진 옛 연인에게 새로운 사람이 생겼다는 소식을 들을 때도 묘한 질투심에 사로잡히지 않았던가. 전자가 사랑이라는 원인에 의해서 생긴 질투심이라면, 후자는 소유욕이라는 원인에 의해 발생한 질투심이다. 질투심은 소유욕에 의해서 발생하기도 한다.

과거에 집착하는 사람들에게

스피노자는 『에티카』에서 이런 말을 한 적이 있다. **"어떤 사람이 어떤 것을 즐기고 있다고 생각하는 것만으로도 우리는 그것을 사랑할 것이고 그것을 즐기려고 할 것이다."** 또 라캉은 이런 말을 한 적이 있다. **"인간은 타인의 욕망을 욕망한다."** 스피노자는 그것이 무엇이든지 상관없이 누군가 그것을 즐긴다면 그것을 사랑하게 될 것이라고 말하고 있다. 라캉은 내가 욕망하는 것들은 나의 욕망이 아니라 세상 사람들이 욕망하는 어떤 것을 내가 반복하고 있는 것뿐이라고 말하고 있다.

이게 무슨 의미일까? 표현을 달리 했을 뿐, 스피노자도 라캉도 인간의 질투심, 정확히는 소유욕에서 파생된 질투심에 대해서 이야기한 것이다. 연인이 섹스 도중 다른 이의 이름을 부를 때 질투심이 솟구쳐 오른다. 함께 차를 마시다가 "이 음악 너무 좋다"는 여자 친구의 이야기에, 싸늘하게 "왜? 전 남친이랑 들었던 노래인가보지?"라고 말하는 것은 질투심 때문이다. 하지만 이런 질투심을 사랑을 원인으로 하는 질투심이라고 말할 수 있을까? 이건 '내 남자(여자) 친구는 나만 소유할 수 있어!'라는 소유욕을 원인으로 하는 질투심인 것은 아닐까?

사랑으로 인한 질투심이 소유욕으로 인한 질투심으로 변질될 때, 그 감정은 자기와 상대를 파괴하는 부정적인 감정으로 돌변한다. 여자가 남자를 감당할 수 없어, 이별을 말할 수밖에 없었던 것도 그래서일 것이다. 사랑의 뒷면이 질투심인 것은 맞지만, 질투심의 뒷면은 반드시 사랑인 것은 아니다. 사랑을 하면 질투심이 생기지만, 질투를 한다고 해서 사랑의 감정이 생기는 것은 아니다. 그래서 의처증, 의부증은 사랑이 아니다. 그건 탐욕스런 소유욕에서 파생된 파괴적인 질투심일 뿐이다.

사랑은 소유가 아니라 존재다. 사랑은 그 자체로 그냥 존재하는 것이지 누군가를 소유하는 것도, 누군가의 소유가 되는 것도 아니다. 하지만 우리는 때로 사랑을 소유로 착각하곤 한다. 그래서 너무 쉽게 '내 여자(남자) 친구'라는 표현을 하기도 하고, 또 '넌 내꺼야!'라는 표현을 하는 것일 테다. 그래서 헤어진 연인에게도 질투심을 느끼곤 하는 것이다. 이미 헤어졌지만 아직도 '내 것'이라는 의식이 남아 있다면, 질투심을 느끼게 되는 건 너무나 당연하다.

질투를 잘 다루기 위해 중요한 질문

사랑으로 인해 파생된 질투심은 언제나 통제가능하다. 그 질투심은 그 자체가 사랑하는 사람 때문에 나온 것이니, 그 질투심으로 상대에게 정신적, 육체적 폭력을 가하거나 사랑을 파탄 내는 이별을 맞이할 일이 없다. 하지만 소유욕으로 인해 변질된 질투심은 상황이 다르다. 이건 상대를 배려하지 않는다. 이런 질투심은 노골적으로 말해, '내 것인데 내가 가질 수 없다면, 파괴해버릴 거야!'라는 감정이다. 그러니 소유욕에서 나온 질투심의 끝에는 언제나 불행이 도사리고 있을 수밖에 없다.

'나는 상대를 사랑하기 때문에 질투하는 것일까? 아니면 상대를 소유하고 있다고 여기기에 질투하는 것일까?' 사랑하는 사람을 만나고 있다면, 그래서 어쩔 수 없는 질투심에 사로잡혀 있다면 이 질문을 결코 우회해서는 안 된다. 사랑에서 파생된 질투심은 연애를 더욱 풍성하게 만드는 건강한 긴장감을 주지만, 소유욕에서 파생된 질투심은 상대와 자신을 파멸로 몰고 가기 때문이다. 또 이런 질문이 없다면, 사랑에서 파생된 질투심이라 할지라도 너무나 쉽게 소유욕으로 인한 질투심으로 변질되기 때문이다.

'나의 질투심의 원인은 사랑일까? 소유욕일까?'라는 질문을 부여잡고 연애를 할 수 있었으면 좋겠다. 그래야 연애를 하면서 결코 피할 수 없는, 너무나 우리를 괴롭히는 질투라는 감정을 조금 더 잘 다룰 수 있게 될 테니까.

철학자의 연애 오지랖
질투 유발 작전, 의미 없다.

오지랖을 떨 게 있다. '좋아하는 사람 꼬실려면 한참을 잘해주다 관심을 딱 끊는 방법을 써봐!'라는 연애 조언에 관한 이야기다. 이 연애 조언은 효과적일까? 아니다. 물론 그런 방법으로 연애를 시작하게 되는 경우도 더러 있다. 좋아하는 사람에게 한동안 매일 연락하고 헌신적으로 잘해주다가 갑자기 관심을 딱 끊는 방법, 심지어 한동안 헌신적으로 잘해주다가 그 사람 보란 듯이 갑자기 다른 사람에게 잘해주는 방법으로 연애를 시작하게 되는 경우가 있다.

이런 일은 왜 벌어지는 걸까? 나에게 잘해주던 상대가 갑자기 관심을 끊거나 혹은 다른 사람에게 잘 해줄 때 갑자기 사랑의 감정이 싹트는 것일까? 아니다. 이건 근본적으로 질투심과 관련된 문제다. 이것은 내가 관심 없는 장난감이라도 다른 사람이 갖고 놀면 돌려달라고 떼를 쓰는 아이의 정서와 같다. 별 감정이 없었지만, 내 것이라고 생각했던 사람이 갑자기 관심을 끊거나 다른 사람에게 잘해줄 때, 그 유아적인 소유욕이 발동되는 것이다.

'한참을 잘해주다 관심을 딱 끊고 다른 사람에게 잘해주는 방법'은 소유욕을 사랑이라는 감정으로 교란시켜 연애를 시작하게 만드는 방법이다. 이 방법으로 연애를 시작하지 못하는 것보다 연애를 시작하는 것이 더 큰 불행이다. 소유욕을 사랑으로 착각해서 시작된 연애는 파괴적이고 폭력적인 질투심만을 남기는 까닭이다. 그런 질투심은 필연적으로 자신과 상대를 괴롭게 만들 뿐이다. 연애는 사랑이라는 감정으로 시작하고, 질투심이 든다면 그 감정이 사랑에서 온 것인지, 아니면 소유욕에서 온 것인지 되돌아보자. 그렇게 연애, 하자!

---

8. 결코 해서는 안 될 말, '영원히 사랑할게'

연애 중 결코 해서는 안 될 말, '영원히 사랑할게'

"너를 만난 게 내 인생에 가장 큰 축복이야"
"나도, 그래. 사랑해"
"영원히 사랑할게"

조금 닭살이 돋긴 하지만, 뜨거운 연애 중 한 번쯤은 해봤을 법한 대화다. 한참을 연애 중인 사람들에게 일상적인 이야기다. 닭살이 돋는다는 것 이외에는 아무 문제가 없어 보인다. 하지만 이 대화에는 연애 중에 결코 해서는 안 될 말이 포함되어 있다. 그게 뭘까? '영원히 사랑할게'라는 말이다. 왜 그 말이 연애 중에 결코 해서는 안 될 말일까? 그저 문학적인 표현일 수도 있고, 아니면 적어도 그 순간만은 진심일수 있는 것 아닌가?

'영원히 사랑할게'라는 말은 사랑의 크기를 표현하기 위한 문학적 표현일 수도 있고, 그 순간만은 진심일수도 있다. 하지만 그럼에도 불구하고 이 말은 연애 중에 결코 해서는 안 된다. 왜 일까? 세상에 영원한 것은 없기 때문이다. 오해는 말자. '세상에 영원한 것 없어!'라는 냉정한 말로 열정적인 사랑의 언어에 찬물을 끼얹고 싶은 건 아니니까. 오히려 '세상에 영원한 건 없다'는 냉정한 말로 비로소 뜨거운 연애가 가능하기에 그리 말하고 싶은 것이다.

영원한 건, 없다.

연애를 하면 누구나 로맨티스트가 된다. 내 모든 것을 다 줄 수 있을 것 같고, 가능하다면 세상의 모든 것을 다 주고 싶다. '널 위해서 별도 달도 따다줄 수 있어'라는 유치한 말은 분명 진심이다. 하지만 그 차가운 말처럼, 세상에 영원한 건 없다. 사랑도 연애도 마찬가지다. 뜨거운 연애도 식게 마련이고, 정열적인 사랑의 언어는 일상의 언어로 변하기 마련이다. 사랑이란 게 그런 것이고, 삶이란 게 그런 것이다.

연애를 시작하면 상대를 너무나 사랑하기에, '세상에 영원한 건 없다'는 사랑의 진실, 삶의 진실을 마주하고 싶지 않다. 그 사랑과 삶의 진실을 애써 외면하고 은폐하고자 '영원히 사랑할게'다는 결코 이뤄지지 않을 허황된 약속을 하는 것이다. 묻고 싶을지도 모르겠다. 비록 '영원히 사랑할게'라는 말이, 결코 이뤄지지 않을 허황된 약속일지라도 열애 중인 그 순간을 더 달콤하고 행복하게 해준다면 그것으로 이미 충분히 의미 있는 것 아닌가?

물론이다. 진실이 꼭 좋은 것은 아니다. 때로 거짓이 좋을 때도 있다. 행복을 위해 거짓을 말해야 할 때도 있고, 아는 것을 모른 체 해야 할 때도 있는 법이다. 하지만 이 경우는 아니다. '영원히 사랑할게'라는 말은 행복을 위한 거짓말도, 행복을 위해 모른 체 해야 하는 것도 아니다. 연애는 분명 우리를 행복하게 해주지만 때로 우리를 불행하게 만들기도 한다. 연애는 언제 우리를 불행으로 몰아넣을까?

연애에서 불행은 이별이 아니다. 사랑이 의무가 되었을 때다.

연애에 관한 오해 하나. '사랑이 식었을 때가 불행하다' 이 오해 때문에 많은 이들이 연애를 다시 시작하는 것을 두려워하는 것인지도 모르겠다. '연애는 행복하지만 그 사랑은 곧 식을 테고, 그때 여지없이 불행해질 거야'라는 생각 때문에 연애 앞에서 주저하게 된다. 사랑이 끝나는 것은 아픈 일이지만, 그것을 불행이라고 말할 수는 없다. 낮이 지나 밤이 오는 것이 불행이 아닌 것처럼, 사랑이 끝나는 것 역시 자연스러운 일이다. 낮의 찬란함이 너무 매혹적이었기에 밤의 적막함이 아프고 아쉬울 순 있겠지만, 그건 자연스러운 삶의 일부다.

연애의 가장 큰 불행은 이별이 아니다. 사랑이 의무가 되었을 때다. '이제 널 사랑하지 않아'라는 이야기는 불행이 아니다. 어느 순간부터 상대의 단점이 꼴도 보기 싫지만 데이트를 해야 하고, 매일 연락해야 하는 것이 불행이다. 행복해야 할 연애가 지겨운 숙제가 되는 것,

이것이 연애의 가장 큰 불행이다. 사랑이 의무가 되었을 때 연애는 불행하다. 아니 끔찍하다. 사랑이 식었지만 이별하지 못해 그 사랑이 의무가 되어버렸을 때, 지독히도 불행해진다.

우리는 왜 나쁜 놈, 나쁜 년이 되기 싫어하는 걸까?

사랑이 식었다면 헤어지면 되는 것을 왜 이런 불행과 끔찍함을 감내하는 것일까? 이유는 크게 두 가지 일게다. 첫 번째는 이별과 동시에 발생할 삶의 공백을 감당할 수 없어서다. 그 공백은 연인과 함께했던 추억과 일상을 잃는 것에 대한 두려움일수도, 오래 만났기에 생긴 편안한 익숙함을 잃는 것일 수도 있다. 두 번째는 나쁜 놈, 나쁜 년이 되지 않기 위해서다.

두 번째 이유에 대해서 집중적으로 이야기 해보자. 우리는 사랑이 식었다고 먼저 헤어지자고 쉽게 말하는 나쁜 놈, 나쁜 년이 되고 싶지 않다. 아니 나쁜 놈, 나쁜 년이 되지 않기 위해 사랑이 식었다는 사실 자체를 외면하고 있는 것인지도 모르겠다. 바로 여기서 왜 '영원히 사랑할게'라는 말이 연애에서 결코 해서는 안 될 말인지에 대해서 이야기할 수 있다.

말은 무서운 것이다. 말은 일종의 약속이기 때문이다. 우리는 자신의 생각과 감정에 대해 말하기도 하지만, 반대로 자신이 했던 그 말 에 자신의 생각과 감정이 그 말에 갇히기도 한다. 너무나 사랑하기 때문에 '사랑해'라고 말하기도 한다. 하지만 시간이 지나 사랑은 이미 식었지만, 그 '사랑해'라고 했던 말 때문에 그 사람을 '사랑해야만' 할 것 같은 의무감에 갇히기도 한다.

사랑이 식으면 헤어지면 된다. 하지만 쉽게 그러지 못한다. 상대를 배려해서라고 자기합리화를 하지만 진실이 아닌 경우가 더 많다. 대부분은 자신을 위해서다. 자신이 나쁜 놈, 나쁜 년이 되지 않기 위해서 그러는 것이다. 이 모든 사달의 근본 원인은 우리가 내뱉었던 말 때문이다. '영원히 사랑할게'라는 바로 그 말. 그 말이 일종의 자신과 상대에게 한 약속이 되어 이별을 말할 수 없게 만든다. 내 입으로 영원히 사랑한다고 떠들었던 상대에게 그 약속을 무참히 깨버리는 나쁜 놈과 나쁜 년이 도저히 될 수 없는 것이다.

바로 그 때문에 연애에서 경험할 수 있는 가장 불행한 나락으로 떨어지게 되는 것이다. 의무감으로 하는 연애, 사랑은 이미 식었지만 '영원히 사랑할게'라는 그 약속을 지키기 위해 하는 연애는 의무가 될 수밖에 없지 않은가. 상대의 단점이 꼴도 보기 싫고 그래서 사소한 일에도 짜증을 내는 그 끔찍한 연애는 그리 탄생하는 것이다. 아니 어쩌면 그건 상대를 질리게 해서 상대가 나쁜 놈과 나쁜 년이 되어주길 바라는 남루함의 발로인지도 모르겠다. 자신은 어쩔 수 없이 이별을 받아들일 수밖에 없는 착한 놈, 착한 년이 되기를 바라면서.

"사랑할 때까지 사랑할게."

어떻게 해야 할까? 간단하다. '연애도 사랑도 세상에 영원한 건 없어!'라고 말하면 된다. 찐한 연애를 한 번이라도 해본 사람은 코웃음을 칠지도 모르겠다. 뜨거운 연애 중에 그런 찬물을 끼얹는 이야기는 할 수 없다는 걸 알기 때문이다. 맞다. 적어도 지금 순간만은 상대에게 모든 것을 줄 수 있을 것 같고, 상대가 나의 전부인 것 같은데 어찌 연애가 곧 끝날 거라고 이야기를 할 수 있을까? 또 세상에 전부인 것처럼 나를 사랑해주는 상대에게, 이 사랑도 곧 끝날 거라는 이야기를 할 수 있을까?

앞서 말했듯, 진실이 꼭 좋은 것은 아니다. 진실은 언제나 날카롭기에 크고 작은 상처를 남길 수밖에 없다. 삶에서 유도리가 필요하듯, 연애에도 유도리가 필요하다. 진실이라는 칼날을 감싸둘 수 있는 칼집 같은 유도리. 다시 묻자. 어떻게 해야 할까? "사랑할 때까지 사랑할게"라고 말하자. 이것 역시 아픈 이야기이기는 하지만 이 정도는 말할 수 있었으면 좋겠다. 그 정도의 성숙함을 가지고 연애할 수 있었으면 좋겠다.

그렇게 연애하자. 사랑할 때까지만 사랑하자. 사랑의 감정이 지속될 때까지 최선을 다해 사랑하자. 그리고 사랑이 식었다면, 용기를 내어 먼저 이별을 말하자. 사랑이라는 그 달콤한 감정에 도취되어 영원을 약속하는 순간, 그 지킬 수 없는 약속 때문에 사랑이 머문 자리에 의무가 들어차게 된다. 그건 자신을 위한 것도, 상대를 위한 것도 아니다. 사랑이 의무로 변질될 때, 자신뿐만 아니라 상대도 질식케 하니까. 사랑할 때까지만 사랑하는 것, 그게 자신을 배려하는, 상대를 배려하는 연애다.

철학자의 연애 오지랖

사랑할 때만 '사랑해'라고 말하기

말이 무서운 이유 하나 더. 말은 약속이기 때문에 무섭기도 하지만 한편으로 말은 자기실현성이 있기에 무섭기도 하다. 사랑하지 않지만 '사랑해'라고 습관적으로 뱉으면, 정말 상대를 사랑하는 것처럼 느끼기도 한다. 그건 일종의 자기체면이다. 그래서 무섭다. 애정이 식은 연인과 부부가 얼마나 흔하던가. 하지만 그들에게 물어보라. 상대를 사랑하는지. 십중팔구는 '사랑한다'라고 말한다. 그건 말의 두 가지 기능이 중첩된 결과다.

'사랑해'라고 내뱉어진 말이 의무가 되어 '사랑해야만 해'로 변질되어서이고, 동시에 '사랑해'라고 내뱉어진 말이 일종의 자기체면이 되어 상대를 정말 '사랑하는 것처럼 느끼게' 만들어서이기도 하다. 말에는 그 말을 실현하는 힘이 있다. 특히나 '사랑해'라는 말은 더욱 그러하다. 사랑한다고 내뱉어버리면 자신의 감정이 사랑이라고 믿어버리는 경향이 분명 존재한다. 그래서 이미 사랑이 식은 연인이나 부부가 오히려 더 '사랑해'라고 자주 이야기하는 것은 아닐까? 이미 식어버린 사랑을 은폐하고 자신의 감정을 기만하고 싶어서.

말의 자기실현성은 기본적으로 자기기만이다. '할 수 있다!' 수도 없이 외치는 사람은 역설적이게 자신감이 없는 사람이다. 물론 '할 수 있다'고 말함으로써 마치 자신감 있는 사람처럼 느낄 수 있다. 하지만 그것 역시 일종의 자기기만이다. 잠시는 자신감 있는 것처럼 느낄 수 있겠으나 결국은 자신의 위치로 돌아올 수밖에 없다. 모든 거짓말은 결국 들통 나듯이 자신에게 한 거짓말 역시 마찬가지다.

사랑할 때만 사랑한다고 말하자. 사랑이 식었다면 내뱉어야 할 말은 '사랑해'가 아니라 '헤어져'다. 잔인한가? 몇 번의 연애를 해보면 알게 된다. 정말 잔인한 건, 사랑이 식은 상대에게 '사랑해'라고 말하는 거란 걸. 사랑이 식었다면, 그 시작도 아름다웠듯이 그 끝도 아름답도록, '헤어져'라고 말하자. 그것이 힘들다면, 최소한 '사랑해'라는 습관적인 말만은 삼켜내자. 그 자기기만으로 자신과 상대에게 얼마나 잔인한 상처를 주게 되는지, 굳이 확인하고 싶다면, 언제든 말하시라. '사랑해!'라고.

철학자의 연애 상담
알랭 바디우

"사랑은 바로 이것에 대한 경험-'제가 둘이 등장하는 무대' 라고 표현하는 무엇-입니다."

– 알랭 바디우,『사랑예찬』

"사랑은 무엇일까?"

동서고금의 탁월했던 수많은 철학자들이 이 질문에 대해 답하려고 애를 썼다. 연애에 대해서 이야기하고 있는 우리는 그 이유를 알 수 있을 것도 같다. 사랑만큼, 복잡하고 미묘해서 어떤 하나의 개념으로 정의내리기 어려운 단어도 없기 때문이다. 정답이든 아니든 자신이 믿고 있는 세계관이 있다는 것 자체가 중요하다. 그것이 없다면, 언제나 흔들리며 살 수 밖에 없기 때문이다. 사랑도 마찬가지다. 정답이든 아니든 상관없이 사랑이 무엇인지 스스로 정의해보는 것은 중요한 일이다. 그래야 흔들리지 않고 자신만의 사랑을 해나갈 수 있을 테니까.

개인적으로 사랑에 대해 정의해 나가는 데, 알랭 바디우라는 철학자의 덕을 많이 봤다. '알랭 바디우'는 사랑에 대해 이렇게 정의한다.

> "사랑은 바로 이것에 대한 경험-'제가 둘이 등장하는 무대'라고 표현하는 무엇-입니다."

그는 사랑은 둘이 등장하는 무대 위에서의 경험이라고 했다. 여기서 중요한 것은 '둘'이다. 바디우는 왜 사랑을 '둘'의 경험이라고 했을까? 그저 단순히 연애는 두 사람이 만나서 하는 것이기 때문에 그리 말했을까? 그것도 전혀 틀린 말은 아니다. 하지만 여기에는 조금 더 깊이 논의해보아 할 이야기들이 숨어 있다.

'둘'은 '하나'도 아니고 '셋'도 아니다. 너무나 당연한 이야기인 것 같지만, 이 사실에 주목할 필요가 있다. 이런 맥락에서 바디우가 사랑은 '둘'의 경험이라고 말한 것을 다시 생각해보자. 바디우의 이야기는 결국 사랑은 '하나'가 아니며, '셋'도 아니라는 의미를 함축하고 있는 셈이다. 바디우의 속내를 알아보기 위해서는 '사랑은 하나가 아니다'라는 말과 '사랑은 셋이 아니다'라는 말의 의미를 알아 볼 필요가 있겠다.

하나가 되려는 사랑은 폭력이다.

결혼 주례사에 "두 사람은 앞으로 하나가 될 것을 약속합니까?"라고 묻는 장면은 낯설지 않다. 여전히 많은 사람들이 사랑을 상대와 하나가 되는 것이라고 믿고 있다. 많은 사람들이 사랑은 두 사람이 하나가 되는 것이라고 여긴다. 심지어 하나가 되는 것이 아름다운 일이라고까지 여긴다. 하지만 바디우는 사랑은 '하나'가 되는 것이 아니라고 말한다. 왜일까? 하나가 되려는 사랑은 미성숙하기에 폭력적일 수밖에 없는 사랑이기 때문이다. 바디우의 『조건들』이라는 저서의 이야기를 조금 더 들어보자.

> "사랑은 구조 속에서 주어진 것으로 가정되는 둘이 황홀한 하나를 만드는 것이 아니다. (중략) 황홀한 하나란 단지 다수를 제거함으로써만 둘 너머에 설정될 수 있는 것이기 때문이다. (중략) 사랑은 동일자를 타자의 제단에 올려놓는 것이 결코 아니다. (중략) 오히려 사랑은, 둘이 있다는 후 사건적인 조건 아래서 이루어지는 세계의 경험 또는 상황의 경험이다."

"넌 왜 연락을 자주 안 해?" "내 친구 만날 때 그 옷 입지 말랬잖아!" "집에 일찍 들어가랬잖아!" "넌 왜 내 말을 안 들어?" 이처럼 우리는 사랑이라는 미명하에 연인을 얼마나 속박하고 구속했던가. 그뿐인가? 남자 친구가 여자 친구를 때렸다는, 혹은 연인을 살해했다는 TV나 신문에 나오는 비극적인 소식을 종종 전해 듣는다. 이런 일들은 근본적으로 사랑은 하나가 되는 것이라 믿기에 일어난 비극이다. 상대가 나와 같이 하나가 되어야 하는데 자꾸 나와 다른 모습을 보일 때 마뜩치 않고 짜증나거나 심지어 화가 나는 것이다.

연인에게 내 생각을 강요하는 것, 연인에게 치명적 폭력을 행사는 것도 모두 연인이라는 '타자를 제단 위에 올려놓는' 것이다. 이런 비극은 '사랑은 하나가 되는 것'이라는 미성숙하고 폭력적인 생각 때문이다. 알랭 바디우는 하나가 되려는 시도는 사랑이 아니라고 말하고 싶었던 것이다. 사랑은 둘의 경험이지, 결코 하나가 되는 경험이 아니다. 아니 결코 하나가 될 수도 없다. 우리는 어떤 경우도 결코 타인이 될 수 없기 때문이다. 육체는 물론이고, 정신도 마찬가지다.

연인에게 가장 가깝게 다가가 안고 키스하고 섹스를 한다고 해도 육체적으로 하나가 되는 것은 아니다. 정신적으로 가장 가깝게 다가가 서로의 내밀한 이야기를 모두 털어놓는다고 해도 정신적으로 하나가 되는 것은 아니다. 우리는 타자와 결코 하나가 될 수도 없다. 그래서 타자를 알 수도 없다. 사랑은 어쩔 수 없이 둘이라는 것을 인정하고 그것을 받아들이는 경험으로부터 시작되는 것이다. 하나가 되려는 사랑은 폭력이다.

셋이 되려는 사랑은 이기주의다.

사랑은 셋이 아니라는 건 어떤 의미일까? '사랑이 하나가 되는 것'이란 이야기는 잘못된 것이긴 하지만 일정 정도 이해할 수 있다. 먼 옛 날부터 '사랑하면 하나가 되어야 해'라는 잘못된 관념의 지배를 받아왔으니까. 하지만 사랑을 셋이라고 여기는 사람은 없다. 셋이서 하는 사랑은 삼각관계일 뿐이지 사랑은 아니지 않은가. 사랑은 셋이 아니라는 것은 너무나 자명해서 그 어떤 오해의 소지도 없는 것 같다. 그렇다면 바디우는 왜 사랑은 둘의 경험이라고 힘주어 말했던 것일까?

정직하게 우리의 연애를 돌아보자. 우리는 둘의 경험으로서 사랑을 한 적이 있을까? 쉽게 답할 수 있는 문제가 아니다. 매력적인 사람과 연애를 시작했지만, 친구들의 "넌 왜 저런 사람이랑 사귀는 거야?"라는 말에 왠지 모르게 연인이 탐탁찮아 보이기도 한다. 사법고시 합격할 때까지 고생해서 뒷바라지 한 여자 친구를 헌신짝처럼 버리고 돈 많은 집 여자와 결혼하는 장면은 막장 드라마 속의 이야기만은 아니지 않은가.

친구들의 '애인 품평회'에 흔들려 연인을 바라보는 시선이 변한 것은 왜일까? 그건 '둘'이 외에 '타인의 시선'이라는 제3의 조건들이 이미 들어와 있었기 때문이다. 뒷바라지 하느라 고생한 여자 친구를 차버리고 돈 많은 집 여자와 결혼한 남자는 왜 그랬을까? 나와 연인이라는 '둘' 사이에 '돈' '야망' '권력욕'이라는 제3의 것들이 들어와 있었기 때문이다. '타인의 시선', '돈', '야망', '권력욕'에 사로잡혀 있는 사람은 둘의 경험을 할 수 없다. 그래서 사랑할 수도 없다. 그런 이들의 사랑은 언제나 셋이다. 알랭 바디우는 『사랑예찬』에서 이렇게 말했다.

> "사랑의 적은 경쟁자가 아니라 바로 이기주의입니다. 이렇게 말할 수 있겠습니다. 내 사랑의 주된 적, 내가 쓰러뜨려야만 하는

것은 타인이 아니라 바로 나, 차이에 반대되는 동일성을 원하는 차이의 프리즘 속에서 걸러지고 구축된 세계에 반대하여 자신의 세계를 강요하려는 '자아'입니다."

바디우는 사랑의 적은 우리의 사랑을 방해하려는 경쟁자가 아니라 우리 속에 있는 이기주의라고 말하고 있다. '자신의 세계를 강요하려는 자아' 때문에 둘의 경험은 와해되고 셋의 경험으로 전락하게 되는 것이다. '친구들에게 자랑할 만한 연인이 있어야 해'라는 자신의 세계를 강요하려는 자아 때문에 '타인의 시선'이라는 제3의 것들이 개입해 들어온 것이다. '출세하는 게 최고야'라는 자신의 세계를 강요하려는 자아 때문에 '돈' '야망' '권력욕'이라는 제3의 것들이 개입해 들어온 것이다.

이런 제3의 것들이 연인 때문에 방해받는다고 느끼기에 사랑으로서의 둘의 경험은 와해되는 것이다. 알랭 바디우의 통찰은 옳다. 사랑은 적은 우리 속에 있는 이기주의다. 그 이기주의 때문에 끊임없이 제3의 것들이 개입해 들어와 둘의 경험인 사랑이 좌초되니까. '타인의 시선' '돈' '권력' '명예' 등등 우리를 유혹할 준비가 끝난 제3의 것들이 주위에 널려 있는 지금, 우리는 알랑 바디우의 이야기를 늘 가슴에 품고 살아야 하지 않을까?

나의 연애사, 연애가 내게 남긴 것들

하나가 되려고 했던 폭력적인 사랑

대학생이 되었다. 목표는 하나였다. 연애. 여자 친구와 캠퍼스의 낭만을 만끽하는 상상으로 지옥 같은 고3 생활을 견뎌내었으니 당연한 일이었다. 봄 햇살이 따스하던 그 해 5월, 매력적인 여자를 만났고, 우여곡절 끝에 연애를 시작했다. 모든 사람이 그렇겠지만, 나 역시 사랑이 무엇인지도 모른 체 연애를 시작했다. 사랑에 대해 아는 것이라곤 어디서 주워들은 '헤겔'의 이야기뿐이었다.

헤겔은 『법철학강요』에서 사랑을 이루는 계기에 대해서 **"자신을 타자 안에서 발견하고 이 타자 안에서 인정을 얻는다는 것"**이라고 말했다. 쉽게 말해, 헤겔은 사랑은 상대와 하나가 되는 것이라고 말했던 셈이다. 주워들은 헤겔의 이야기 때문이었을까? 사랑을 해본 적도 없으면서 사랑은 상대와 하나가 되는 것이라고 믿었다. 주워들은 헤겔의 이야기는 불행한 연애의 전주곡이라는 사실을 깨닫는 데 시간이 얼마 걸리지 않았다.

여자 친구를 통해 나를 발견하려고 했고, 그녀 안에서 인정을 받으려고 했다. 내 연애는 어땠을까? 시도 때도 없이 연락을 하고, 잠시 연락이 되지 않으면 조바심을 내었다. 그뿐일까? 무엇을 하든 어디를 가든 그녀와 함께 하려고 했다. 나는 그렇게 그녀와 하나가 되고자 했다. 연인의 관계가 아니었다면, 그건 분명 스토킹이었다. 서로의 차이, 서로의 시간, 서로의 공간을 인정하지 않는 연애는 오래가지 못한다.

놀랍게도 둘 중에 먼저 지친 것은 (사실상의) 스토킹을 당했던 그녀가 아니라 바로 나였다. 지쳐버렸다. 시도 때도 없이 연락하는 것도, 연락이 안 될 때 조바심을 내는 것도, 언제 어디서든 어디를 그녀와 함께 있으려는 것도. 그렇게 서로가 서로에게 질려 갈 무렵, 5월의 연애는 그해 겨울이 오기 전에 끝이 났다. 이제 안다. 스토킹은 상대와 하나가 되려는 몸부림일 뿐, 사랑이 아니라는 걸.

미성숙한 그래서 쪽팔린 연애 경험으로 알게 되었다. '사랑은 서로의 차이에 대한 긍정'임을. 상대가 나와 다름을 인정해주고, 상대의 시간과 공간을 마련을 해주는 것이 성숙한 사랑이다. 상대와 하나가 되려는 것이 사랑이 아닌 이유는 서로의 차이를 없애려는 폭력성이 내재되어 있는 까닭이다. 이건 바디우의 말처럼 '사랑은 둘의 경험'이라는 말의 다른 표현이다. 둘을 인정한다는 건, 결국 서로의 차이를 인정한다는 의미이니까. 생각만 하면 얼굴이 화끈 거릴 정도로 창피한 그 연애 경험으로 사랑에 대해 조금 더 알게 된 셈이다.

셋이 되어버린 이기적인 사랑

대학 졸업반, 취업을 준비해야만 했다. 세상살이가 녹록치가 않다는 걸 눈치 챘다. 대학이라는 마지막 안전장치가 곧 사라질 것을 직감하면서 그 사실을 더욱 실감했다. 어느 순간 연애가 사치처럼 느껴졌다. '먹고 살기 힘든 세상, 연애는 무슨 연애'라는 생각이 엄습해왔다. 그때 내게는 한없이 헌신적인 여자 친구가 있었다. 너무나 헌신적이었기에, 자신의 것을 챙기지 못하고 언제나 나를 먼저 생각해주었던 그녀였다.

조금의 노력과 큰 행운 덕분으로 꽤 괜찮은 회사에 취업했다. "요새는 맞벌이 안하면 먹고 살기 힘든 세상이다"라는 어머니의 이야기 때문이었을까? 그녀가 부담스러워졌다. 헌신적이었던 그녀였기에, 나만 바라보았던 그녀가 부담스러워졌다. 일이 많다는 핑계로, 직장은 원래 바쁜 곳이라는 변명으로 점점 그녀와 거리를 두었다. 그렇게 그녀와 거리를 두고 있던 어느 날 밤, 그녀에게 '이제 그만하자'라는 말로 끝나는 짧은 편지로 이별을 통보했다.

누구에게도 말한 적 없는 부끄러운 고백을 하자. 그 이별은 동료에게 꽤 괜찮은 직장을 다니는 여자를 소개받고 난 이후의 일이었다. 조금의 변명을 하자면, 20대 후반의 나는 세상이 두려웠고, 미래를 불안해했던 미성숙한 아이였다. 그래서 나만 바라보는 그녀가 부담스러웠고, 꽤 괜찮은 직장을 다니는 그녀에게 끌렸다. 창피하지만 어쩌랴? 그게 그때 내 모습이었던 것을. 나는 왜 그리 이기적인 사랑을 했을까?

헌신적이었던 그녀와 둘의 경험이 없었던 것은 아니다. 하지만 어느 순간, '미래의 불안'이라는 제3의 것들이 우리 둘 사이에 개입해 들어왔다. 정확히 말하자면, 내가 그 제3의 것들을 단호하게 막아설 만큼 성숙하지 못했다. 그렇게 셋이 되어버린 경험으로 사랑은 이기주의로 변질되어 버렸다. 그보다 더 심각한 문제는 한동안, 셋의 경험을 하고 있음에도 그것이 사랑이 아님을 인정하지 못했다는 사실이다.

'하나의 경험'이라는 사랑의 착시는 의식적인 반면, '셋의 경험'이라는 사랑의 착시는 무의식적이다. 무의식적이기에 셋(나와 그녀, 그리고 미래의 불안)이 되는 경험을 하고 있으면서 그것이 사랑이 아니라는 의식조차 하지 못했다. 그래서 헌신적이었던 그녀와의 이별 뒤에도 한참을 그녀와 했던 것이 사랑이라고 날조하고 있었던 게다. 친구들의 '그런 사람 만나?'라는 이야기에 연인에 대한 시선이 흔들리는 사람도, 자신의 야망을 위해 여자 친구를 철저히 이용했음에도 '그래도 그때는 사랑이었어'라고 철석같이 믿는 사람도, 나와 별반 다르지 않다. 이런 남루함은 셋의 경험을 하면서도 그것이 사랑이라고 믿었기에 일어난 일일 게다.

두 번의 창피한, 너무나 창피한 연애를 통해, 나는 알랭 바디우의 '사랑은 둘의 경험'이라는 이야기를 이해할 수 있었다. 하나의 경험은 폭력이고, 셋의 경험은 이기주의다. 둘의 경험만이 진정한 사랑이다. 『사랑예찬』에서 바디우의 말처럼 **"모든 사랑이 하나가 아닌 둘이 되는 것과 연관된 진리에 대한 새로운 경험을 제시한다."** 그러니 지금 연애 중이라면 스스로에게 아프게 묻자. "나는 하나로서의 경험을 하고 있는 것은 아닐까?" "나는 셋으로서의 경험을 하고 있는 것은 아닐까?"

네 번째 이야기

열애熱愛의 철학

1. 연애, 자신의 발견

사건, 나를 발견하는 아찔한 기회

'아, 내가 이런 인간이었구나!'

우리는 가끔 미처 발견하지 못했던 자신의 모습을 만날 때가 있다. 언제일까? 그건 예상치 못했던 어떤 사건을 만나게 될 때다. 예를 들어보자. 자신은 항상 침착하며 어떤 경우라도 이성적인 사람이라고 믿고 있는 친구를 알고 있다. 그런데 그가 늦은 밤 아버지로부터 전화 한 통을 받았다. 어머니가 교통사고를 당했다는 소식이었다. 그는 택시를 타면 불과 20분밖에 걸리지 않는 병원에 무려 1시간이 넘어 도착했다. 왜였을까? 너무 당황한 나머지 허둥거렸기 때문이었다.

이런 경우는 많다. 어리바리한 고등학생이 복싱 체육관으로 찾아왔다. 자신감은 고사하고 뭔가 주눅 들어 보이는 아이였다. 운동을 한 지 얼마 되지 않아 대학생과 스파링을 했다. 아니다 다를까 그 아이는 잔뜩 겁을 먹고 있었다. 너무 겁을 먹어서였을까? 그 아이는 눈을 감고 주먹을 휘둘렀다. 그런데 대학생이 그 주먹에 맞고 주저 앉아버린 것이 아닌가. 그 아이는 자신이 타고난 돌주먹이라는 걸 그날 처음 알았다.

내 친구는 '어머니의 교통사고'라는 사건을 통해 사실은 자신이 침착하고 이성적인 사람이 아니라 당황하면 어쩔 줄 모르는 사람이란 걸 알게 되었을 테다. 그 아이는 '복싱 스파링'이라는 사건을 통해 할 줄 아는 거라곤 공부뿐인 사람이 아니라 타고난 돌주먹이라는 걸 알게 되었을 테다. 이처럼 우리는 예상치 못한 사건을 맞이할 때, 미처 알지 못했던 자신의 모습을 발견하곤 한다. 많은 경험이 필요한 이유는, 그 경험들 속에 만나게 될 사건을 통해 자신을 발견할 수 있기 때문인지도 모르겠다.

가장 큰 '사건', 연애

살아가면서 크고 작은 많은 사건을 만나게 된다. 그런데 '사건 났네!'라는 말에서 느끼는 감정처럼 '사건'이라는 단어는 부정적이다. 하지만 여기서 말하는 '사건'이라는 것은 가치중립적이다. 실제로 교통사고만 '사건'인 것은 아니다. 영화 한 편을 통해 자신을 발견하게 되었다면, 그것 역시 '사건'이다. 이처럼 살아가면서 만나게 되는 많은 사건들 중 자신을 발견할 수 있게 하는 가장 큰 사건은 무엇일까? 단연 연애다. 사랑하는 사람과의 연애를 통해 우리는 미처 몰랐던 자신의 모습을 발견할 수 있다.

영민한 독자라면 의아스러울지도 모르겠다. 앞서 연애는 타자의 발견이라고 말했으니까. 연애라는 것은 여자 혹은 남자라는 이성을 발견하게 되는 것이 아니라 유일하고 단독적인 타자를 발견하게 되는 과정이라고 이미 말했다. 그런데 몇 번의 애틋한 연애와 절절한 이별을 경험하게 되면 알게 된다. 결국 연애를 통해 발견하게 되는 건, 이성도 타자도 아니라는 걸. 놀랍게도 진심으로 사랑했던 연애 끝에 알게 되는 건, 바로 '나' 자신이다.

연애를 통해 분명 단독적인 타자를 발견하게 된다. 여기서 흥미로운 점은 '타자'를 발견하는 과정은 언제나 '나'를 발견하는 과정과 동시적이라는 사실이다. 타자를 발견한다는 건, 결국 자신을 발견하는 말과 동의어다. 왜 그럴까? 연애는 너무도 사랑하기에 내 마음대로 하고 싶지만 결코 그럴 수 없는 단독적 타자를 발견하는 과정이다. 그 타자를 발견하는 과정은 필연적으로 자신의 바닥을 적나라하게 드러낼 수밖에 없기 때문이다.

연애를 하면, 연애를 하지 않았으면 결코 발견할 수도, 인정할 수도 없는 자신의 모습을 알게 된다. 내 속에 그런 모습이 있었는지조차 몰랐던 자신의 모습은 연애를 통해 드러난다. 그래서 연애는 사건 중에 대형 사건인 셈이다. 그 어떤 사건보다 있는 그대로의 자신의 모습을 적나라하게 폭로하니까 말이다. 멀리 갈 것 없이 내 연애사로 설명하자.

연애는 타자를 통한 나의 발견이다.

나는 내가 이해심이 많고 상대를 잘 보듬어 줄 수 있는 사람이라 믿었다. 친구들의 웬만한 실수는 모른 체 했고, 약속 시간에 늦거나 약속을 취소해도 그러려니 이해하는 편이었다. 하지만 놀랍게도 나는 전혀 그런 사람이 아니었다. 연애를 통해 그것을 알게 되었다. 당시 여자 친구는 자신의 감정에 매우 솔직한 편이었다. 기분이 안 좋으면 약속 시간에 늦거나 혹은 갑자기 취소를 통보해버리는 경우가 잦았다.

한동안은 여자 친구의 그런 태도를 이해했지만 오래가지 못했다. 기분이 좋지 않다는 이유로 약속 시간에 늦거나 갑작스럽게 약속을 취소해버리는 날이면, 그녀에게 원색적인 화를 내고 짜증을 내었다. 그렇다. 나는 생각했던 만큼 이해심 많은 사람도 아니었고, 상대를 잘 보듬어 줄 수 있는 사람도 아니었던 게다. 그녀와 연애하지 않았다면, 나 역시 사실은 이기적이며 배려 받고 싶어 하는 사람이란 걸 미처 깨닫지 못하고 살아갔을지도 모르겠다. 연애는 여지없이 숨기고 싶어 했던 내 모습을 폭로했다.

연애사 고백 하나 더. 나는 내가 남자답고 쿨한 사람이라고 생각했다. 이별 통보 앞에 울고불고 매달리는 남자가 등장하는 영화를 볼 때면 혀를 끌끌 차며 한심하다고 생각했다. 나는 절대 그런 남자가 아니라고 확신했다. 한참 연애 중인 어느 날이었다. 잠시 보자는 이야기에 불길한 느낌이 들었다. 왜 불길한 예감은 틀리지 않는 걸까? 여자 친구는 좋아하는 사람이 생겼다며 일방적인 이별 통보를 했다. 당황스러워서였을까? 너무 놀라서였을까? 남자답고 쿨하게 '그러자!'라고 답했다.

하지만 그날 밤, 그렇게도 한심하게 생각했던 영화 속 남자처럼, 여자 친구 집 앞에 찾아가 울고불고 "다시 만나면 안 될까? 내가 더 잘할께"라며 매달렸다. 그날 알았다. 나는 전혀 남자답지도, 쿨한 사람도 아니라는 걸. 그녀와 함께했던 연애, 그리고 그녀의 일방적 이별 통보가 없었다면, 나는 한없이 찌질하며, 유약한 존재였음을 발견하지 못한 채 살아갔을지도 모를 일이다. 연애는 결코 '나'이지 않았으면 하는 내 모습을 폭로했다.

연애: 이성 → 타자 → 자신의 발견

연애를 통해 궁극적으로 발견하게 되는 건, '나' 자신이다. 연애를 시작하면 분명 제일 처음 발견하게 되는 건 '이성'이다. 남자(여자)는 이해할 수 없는 여자(남자)의 보편적 공통분모를 발견하게 된다. 하지만 그보다 더 깊은 연애를 하게 되면 '타자'를 발견하게 된다. 유일하고 단독적인 한 사람(타자)을 발견하게 된다. 유일하고 단독적인 타자를 절절하게 사랑하면 비로소 알게 된다. 이제껏 알지 못했던 진짜 '나'의 모습을. 연애는 언제나 자신의 바닥을 여실히 드러내니까.

적지 않은 연애를 하면서 알게 되었다. 내가 무엇을 어디까지 견디고 감당할 수 있는 인간인지. 또 내 속에 있지만 결코 인정할 수 없었던 내 모습이 무엇인지. 이건 연애를 하지 않았다면 결코 알 수 없는 것들이었다. 왜냐하면 사랑하는 관계가 아니라면 우리는 언제나 상대와 적절한 거리를 두고 자신을 보호하려고 하기 때문이다. 진짜 연애를 한다는 건, 발가벗고 그 사람 앞에 선다는 의미이다. 그래서 그 과정에 들어섰다면 당연히 자신이 누구인지 잔인하리만치 명료하고 확실하게 확인하게 된다.

연애를 하면 진짜 자신을 발견하게 된다. 연애를 하면 가장 먼저 이성을 발견하고, 이성의 발견 뒤에 등장하는 타자를 통해 진짜 자신을 발견하게 되는 것이다. 그러니까 연애란 이성에서 타자로, 그리고 그 타자를 통해 나를 발견해가는 과정이라고 말할 수 있다. 진짜 연애를 많이 해본 사람이 성숙해 보이는 것도 그래서 일게다. 자신에 대해서 제대로 알고 있는 사람만큼 성숙해 보이는 사람도 없기 때문이다. 그래서 키에르케고르는「사랑의 역사」에서 이렇게 말했나보다.

> "사랑은 자기 바깥으로 나감으로써 동시에 자기 자신 안에 있다. 또 사랑은 자기 자신 안에 있고, 그러면서 동시에 바깥으로 나간다."

철학자의 연애 오지랖

성숙한 연애를 원한다면, 미성숙한 연애를 할 용기를 내자!

우리는 성숙한 연애를 원한다. 격정적일 때는 격정적으로 서로를 사랑하지만, 한편으로는 서로의 시간과 공간을 인정해주고 지켜줄 수 있는 성숙한 연애를 하고 싶다. 하지만 그게 말처럼 쉽지가 않다. 사랑하게 되면 자꾸만 집착하고 간섭하고 싶은 욕망에 사로잡히게 되는 까닭이다. '사랑이 가장 어렵다'는 말이 괜히 나왔을까.

어떻게 성숙한 연애를 할 수 있을까? 간단하다. 성숙한 인간이 되면 된다. 성숙한 인간은 어떤 사람일까? 자신에게 대해서 잘 알고 있고 타인을 잘 읽어낼 수 있는 사람이다. 너무나 당연한 말이지만 그런 성숙한 인간이 되면 성숙한 사랑을 할 수 있다. 사랑이 어려운 이유는 자신을 모른 체 누군가를 만나고, 섬세하고 상대를 읽어 낼 수 없기 떠문이다. 성숙한 연애를 원한다면, 이제 하나의 질문에만 답하면 된다. '어떻게 성숙한 인간이 될 수 있을까?'

답은 간명하다. 연애를 하면 된다. '연애하기 위해 연애해야 한다'는 도돌이표 같은 말장난을 하려는 게 아니다. '성숙한' 연애를 하기 위해서는 좌충우돌하는 '미성숙한' 연애를 해봐야 한다. 너무 사랑했기에 간섭할 수밖에 없는, 집착할 수밖에 없는 미성숙한 연애를 해봐야 한다. 그 사이에 성숙한 인간이 된다. 좌충우돌하는 미성숙한 연애를 통해 타인을 읽는 감수성도 생길 테고, 진짜 자신의 모습도 발견할 수도 있을 테니까. 연애는 그렇게 우리를 성숙한 인간으로 만든다. 그렇게 우리는 성숙한 연애를 할 수 있게 된다.

성숙한 연애를 하고 싶은가? 그렇다면 당장 미성숙한 연애를 시작하자. 너무나 사랑하기에 항상 내 방에 가둬두고 싶은 사람을 만나자. 하지만 그 폭력적인 소유욕을 꾹꾹 눌러 담는 연습을 하자. 가끔 실수해도 괜찮다. 우리는 여전히 성숙하는 과정에 있는 사람이니까. 때로 집착하고 있는 자신을 발견해도 괜찮다. 어떤가? 그게 진짜 연애인데. 진정으로 우려해야 할 것은 미성숙한 연애가 아니라 미성숙한 연애조차 시작할 용기를 내지 못하는 것이다. 미성숙한 연애조차 시작할 용기를 내지 못했기에 성숙한 연애도 성숙한 인간도 되지 못했던 것은 아닐까?

2. 열애, 서로가 주인공이 되는 경험

이별, 참을 수 없는 존재의 가벼움

"야, 벌써 몇 번째 소개팅이냐? 헤어 진지 얼마나 됐다고."

"힘들어서 그렇지."

"뭐가 그렇게 힘드냐?"

"그냥 내가 무의미한 존재가 된 것 같기도 하고, 자존감도 낮아지는 것 같고."

이별한 친구와 나눈 대화다. 여자 친구와 헤어지고 일주일도 채 안 되어 소개팅만 벌써 5번째다. 친구는 힘들어서 그렇다고 답했다. 무엇이 힘들었던 걸까? 옛 추억, 비어 있는 옆자리의 허전함 등 이별이 주는 힘듦은 많다. 하지만 친구의 힘듦은 그런 것이라기보다 자신이 무의미한 존재가 되어 가는 것 같다는 이야기였다. 그래서 심지어 자존감마저 낮아진다고까지 말했다.

이별이 힘든 데는 많은 이유가 있다. 옛 추억, 그리움, 허전함 등등. 하지만 그 친구가 힘든 이유는 좀 달랐다. 자신이 보잘 것 없는 존재가 되어가고 있다는 느낌 때문에 힘들다고 했다. 그렇다. 이별이 힘든 이유는 뜨거웠던 연애가 끝나면 갑자기 자신이 아무 것도 아닌 존재로 전락하는 느낌이 들기 때문이기도 하다. 이제 알 것도 같다. 매일 같이 소개팅을 해서라도 다시 연애를 하려고 했는지 말이다. 그 참을 수 없는 존재의 가벼움을 메워보고 싶었던 것이다.

삶이라는 드라마에서 우리는 엑스트라다.

왜 연애를 하려고 할까? 연애가 주는 달콤함? 설렘? 안정감? 다 맞다. 그런데 연애가 주는 본질적인 만족감은 전혀 다른 곳에 있을지도 모른다. 우리네 삶을 드라마라고 생각해보자. 우리는 어떤 역할일까? 집에서는 아버지, 어머니가 시키는 대로 해야 하는 조연이다. 학교에서는 강의실을 가득 채운 수많은 학생들 중 한 명인 조연이다. 직장은 어떤가? 김 대리, 박 대리, 최 과장 사이에 존재하는 비중 없는 조연이다.

주인공은 언제나 부모, 선생, 사장, 팀장이다.

조연이라도 되면 그나마 다행일지도 모르겠다. 우리는 삶에서 조연도 아니다. 거의 엑스트라다. 우리는 학교, 직장에서 있는지 없는지도 모를 엑스트라 중에 한 명일지도 모르겠다. 화려한 스포트라이트와 사람들의 관심을 받는 주인공은 당연히 자존감이 높다. 왜? 자존감은 사랑(인정, 관심, 칭찬)받은 기억의 합이기 때문이다. 엑스트라는 당연히 자존감이 낮을 수밖에 없다. 왜? 사랑받은 기억의 합이 현저히 적기 때문이다.

'왜 연애를 하려고 할까?'라는 질문에 이제 답할 수 있을 것 같다. 언제까지나 엑스트라로 살 수만은 없지 않은가? 삶이라는 드라마에서 주인공이 될 수 있는 기회가 있다. 연애다. 우리네 평소 삶은 조연 혹은 엑스트라다. 하지만 연애에 빠지게 되면 우리는 순식간에 주인공이 된다. 아직도 기억난다. 발 디딜 틈 없이 인파가 넘치던 명동 시내, 약속 장소에서 서로를 단박에 알아봤던 그 순간이. 마치 영화 속 배경이 흐릿하게 처리되고 오직 나와 연인만이 선명한 장면처럼 그렇게 주인공이 된다.

연애로 주인공이 된다.

연애를 하면 순식간에 주연이 된다. 연인과 데이트를 할 때면 상대는 오직 나만을 바라본다. 나 역시 오직 상대만을 바라본다. 서로가 서로를 주인공으로 만든다. 그게 연애다. 집에서, 학교에서, 직장에서

천대 받고 무시 받았던 엑스트라인 내가 연애를 하면 단박에 드라마를 좌지우지하는 주인공이 되는 황홀함. 그게 바로 연애가 주는 매력이다.

나는 상대를 통해 주인공이 되고, 상대는 나를 통해 주인공이 된다. 친구가 이별 후에 왜 무의미한 존재가 된 것처럼 느꼈는지도 이제 알겠다. 연애를 통해 겨우 겨우 주인공이 되었는데, 그 연애가 끝나 또 비중 없는 조연으로, 존재감 없는 엑스트라 다시 전락했기 때문이다. 그래서 자존감도 낮아진 것처럼 느껴진 게다. 그러니 어찌 다시 연애를 하고 싶지 않을까? 영원히 엑스트라로만 살고 싶은 사람은 없을 테니까.

삶의 주인공이 되자!

주인공으로 살고 싶지 않은 사람이 어디 있을까? 우리도 당당하고 주도적으로 극(삶)을 끌고 가는 주인공으로 살고 싶다. 다행이다. 이제 이 불행한 악순환을 끊어 낼 수 있는 방법을 알게 되어서. 연애! 너무나 사랑하기에 서로가 서로를 주인공으로 만드는 연애를 통해 주인공이 될 수 있다. 뜨거운 연애를 하면 주인공이 된다. 정확히는 서로가 서로를 주인공으로 만든다. 그리고 주인공이 되는 경험이 충분히 쌓였을 때 우리는 연애 밖에서도 주인공으로 살 수 있다.

생각해보면 정말 그렇지 않은가. 아버지 눈치를 보며 살던 조연인 딸이 연애를 시작했다. '귀가 시간을 지키라'라고 말하는 아버지에게 그녀는 이제 주인공이 되어 당당하게 이야기하게 된다. "제 인생은 제 거예요!" 사장과 상사 눈치만 보며 엑스트라처럼 살던 소심한 월급쟁이가 연애를 시작했다. 그는 이제 상사에게 주인공처럼 이야기하게 된다. "오늘은 일찍 퇴근해야겠습니다!" 뜨거운 연애를 하게 되면 그렇게 주인공이 된다.

딸과 월급쟁이는 이렇게 외치고 싶은 것이다. "제 인생의 주인공은 저예요!" 연애, 그것은 얼마나 유용한가? 연애 자체가 주는 행복감, 설렘은 물론이고, 흔해빠진 조연이 주인공이 되는 황홀감까지 주지 않던가. 그뿐인가? 연애를 통해 주인공이 되는 그 경험은 연애 밖, 우리 삶 전체에서 주인공이 될 수 있는 힘마저 준다. 이쯤 되면, 아무리 용기 없는 사람일지라도 연애에 사활을 한 번 걸어볼만 하지 않을까?

철학자의 연애 오지랖

행복한 주인공이 되고 싶다면,
개성파 조연 정도는 혼자 쟁취하자.

연애는 주인공이 되는 황홀한 경험을 약속한다. 그런데 이 약속이 희망적이기만 한 것은 아니다. 이렇게 물어보자. 어떤 사람이 주인공이 되고 싶은 욕망이 더 강렬할까? 그건 아주 긴 시간 엑스트라에서 막장 조연까지 전전한 사람일 게다. 그들은 주인공이 될 것 같으면 장르를 가리지 않는다. 멜로를 원했지만 에로 영화에 출연하기도 하고, 심지어 포르노에 출연하기도 한다. 너무 긴 시간 주인공이 되기를 간절히 원했기에 장르를 고민할 여력이 없는 것이다. 일단 주인공이 되기만 하면 좋다고 여기는 것이다.

이성에 대한 편력이 심한 사람에게는 하나의 공통점이 있다. 어린 시절 불행한 기억이 많다는 사실이다. 주위를 돌아보자. 여성 편력이 심해 이 여자가 저 여자가 가리지 않고 만나는 남자, 혹은 남성 편력이 심한 여자는 대체로 과거에 심각하게 불행했던 과거를 가지고 있다. 가정 문제이건, 학창시절 문제이건, 주인공은커녕 불행하기 짝이 없는 엑스트라였던 게다. 그래서 주인공이 될 수만 있다면, 에로든, 포르노든 개의치 않는 것이다. 서글픈 이야기다.

사랑을 미끼로 성적 욕망을 해소하려는 사람, 사랑이라는 포장지로 경제적 욕망을 채우려는 사람이 넘쳐 난다. 이런 사람들에게 상처받는 사람들이 있다. 왜 이런 불행이 발생할까? 주인공이 되려는 욕망이 너무나 강렬해 상대의 기만적인 행태를 파악할 여력이 없어서다. 불행한 연애 아니 정확히는 가짜 연애를 피하기 위해서는 어찌 해야 할까? 주인공이 되려는 욕망에서 벗어나야 할까? 그저 조연이나 엑스트라로 만족하는 삶을 살아야 할까? 전자에 대한 답은 '그럴 수 없다'이고, 후자에 대한 답은 '그럴 필요 없다'이다.

과거의 불행한 상처 때문에 언제나 조연, 엑스트라의 삶을 살아왔다면, 연애를 하기 전에 먼저 악착같이 행복해져야 한다. 누구를 만나서 행복하기보다 먼저 자신의 삶을 돌볼 수 있을 정도의 행복을 복원해야 한다. 지독한 가난으로 어린 시절 상처를 받았다면, 적어도 생계를 책임질 수 있을 정도의 밥벌이를 먼저 해야 한다. 과거 아버지의 폭력으로부터 많은 상처를 받았다면 당분간은 아버지와 충분한 거리를 두는 것이 좋다.

그렇게 최소한의 행복의 기틀을 마련해야 한다.

그렇지 않다면, 가난을 벗어나게 해줄 사람이라는 이유만으로 어떤 사람에게 빠져들지도 모르고, 아버지처럼 폭력을 행사하지 않을 것 같다는 이유만으로 어떤 사람에게 빠져들지 모르기 때문이다. 가짜여서, 불행한 연애는 그렇게 우리를 찾아오는 법이다. 혼자서 주인공이 될 수는 없다. 결국 연애를 통해 주인공이 될 수밖에 없다. 하지만 막장 드라마나 에로 혹은 포르노물의 주인공은 거절하자. 그러기 위해 최소한 개성파 조연 정도는 스스로 힘으로 쟁취할 수 있어야 한다. 그렇게 행복한 주인공이 될 준비를 하자.

---

3. 정직함과 무례함 사이에서

연애의 최고 덕목, 정직함

"이야기 할 게 있어."

"뭔데?"

"처음 만났을 때, 나한테 학번 물었었잖아?"

"어, 그랬지. 나이 물어보기가 좀 그래서."

"그런데… 나 사실 집이 어려워서, 대학 못 갔어."

연애를 막 시작했을 때, 정직해지기란 쉽지가 않다. 왜 안 그럴까?

연애를 하면 상대에게 세상에 가장 예쁘고 근사한 모습만을 보이고 싶은 게 인지상정이다. 아픈 과거나 스스로 생각하기에 흉한 모습이라고 여겨지는 부분은 숨기고 싶게 마련이다. 상대가 나를 오해하면 어쩌나 하는 불안감 때문이다. 술주정뱅이 아버지를 숨기고 싶어 남자 친구가 집 앞까지 데려다 주는 것을 꺼리는 여자, 작은 회사에 다니는 것을 숨기고 싶어 여자 친구에게 거짓말을 하는 남자는 흔하지 않던가.

하지만 누가 뭐래도 연애의 최고의 덕목은 정직함이다. 상대를 위해서도 자신을 위해서도 정직한 게 좋다. 술주정뱅이 아버지를 숨기고 싶은 여자의 사랑이 깊어지면 어떻게 될까? 남자 친구 집에 종종 놀러 갔던 그녀는 이제 걱정되고 불안하다. 자신도 남자 친구를 집에 초대해야만 할 것 같아서다. 남자도 힘든 건 매한 가지다. 그녀를 너무 사랑하기에 더 가까워지기를 바랐지만, 어쩐지 그녀는 벽을 세워두고 있는 느낌이 들기 때문이다. 남자도 걱정스럽고 불안하다. 자신이 그녀를 사랑하는 만큼 그녀는 자신을 사랑하지 않는 것 같아서.

여자는 정직하지 못했던 대가로 자신도 그리고 남자 친구도 힘들게 만든 것이다. 최악의 경우, 그 정직하지 못했던 시작 때문에 이별을 하게 될지도 모르겠다. 여자는 '아버지가 어떤 사람인지 알게 하느니 차라리 헤어지는 게 나아!'라고 생각할 테고, 그로 인해 남자는 또 다른 수많은 오해를 하게 될 테니까. 정직하지 못한 연애의 결말은 언제나 불행하다. 조금 창피하지만, 조금 아프지만, 조금 걱정이 되지만, 연애를 할 때는 정직한 게 최고다.

연애의 독, 무례함

"왜 전화를 안 받는 거야? 몇 번 전화한 줄 알아?"

"아, 수업 중이었어."

"잠시 나와서 전화 받는 게 그렇게 어려워?"

"그래, 다음엔 받을 게."

"저번에 말했지? 나 맞벌이에 외동으로 자라서 혼자 있는 거 싫어한다고"

연애를 하면서 정직함만큼 힘든 것이 또 있다. 바로 무례함이다. 상대의 상황과 처지, 감정을 고려하지 않고 자신의 상황과 감정만을 앞세우는 무례함은 연인뿐만 아니라 연애 자체를 회의적으로 만들곤 한다. 서로 애틋한 마음으로 연애를 시작했지만 어느 순간 서로에게 무례하게 구는 경우가 있다. 이런 무례함은 연애의 가장 큰 적이다.

누군가 자신을 함부로 대하는 것이 기분 좋을 리 없다. 이것이 우리가 연애를 하려는 이유인지도 모르겠다. 주위에 무례하게 구는 사람이 너무나 많기에 연애를 하고 싶은 것은 아닐까. 적어도 연인만은 무례함이 아니라 깊은 애정과 관심으로 섬세하고 따뜻한 배려를 해줄 것이라고 믿고 있으니까. 그런데 그렇게 누군가에게 간절히 사랑받고 싶어 시작한 연애 끝에 다시 무례함을 만난다면, 그 연애에서 오는 절망감은 이루 말할 수 없다. 그래서 무례함은 연애의 독이다.

무례함은 유아론적 정서다.

무례함이란 기본적으로 유아론적 정서다. 유아론적 정서란 타자(상대)를 어떻게 반응할지 모르는 '변수'로 고려하지 않고 자신의 뜻대로 고정시킬 수 있는 '상수'로 여기는 것이다. 다섯 살짜리 아이를 생각해보라. 엄마가 아픈지, 아빠가 피곤한지 따위는 안중에 없고 자신이 갖고 싶은 장난감이 있으면 울고불고 난리를 치지 않던가. 그게 바로 유아론적 정서고, 그 정서가 성인이 될 때까지 이어지는 것이 무례함이다. 타자를 '상수'로 보는 유아론적 정서가 바로 무례함이다.

흥미로운 사실은 이런 무례함은 친구 사이보다 연인 사이에서 더 잘 발견된다는 점이다. 왜 그럴까? 아이가 장난감을 사달라고 아픈 엄마에게 조를 수 있는 이유가 무엇인지 생각해보면 된다. 아이는 알고 있다. 엄마가 자신을 누구보다 사랑한다는 걸. 엄마의 사랑은 '변수'가 아니라 '상수'라는 사실을 안다. 그 사실을 알기에 엄마가 아프건 말건 떼를 쓸 수 있는 것이다. 아무리 철없는 아이라도 옆집 아줌마에게 장난감을 사달라고 떼를 쓰지는 않는다.

친구는 타자지만, 옆집 아줌마 같은 타자다. 엄마처럼 언제나 헌신적인 사랑을 주는 타자가 아니다. 친구라는 타자는 '변수'다. 친구가 수업 중에 전화를 안 받는다고 느닷없이 화를 내면 어찌 될까? "내가 네 전화를 대기하고 있다가 받아야 되냐?"라며 면박을 줄게다. 그래서 아무리 유아론적 정서를 가진 사람이라도 친구에게는 쉽사리 무례하게 굴지 못하는 것이다. 친구라는 타자는 언제나 내 마음대로 할 수 있는 '상수'가 아니라 언제 어디로 튈지 모르는 '변수'라는 사실을 알고 있기에.

그런데 연인이라는 타자는 다르다. 엄마 같은 타자다. 헌신적인 사랑을 줄 것이라 믿는 타자. 그래서 때로 연인이라는 타자를 고정된 '상수'라고 믿는다. 그 믿음 때문에 "저번에 말했지? 나 혼자 있는 거 싫어한다고!"라며 다시 유아론적인 무례함으로 돌아갈 수 있는 것이다. 이런 무례함은 연인과 연애를 질리게 만든다. 연애를 파국으로 몰고 가는 무례함의 원인은 유아론적 정서 때문이다. 자신의 무례함이 미성숙한 태도 때문이라는 걸 알게 되면 그 무례함은 어느 정도 극복가능하다. 심각한 문제는, 무례함을 정직함으로 혼동하게 될 때 발생한다.

무례함과 정직함 사이에서

"수업 중에는 전화 받기 곤란할 때가 있어."

"그게 그렇게 어려워? 나는 정직하게 내 모습을 보여줬는데, 넌 그걸 못 받아들이는구나!"

정직함과 무례함은 아무 관련이 없는 것 같다. 하지만 상대를 함부로 대하는 것(무례함)과 있는 그대로 자신을 내보이는 것(정직함)은 종이 한 장 차이다. 이 둘은 너무 미묘해서 종종 헷갈리곤 있다. 의식적이든 무의식적이든 무례함을 정직함으로 혼동하곤 한다. '나는 외동이었고, 어렸을 때 부모님이 맞벌이를 해서 외로움을 많이 탄다'고 말하는 것, 어찌 보면 정직하게 있는 그대로 자신을 내보이는 것이라고 말할 수도 있지 않을까? 있는 그대로 자신을 내보인다는 미명하에 상대를 함부로 대하는 경우는 연애에서 너무나 흔한 일이다.

그렇다면 정직함과 무례함은 어떻게 구분할 수 있을까? '있는 그대로의 모습을 드러낸다'는 측면으로 접근하면 이 둘은 점점 더 구분하기 힘들어진다. 무례함은 종종 '나는 원래 이런 사람이야!'로 시작해서 '그러니까 네가 나에게 맞춰!'라는 논리로 진행되기 때문이다. '있는 그대로의 자신을 드러냄'이 무례함인지 정직함인지를 구분하기 위해서는 타자라는 논의에 집중해야 한다. 정확히는 타자의 존재를 어떻게 생각하고 있느냐의 문제로 접근해야 한다.

무례함과 정직함을 구분하는 방법

친구에게는 불평불만을 못하지만, 연인과 엄마에게 그리도 쉽게 짜증을 내고 화를 내는 이유는 무엇일까? 연인·엄마를 언제나 나를 사랑해주는 자리에 있는 '상수'로 믿기 때문이다. 무례한 사람은 있는 그대로의 자신을 드러내지만 그 방식이 폭력적이다. 연인이라는 타자를 '상수'로 여기기 때문이다.

정직함은 다르다. 정직함 역시 있는 그대로의 자신을 드러내지만 그 방식이 폭력적이지 않다. 정직함은 타자를 내가 어찌할 수 없는 '변수'로 여기기 때문이다. 정직함이 힘든 이유가 뭘까? 그건 타자가 어떻게 반응할지 알 수 없기 때문이다. 남자 친구에게 아버지가 술주정뱅이라는 이야기를 왜 그리 하기 힘들까? 여자 친구에게 작은 기업에 다닌다고 말하기가 왜 그리 힘들까? 상대가 그 이야기를 어떻게 반응할지 알 수 없는 불가항력적인 '변수'라는 사실을 알고 있기 때문이다.

이렇게 보아도 좋다. 있는 그대로 자신을 드러내면서 자신의 감정을 상대에게 강요하고 있다면, 그건 무례함이다. 하지만 있는 그대로의 자신을 드러내면서 불편하고 힘들고 이런저런 걱정이 된다면, 그건 정직함이다. 사랑하고 있다면 있는 그대로의 자신을 드러내자. 하지만 그 드러냄의 이유를 섬세하게 살펴보자. 그저 아이처럼 내 감정만 앞세우느라 그런 것인지, 아니면 상대의 오해를 감당하는 용기를 내고 있는 것인지 말이다. 그 고민 사이에 무례함과 정직함을 구별할 수 있는 안목이 생긴다.

철학자의 연애 오지랖

정직하지만, 무례하지 않은 연애를 하는 법

"어떻게 하면 정직하게 자신을 내보이면서도 상대에게 무례하지 않은 연애를 할 수 있을까?" 성숙한 그래서 행복한 연애를 위해 건너 뛸 수 없는 질문이다. 대답은 간명하다. '타자는 변수다'라는 삶의 진실을 받아들이면 된다. 정직함이 무례함으로 변질되는 결정적 순간은, 타자를 '상수'로 오해할 때다. 우리는 대체로 타자를 변수로 받아들인다. 친구, 선배, 동료, 상사 등등은 우리가 어찌할 수 없는 변수들이다. 하지만 모든 타자를 '변수'로 받아들이는 것은 아니다.

연인, 부모와 같이 헌신적인 사랑을 보여주는 몇몇 타자들을 종종 고정된 '상수'로 오해하곤 한다. '연인이니까, 엄마니까, 항상 그 자리에 나를 사랑해주는 존재로 머물러 있어 주겠지'라고 오해하는 것이다. 심각한 오해다. 어떤 타자든 타자는 타자다. 타자는 우리가 어찌할 수도, 내 마음대로 통제할 수도 없다. 그 불가항력적인 '변수'인 타자를 '상수'로 오해하는 사람들을 '아이'라고 부른다. 그런 유아적인 사람들이 연애를 할 때 "나 원래 이런 사람이야! 그거 모르고 만났니?"라고 무례하게 말하게 된다.

정직하게 자신을 드러내자. 생겨 먹은 대로 자신을 드러내자. 정직함이야말로 모든 관계에서 가장 중요한 덕목이니까. 하지만 동시에 '있는 그대로의 자신을 드러내고 있는' 그 상대가 타자라는 너무나 자명한 사실을 잊지 말자. 그 상대 역시 감정과 욕망을 가진 '변수'라는 사실을 기억하자. 이 두 가지를 잊지 않는다면, 정직하지만 무례해지지 않는 경계 위에서 균형을 잡을 수 있다. 성숙한 그래서 행복한 연애는 그 절묘한 균형감이 없다면, 애초에 요원한 일인지 모르겠다.

---

4. 사랑 받을 때의 태도가 한 사람의 품격이다

열애가 남기는 어깃장

"오늘 너무 예쁜 것 같아."

"다행이네. 근데 오빠는 배도 좀 나온 것 같고, 키도 원래 이렇게 작았나?"

선우와 민정은 사귄지 3개월이 조금 지났다. 선우 친구의 결혼식에 민정과 함께 왔다. 선우는 한껏 차려입은 민정이가 아름다워 보여서 마음을 표현했다. 민정은 내심 기분이 좋았다. 그런데 민정이는 선우의 외모에 대해 이런저런 지적을 했다. 민정은 선우가 마음에 들지 않았던 것일까? 아니다. 민정이 역시 멋진 정장을 차려 입은 선우가 근사해보였다. 하지만 민정은 오히려 선우에게 '배가 나왔다', '키가 작아 보인다'는 핀잔을 주었다.

민정이는 왜 그랬던 걸까? 왜 자신의 마음을 숨기며 없는 단점을 찾아서라도 선우를 주눅 들게 한 것일까? 사랑이 식은 것은 아니다. 사실 민정이의 눈에 선우는 한없이 근사해 보였으니까. 민정이가 어깃장을 놓은 이유는 역설적이게도 선우를 너무 사랑하고 있기 때문이다. 열애를 하고 있는 동안은 가끔 불안하다. 그 불안의 정체는 나는 연인을 너무 사랑하고 있는데, 상대는 나만큼 사랑이 깊지 않으면 어쩌나 하는 불안감이다. 이 불안감 때문에 민정은 자신의 감정을 속이고 심지어 선우에게 상처를 주는 어깃장마저 놓은 것이다.

좋은 선생을 자처하는 사람들은 자신감 없어 보이는 학생들에게 많은 칭찬과 격려를 한다. 학생은 그 칭찬과 격려 덕분에 조금씩 자신감이 커져간다. 늘 주눅 들어 아무 말도 못하는 학생이 이제는 수업시간에 자신의 이야기를 거침없이 하기 시작한다. 바로 이 지점에서 좋은 선생과 그런 체 하는 선생이 구별된다. 좋은 선생은 학생의 조금은 거친 자신감을 묵묵히 응원해주지만, 좋은 선생인 체 하는 사람은 학생의 그 자신감이 자만심이라고 다그치며 다시 주눅 들게 만든다.

좋은 선생인 체 하는 사람 역시 학생을 사랑하지 않는 건 아니다.

하지만 그는 학생을 언제까지나 자신의 통제권 안에 두고 싶어 한다. 학생에게 자신감을 주고 싶지만, 그 자신감은 선생이라는 자신의 권위를 침범하지 않은 한도 안에서의 자신감이어야 하는 것이다. 좋은 선생인 체 하는 사람의 멘탈리티는 민정이의 그것과 닮아 있다. 민정 역시 선우를 사랑하지 않는 것은 아니다. 하지만 선우에게 느낀 대로 칭찬을 하면 기고만장해져서 나를 함부로 대하지 않을까? 혹은 나의 통제권에서 벗어나 다른 여자들에게 들이대지 않을까 불안한 것이다. 그래서 없는 단점도 날조해서 기를 죽이고 싶은 것이다.

사랑받고 있을 우리의 태도는 어떤가?

민정이만의 이야기는 아니다. 열애를 하면 사랑받게 된다. 그렇게 사랑을 받을 때 우리의 태도는 어떤가? 때로는 민정처럼 괜한 어깃장으로 상대에게 상처를 줘서 기를 죽이려고 하지 않았을까? 또 어느 순간 사랑받는 것에 익숙해져 그 기적 같은 일을 당연한 것으로 여기지는 않았을까? 그래서 때로 나를 진심으로 사랑해주는 소중한 사람을 함부로 대하는 치명적 실수를 저지르지는 않았을까?

너무나 매혹적이었기에, 그녀와 연애할 수만 있다면 세상에 바랄 것이 없다고 생각했던 적이 있다. 기적이 일어났다. 그녀는 나의 고백을 받아주었고 연애를 시작했다. 그녀는 시간이 지날수록 나를 더 사랑해주었고, 나는 그 사랑 받음에 점점 익숙해져갔다. 그 사랑 받음에 익숙해져 갈수록 그녀를 함부로 대했다. 약속 시간에 늦기도 했고, 멋대로 약속을 취소하기도 했고, 아무 이유 없이 그녀에게 짜증을 내기도 했다.

나는 민정이만도 못했다. 그마나 민정은 선우를 너무나 사랑했기에, 그래서 언제나 자신에게 묶어두기 위해 어깃장을 놓은 것이었다. '성숙하다'고는 말할 수 없지만, '순수하다'고는 말할 수 있다. 하지만 나는 성숙하지도 순수하지도 못했다. 정직하게 말해, 그저 사랑받는 것에 익숙해져 소중한 연인을 함부로 대한 것일 뿐이었다. 상처를 주기도 또 받기도 한, 적지 않은 연애를 경험했다. 그 경험을 통해 한 사람의 품격을 어찌 판단할 수 있는지 나름 알게 되었다.

사랑받을 때의 태도가 한 사람의 품격이다.

사랑은 모순적인 두 가지 일이 동시에 발생하는 사건이다. 자신의 중심을 버리고 상대의 중심으로 들어가는 일, 그리고 상대가 자신의 중심을 버리고 내 중심으로 들어오는 일. 물리적으로는 결코 동시에 일어날 수 없는, 모순적인 두 가지 일이 동시에 일어나는 사건이 바로 사랑이다. 전자가 '사랑하는' 것이라면, 후자는 '사랑받는' 것이다. 전자, 그러니까 '사랑할 때'는 누구나 근사하다. 자신의 중심을 버리고 타인의 중심으로 기꺼이 들어가려는 사람은 언제나 근사하다. 하지만 이것으로 그 사람의 품격을 판단할 수는 없다.

한 사람의 품격은 후자, 즉 '사랑 받을 때' 드러난다. 사랑 받는 것은 너무나 매혹적인 일이다. 그 매혹적인 경험이 일상이 될 때 한 사람의 품격이 드러난다. 사랑받을 때 연인을 소중하게 대하지 않는다면, 그 사람의 품격은 그 정도인 것이다. 소중한 것을 소중히 다루지 못하는 경솔하고 오만한 품성을 가진 사람이다. 너무나 사랑하기에 그를 내 곁에 묶어 두기 위해 상대를 의도적으로 깎아 내리는 것도 마찬가지다. 그만큼이 그 사람의 품격이다. 연인을 폄하해야지만 자신이 상대적으로 괜찮은 사람 될 수 있다는 처량한 품격.

누군가를 열렬히 사랑할 때, 그 모습이 자신의 품격이라고 여기지 말자. 아무리 허접한 인간이라도 사랑할 때는 상대에게 자신의 모든 것을 줄 수 있으니까. 자신의 품격을 알고 싶다면, 오히려 사랑받을 때의 모습을 되돌아보는 편이 낫다. 너무나 사랑하는 상대에게 사랑 받고 있을 때, 그 사람이 어떤 태도를 보이는지 살펴보자. 그것이 더할 것도 뺄 것도 없는, 그 사람의 품격이다.

철학자의 연애 오지랖

연인의 품격을 알고 싶은가? 졸라 잘해주자!

연애를 하면서 상대가 어느 정도의 품격을 가진 사람인지 가늠하기 힘들다. 연애라는 것이 기본적으로 한정적인 시간 동안 데이트하는 형식이기 때문이다. 또한 데이트라는 행복감에 젖어 있는 상태이기 때문에 상대를 객관적으로 판단내리기 거의 불가능하다. 그래서 간혹 오래 연애를 했지만 동거를 하거나 결혼을 하게 되었을 때, 전혀 몰랐던 상대의 모습을 발견해서 당황하는 경우가 발생하는 것이다.

동거를 하거나 결혼을 하지 않아도 상대의 품격을 알 수 있는 방법이 있다. 간단하다. 졸라, 잘해주면 된다! 여기서 중요한 건 '졸라'다. 그냥 잘해주면 안 된다. 졸라 해줘야 한다. 상대가 나를 사랑해주는 것보다 훨씬 더 잘해줘야 한다. 그러면 상대의 품격을 알 수 있다. 상대가 보고 싶다고 할 때면 무조건 달려가고, 가능한 그 사람의 일정에 맞춰 데이트하고, 데이트 비용도 무조건 내자. 그렇게 '졸라' 잘해주자. 사실 어려운 일도 아니지 않은가? 연인의 품격을 확인해보고 싶어서가 아니라도 정말 사랑하면 자연스럽게 그렇게 되니까.

그렇게 졸라 잘해주면 된다. 어떤 사람에게 받았던 사랑보다 더 큰 사랑을 받고 있다고 느낄 때 상대를 살펴보면 된다. 상대가 훌륭한 품성을 가졌다면, 그 헌신적인 사랑 앞에서 황송해하고, 미안해한다면 꽤 훌륭한 품성을 가진 사람이다. 반면 헌신적인 사랑이 반복되면서 그것을 당연한 것으로 여기거나 혹은 나를 폄하하거나 존중하지 않는다면, 상대는 형편없는 수준의 품성을 가진 사람이다.

전자라면, 행복한 연애를 지속하면 된다. 문제는 후자다. 후자인 경우, 그러니까 상대가 형편없는 품격을 가진 사람이라면 어떻게 해야 할까? 선택은 둘 중 하나다. 하나는 마더 테레사와 같은 넓은 마음으로 상대의 형편없는 품성을 보듬어 주는 연애를 하던지, 아니면 그 상대를 빨리 정리하는 것이 좋다. 하긴 이런 이야기가 무슨 의미가 있을까? 눈에 콩깍지가 이미 씌었다면, 상대의 품격 자체가 보이지 않을 테니. 그래서 사랑은 어렵다.

---

5. '사랑한다'='믿어준다'

사랑은 의무일까?

"오늘은 친구랑 술 한 잔 하기로 했어."

"누구? 저번에 걔? 그럼 또 클럽 가겠네?

아마 그러지 않을까 싶어."

"오늘 약속 나가지마. 여자 친구 있으면 그 정도는 지켜줘야 하는 거 아니야?"

여자는 남자에게 오늘 약속을 취소하라면서 '그 정도는 지켜줘야 하는 거 아니야?'라고 말했다. 이 말은 어떤 의미일까? '연애 중이니 의무를 다하라'는 의미다. 구체적인 상황만 다를 뿐 비슷한 경험을 한 번즈음은 해봤을 법하다. 연애를 하면서 가끔 그런 생각이 든다. 사랑은 의무인 걸까? 어떤 사람은 사랑은 의무라고 말하기도 하고, 또 어떤 이는 사랑은 의무가 아니라고 말하기도 한다.

이 질문에 제대로 답하기 위해서는 연애를 세 단계로 나눠 생각해 볼 필요가 있다. 연애의 시작, 연애 중, 연애의 끝. 먼저 연애의 시작을 말해보자. 연애를 의무로 시작하는 사람이 있을까? 누군가를 사랑해야만 하기 때문에 연애를 시작하는 경우는 없다. 빚에 팔려 가는 불행한 경우가 아닌 이상 그런 일은 일어나지 않는다. 연애의 시작은 결코 의무가 아니다. 너무나 매혹적이었기에 연애하고 싶다는 강렬한 욕망을 불러일으키는 사람과 연애를 시작한다. 연애의 시작은 의무가 아니라 욕망이다.

두 번째로 연애의 끝을 이야기 해보자. 이 경우는 의무일까? 결론 내기가 쉽지 않다. 사랑이 끝났음을 직감했기에 연인에게 이별을 말하는 사람을 생각해보자. 상대는 "사랑했잖아! 네가 어떻게 이럴 수가 있어"라며 사랑을 의무로 둔갑시키는 경우는 너무 흔하다. 상대를 여전히 사랑하는 경우든, 사랑은 이미 식었지만 이별 뒤에 감당해야 할 문제가 두려운 경우든, 준비되지 않은 이별을 통보받았을 때 종종 사랑은 의무라고 말하고 싶어진다.

하지만 이 경우도 사랑은 의무가 아니다. 사랑이 끝났다면, 의무로 그것을 이어가서는 안 된다. 그랬다가는 서로에게 더 큰 상처만을 남길 뿐이다. 사랑은 의무가 아니다. 그 시작이 의무가 아니었듯이 그 끝 역시 의무가 되어서는 안 된다. 세상에 영원한 건 없다. 정신적, 육체적 욕망으로 사랑을 시작했듯이, 상대를 사랑하는 그 욕망이 사라졌다면 많은 아픔에도 불구하고 이별을 말하거나 이별을 받아들여야 한다.

연애 중일 때 사랑은 의무일까?

마지막 남은 하나의 경우, 연애 중인 경우는 사랑이 의무인지 욕망인지 답하기는 더욱 어렵다. 친구를 만나러 가겠다는 남자도, 그 친구를 만나러 가지 말라는 여자도 서로를 사랑하는 중이다. 두 입장 모두 이해가 된다. 남자는 오랜만에 친구를 만나 즐겁게 술 한 잔 하고 싶은 것일 테고, 여자는 그 술 한 잔 하는 장소가 반쯤 벗은 여자들이 즐비한 클럽이라는 것이 신경 쓰이는 것일 테다.

여자는 남자에게 '지금은 연애 중이니 의무를 지켜!'라고 말했다. 남자도 마찬가지다. 여자 친구가 (남자 사람)친구와 밥을 먹으러 간다는 이야기에 "남자 친구 있으면서 남자랑 둘이서 밥 먹는 건 좀 아니지 않아?"라고 말하는 남자는 흔하다. 이 경우도 연애 중이니 의무를 지키라고 말하는 것과 같다. 서로를 사랑하고 있는 연애 중인 시점에서는 사랑은 의무라는 논리가 정당화되는 것일까? 성급하게 답하기 전에 조금 더 깊게 생각해보자.

'사랑한다'는 말은 '믿는다'는 말일까?

'클럽에 가지 말라'는 의무 수행 요구에 남자는 뭐라고 답할까? '남자와 단 둘이 밥 먹지 말라'는 의무 수행 요구에 여자는 뭐라고 답할까? 대답은 같다. "나 못 믿어?" 연애 중에는 종종 '의무'는 '믿음'의 영역으로 환치된다. 남자는 '널 얼마나 사랑하는 데 클럽 가서 무슨 일이 있겠어?' 여자는 '오빠를 얼마나 사랑하는 데 남자랑 밥 먹는 게 무슨 상관이야?'라고 되묻는다.

때로 사람들은 '사랑한다'는 말은 '믿는다'는 말과 같다고 이야기한다. 이것은 사랑을 의무로 변질시키지 말라는 의미다. 사랑한다면 그 사람을 믿고 그 사람에게 그 어떤 의무나 강요도 요구하지 말라는 이야기다. 근사한 이야기이지 않은가? '사랑하면 그 사람이 어떤 행동을 하건 믿는다'라는 이야기는 성숙한 사랑의 모습처럼 보인다. 하지만 이 말은 현실을 너무나 왜곡하는 말이다.

'사랑한다=믿는다'라는 도식을 뒤집어 보자. '믿지 못한다면 사랑하지 않는 것'이 된다. '사랑하면 믿는다'라는 말이 진실이라면, '믿지 못하면 사랑이 아니다'라는 말도 진실이 된다. '사랑=믿음'이라면, 클럽을 가지 말라고 강요하는 여자는 남자를 사랑하지(믿지) 않는 것이고, 남자와 밥을 먹지 말라고 강요하는 남자는 여자를 사랑하지(믿지) 않는 것이 되는 셈이다. 하지만 우리는 알고 있지 않나? 여자는 남자를 너무 사랑하기에 의무를 강요한 것이고, 남자 역시 마찬가지라는 걸.

의무는 믿음 없는 이들에게 채워진 자발적 족쇄다.

'사랑한다=믿는다'라는 도식은 때로 심각한 오해를 야기한다. '사랑한다=믿는다'라는 논리를 믿는다면, 상대가 어떤 의무를 강요하려고 했을 때 상대가 나를 사랑하지 않는다고 여기게 된다. 사랑하면 믿어야 하는데, 나를 믿지 않으니까 의무를 부여하려는 것 아닌가. 의무? 그것은 본질적으로 어떤 가치를 믿지 못하는 사람에게 윤리적·도덕적 족쇄를 채우는 것이다. 정말이다. 세상의 모든 의무를 생각해보라.

국방의 의무? 그건 국가를 위해 헌신해야 한다는 사실을 믿지 못하는 사람에게 채워진 윤리적·도덕적 족쇄다. 효도의 의무? 그건 부모를 위해 헌신해야 한다는 사실을 믿지 못하는 사람에게 채워진 윤리적·도덕적 족쇄다. 국가를 진심으로 사랑하는 사람은 입대를 의무라고 여기지 않는다. 부모를 진심으로 사랑하는 사람은 효도를 의무라고 생각하지 않는다. 입대와 효도를 할 수 있어서 다행이라고 생각한다. 의무는 결국 믿지 못하는 자들을 통제하기 위한 윤리적·도덕적 족쇄다.

정직하게 말해보자. '사랑=믿음'는 도식은 상대를 사랑하지 않는 사람들이 자주 이용하는 논리다. 정말 사랑한다면, 연인이 싫어하는 일들 혹은 연인을 걱정 시키는 일들은 애초에 하려고 하지 않는다. 그런데 클럽, 그게 뭐 대수라고 여자 친구를 걱정시키면서까지 가는 걸까? 남자와 둘이서 밥 먹는 거? 그게 뭐 대수라고 남자 친구를 불안하게 만들면서까지 하는 걸까? 어쩌면 그네들은 연인을 사랑하지 않는 것일지도 모르겠다. 사랑하지 않기에 그렇게 말하는 건 아닐까? "너나 못 믿어?"

'사랑한다'≠'믿는다'

'사랑한다'는 말은 '믿는다'는 말이 아니다. 정말이다. 사랑이 시작되었던 시점으로 돌아 가보자. 연인이 누구인지 정확하게 알게 된 이후에 그(그녀)를 사랑하게 되었던 것일까? 아니다. 우리는 상대가 어떤 사람인지도 알지 못한 채 사랑을 시작하게 된다. 누군가를 알게 되어서 사랑하게 되는 것이 아니라 오히려 사랑이라는 과정을 통해서 한 사람을 알게 된다.

사랑과 믿음의 순서는 이렇다. 사랑하는 만큼 상대를 알게 되고,

그렇게 알게 된 만큼 그 상대를 믿게 된다. '사랑'해서 '알게' 되고 그 후에 '믿게' 되는 것이다. 도식으로 말하자면, '사랑→앎→믿음'인 셈이다. 사랑과 믿음은 동시적인 사건이 아니다. 사랑이 먼저고 믿음이 나중이다. 그러니 '사랑은 믿음이다'처럼 현실을 왜곡하는 말도 없다. 현실에서 사랑하지만 아니 사랑하기에 상대를 믿지 못하고 의심하게 되는 경우가 얼마나 많았던가.

그렇다면, 이제 우리는 기묘한 결론에 도달하게 된다. '사랑≠믿음'이라면, 사랑은 의무가 될 수밖에 없는 것 아닌가? 사랑하지만 믿지 못하는 상대와 연애하기 위해서는 일정 정도 사랑을 의무로 규정해놓아야 하는 것 아닌가? 사랑하는 연인을 믿지 못하기에 '연애 중 클럽 금지' '남자와 단둘이 식사금지'라는 의무가 발생할 수밖에 없는 것 아닌가? 지금 우리는 중요한 기로에 서있다. '사랑을 의무로 받아들일 것인가? 그러지 않을 것인가?'

사랑은 결코 의무가 아니다.

'사랑을 의무로 받아들일 것인가? 그러지 않을 것인가?' 이 질문은 중요하다. 이 질문에 어떤 답을 하느냐에 따라 우리의 연애는 현격하게 달라지기 때문이다.

결론으로 가자. 사랑은 의무가 아니다. 이건 연애의 시작이든, 끝이든, 연애 중이든 마찬가지다. 사랑은 언제나 욕망이다. 욕망하는 사람과 연애를 시작하고, 욕망하는 만큼 연애하고, 그 욕망이 끝났다면 이별해야 한다. 그게 사랑이다. 사랑에는 의무가 끼어들 틈은 없다. 동시에 사랑은 믿음도 아니다. '사랑한다'는 말이 '믿는다'는 말이 아니다. 그렇다면 이제 어떻게 해야 할까? 사랑하는 상대를 믿지도 못하는데, 의무를 강요할 수도 없으니 속 타는 우리의 마음은 대체 어찌 해야 할까?

'사랑한다'='믿어준다'

'사랑한다'는 말의 의미를 다시 규정해야 한다. '사랑한다'는 말은 '믿어준다'는 말이다. '믿는다'와 '믿어준다'의 차이는 사랑과 증오만큼이나 다르다. '사랑하면 믿는다'라는 말은 당위적이다. 사랑하면 자동적으로 믿게 된다는 말이니까. 하지만 '사랑하면 믿어준다'는 말은 의지적이다. 누군가를 사랑해도 여전히 그가 의심되지만 의지를 가지고 믿어주려고 노력한다는 의미다.

남자 친구가 클럽에 간다고 하면 온갖 의심이 들지만 그럼에도 불구하고 보내주자. 아니 보내주려고 노력하자. 여자 친구가 남자와 단둘이 밥을 먹는다고 하면 온갖 불길한 상상이 엄습하지만 그럼에도 불구하고 보내주자. 아니 보내주려고 노력하자. 그것은 분명 의지적인 노력이 필요한 일이다. 상대를 너무 사랑하니까. 그 힘듦은 사랑하기에 어쩔 수 없는 것이다. 그것이 힘들지 않다면, 쿨한 게 아니라 상대를 사랑하지 않는 것일지도 모른다.

사랑은 쿨한 게 아니다. 한없이 찌질하고 못난 것이다. 클럽에 가지 못하게 떼쓰는, 남자와 밥을 먹지 말라고 떼쓰는 사랑은 얼마나 찌질하고 못났나? 하지만 그게 사랑이다. 바로 여기에서 미숙한 사랑과 성숙한 사랑의 차이가 드러난다. 성숙한 사랑은 찌질하고 못난 그 미숙한 사랑을 넘어서는 사랑이다. 성숙한 사랑은 사랑하기에 찌질해지고 못나지려는 자신을 악착같이 막아보려고 발버둥을 치는 사랑이다.

사랑이 의무인지 아닌지에 대해 이렇게 답하고 싶다. 사랑은 결코 의무가 아니다. 하지만 만약 사랑에 단하나의 의무가 있다면, 그건 연인을 '믿어주려는' 의무일 것이다. 사랑은 의무도 믿음도 아니기에, 사랑은 상대를 믿어주려는 끊임없는 의지적 노력이 필요하다. 그 의지적 노력이 너무나 힘들고 고통스럽겠지만 말이다. 세상에 공짜는 없다. 하물며 사랑, 그 좋은 것이 공짜 일리가 없다.

철학자의 연애 오지랖

의심하지 않는 연인은 연인이 아니다.

사랑하지 않는 사람은 믿기 쉽다. 아니 정확히 말해 관심이 없기에 불필요한 의심을 할 필요가 없다. 옆집 사람이 남자를 만나든 여자를 만나든 아무 상관없다. 옆집 사람이 누구를 만났다고 하면 그저 그런가보다 한다. 하지만 사랑하는 사람은 믿기가 어렵다. 너무 사랑하기에 이런저런 의심이 든다. 어제 통화가 안 된 연인의 '어제 별 일 없었다'는 이야기에도 이런저런 의심이 든다.

이해도 된다. 상대를 너무 사랑하기에 그 믿음이 무너졌을 때, 되돌아오는 상처를 감당할 수 없을 것 같으니까. 그래서 연인의 일거수일투족을 알고 싶어 하고, 심지어 잠시 자리를 비운 연인의 휴대폰 비밀번호를 풀려고 애를 쓰는 것일 테다. 영원히 내 곁에 있어주었으면 좋겠다는 생각이 드는 사람을 어찌 완전히 믿고, 전혀 의심하지 않을 수 있을까?

그렇다. '사랑-믿음'은 반비례 관계에 가깝다. 사랑하면 할수록 믿음이 약해지고 의심은 커져간다. 뒤집어 말하면 믿음이 약해지지 않고 의심이 커지지 않는다면, 그건 사랑이 아닐지도 모르겠다. 아주 오래된 커플은 종종 상대를 완전히 믿는다고 말한다. 주말에 연락이 되지 않아도 아무렇지 않고, 어제 누구를 만나 밤을 샜는지 궁금하지도 않을 정도로 상대를 믿는다고 한다. 그건 오래 만났기에 신뢰가 형성된 것일 수도 있지만, 한편으로는 사랑이 이미 식어버린 것인지도 모르겠다.

우리는 상대를 온전히 믿는 사랑을 성숙한 사랑이라고 여긴다. 일견 옳은 이야기이기도 하다. 서로 너무 사랑하기에 서로에 대한 온전한 믿음이 있는 건 분명 성숙한 사랑이다. 하지만 그런 성숙한 사랑은 드물다. 일상의 흔한 연인의 믿음은 대체로 사랑이 끝났다는 시그널에 다름 아니다. '나는 연인을 완전히 믿어'라는 말은 어쩌면 '나는 이제 네가 뭘 하든 별 관심이 없어!'라고 말하고 있는 것은 아닐까. 연인을 믿고 있다면, 스스로를 돌아볼 일이다. 그것이 성숙한 사랑의 결과인지, 사랑의 매너리즘이나 사랑이 끝났다는 시그널인지 말이다.

6. 오르가즘에 관하여

오르가즘은 뭘까?

"이번에 사귄 남자 친구 어때?"

"자상하고 배려심 있고 다 좋아. 근데…"

"그런데?"

"섹스가 좀 별로야. 예전 남친이랑은 할 때마다 오르가즘 느꼈는데."

연애의 즐거움에는 여러 가지가 있다. 그 중에서 큰 비중을 차지하는 것이 섹스다. 연애에서 섹스만큼 큰 즐거움을 주는 일도 없다. 섹스를 할 때 느끼는 즐거움이 절정에 다다랐을 때를 오르가즘이라고 한다. 여자는 지금 남자 친구가 좋지만, 예전 연인과 섹스할 때 느꼈던 오르가즘을 느끼지 못해 아쉬운 것이다. 섹스를 통해서 느낄 수 있는 오르가즘을 한 번이라도 경험해본 적이 있는 사람이라면 그녀를 이해할 수 있다.

오르가즘은 무엇일까? 우선 남자의 오르가즘부터 이야기해보자. 남자는 그 존재가 단순한 만큼 오르가즘도 단순하다. 성적으로 흥분되면 성기가 발기된다. 성기에 어느 정도의 자극이 진행되면 사정을 한다. 사정을 하는 순간에 느끼는 쾌감이 남자의 오르가즘이다. 어떤 사람과 어떤 섹스를 하느냐에 따라 오르가즘의 수위는 다를 수 있다. 하지만 대체로 남자는 섹스를 할 때마다 사정을 하기 때문에 섹스를 할 때마다 오르가즘을 느낀다.

여자의 오르가즘은 어떤 것일까? 여자는 그 존재만큼이나 오르가즘도 복잡하고 섬세하며 어렵다. 여자는 성적으로 흥분하면 성기가 젖는다. 성기에 어느 정도의 자극이 진행되면 일정 정도의 쾌감을 느낀다. 하지만 그것이 오르가즘인 것은 아니다. 여자는 섹스를 하더라도 매번 오르가즘을 느끼는 것은 아니다. 심지어 불행하게도 오르가즘을 단 한 번 경험해보지 못한 경우도 적지 않다. 그만큼이나 여자의 오르가즘은 복잡하고 섬세하며 어렵다.

속궁합에 관하여

섹스를 통해 오르가즘을 느껴보았다면, 그 절정의 즐거움은 쉽게 잊히지 않는다. 오르가즘을 매번 느끼는 남자도, 오르가즘을 쉽게 느끼지 못하는 여자도 마찬가지다. 그 오르가즘을 느끼기 위해 연인이 아닌 사람과 섹스도 하고, 과거의 연인과 섹스를 하기도 한다. 그래서 연애 꽤나 해봤다는 사람들은 연애에서 성격이나 취향만큼이나 속궁합이 중요하다고 말한다.

속궁합이 뭘까? 섹스는 기본적으로 만남이고 접촉이다. 그런데 모든 만남과 접촉이 즐거움을 주는 것은 아니다. 굳이 섹스가 아니더라도 누군가와의 만남과 접촉을 생각해보자. 어떤 사람과의 만남과 접촉은 즐겁지만, 또 어떤 사람과의 만남과 접촉은 불쾌감을 주지 않았던

가. 섹스도 마찬가지다. 육체적인 만남과 접촉에서 즐거움을 주는 사람이 있고, 그렇지 않은 사람도 있다. 육체적인 만남과 접촉에서 즐거움 혹은 오르가즘을 느끼게 될 때, '속궁합이 잘 맞다'고 이야기하는 것이다.

속궁합에 관한 이야기는 은밀하게 논의된다. 왜 일까? 단순히 성적인 이야기가 금기시되는 분위기 때문만은 아니다. 속궁합을 인정한다는 건, 정신적인 사랑과 육체적인 사랑이 따로 존재한다는 걸 인정한다는 의미이기 때문이다. 정신적 사랑과 육체적 사랑의 불일치를 인정하는 순간, 우리는 고상하고 고결한 인간에서 충동적이고 본능적인 동물이 되는 것 같다. 그래서 속궁합에 관한 이야기는 은밀하게 이야기되는 것이다.

남자는 오르가즘을 느낀 적이 없다.

정직하게 말하자. 섹스를 할 때 느낄 수 있는 절정의 쾌감은 분명 육체적인 문제다. 남자든 여자든. 그렇다면 생각 만해도 짜릿한 그 오르가즘은 소위 말하는 육체적인 속궁합만 잘 맞으면 느낄 수 있는 것일까? '사랑 없는 섹스는 안 돼!'라는 촌스러운 윤리, 도덕적 논의를 하려는 게 아니다. '사랑 없는 섹스도 충분히 즐거울까?'라는 논의를 해보자. 이 논의는 쉽게 답할 수 있는 문제가 아니다.

남자는 매번 오르가즘을 느낀다는 것이 의학적, 일반적 상식이다. 하지만 나는 이 상식에 동의하지 않는다. 대체로 남자는 오르가즘을 느끼지 못한다. 남자만 그것을 알고 있지 못할 뿐. 술에 취해 동물처럼 허겁지겁 연인과 섹스를 하는 남자를 생각해보자. 남자는 흥분해서 발기했고 사정했다. 남자는 오르가즘을 느꼈다고 말할 수 있을까? 남자는 오르가즘, 그러니까 섹스가 주는 최고의 즐거움을 느꼈던 것일까?

급하게 볼일을 해치우는 것처럼 섹스를 하는 남자들이 있다. 이런 남자와 섹스를 하는 여자들은 기묘한 자괴감과 외로움을 느끼곤 한다. 분명 사랑하는 사람과 섹스를 했지만 자신이 마치 남자 친구의 자위 기구인 것처럼 느껴지기 때문이다. 섹스를 통해 오르가즘이나 즐거움을 느끼기는커녕 섹스 중에 기묘한 자괴감을, 섹스 후에는 표현할 길 없는 외로움을 느끼게 된다.

중년의 어느 부인이 남편의 일방적인 섹스가 남긴 서글픔에 이리 따져 물었단다. "내가 당신 원할 때 대 주는 년이야?" 그 이야기에 한동안 가슴이 아팠던 기억이 난다. 그때는 남자보다는 여자가 더 안쓰러웠다. 하지만 지금은 안다. 여자만큼 남자도 불쌍한 사람이란 걸. 남자는 자신의 쾌감을 위해 일방적인 섹스를 하지만 그로 인해서 정작 진짜 오르가즘은 한 번도 느껴본 적이 없다. 그래서 남자도 불쌍하다. 매춘부와 섹스를 할 수 있다. 오르가즘도 느낄 수 있다. 하지만 그 오르가즘은 온전한 오르가즘이 아니다.

이타심은 이기심이다.

그렇다면 온전한 오르가즘이란 것은 뭘까? 오르가즘은 분명 육체적인 문제이지만, 육체적이기만 한 문제는 아니다. 매춘부와 섹스를 할 때 느껴지는 쾌감은 진짜 오르가즘이 아니다. 쉽게 이해할 수 없을지도 모르겠다. 진짜 오르가즘에 대해 조금 더 깊이 논의하기 위해 잠시 우회하자. 진짜 오르가즘의 비밀은 '황지우'라는 시인을 통해 알 수 있다. 황지우는 자신의 시집에서 이렇게 말한 적이 있다.

"이타심은 이기심이다. 그러나 이기심은 이타심이 아니다."

섹스를 통해 오르가즘이란 절정의 쾌감을 맛보고 싶다. 이건 분명 이기심이다. 남자들이 사랑 없는 섹스를 하고, 사랑하는 사람과의 섹스에서조차 일방적인 섹스를 하려는 이유는 분명 이기심이다. 상대가 어떤 감정이든 상관없이 자신의 쾌감을 위해 상대를 성적 도구화하려는 것은 이기심 때문이다. 이기심으로 쾌감에 이를 수 있다. '이기심=자신의 쾌감'인 셈이다. 하지만 이기심으로 도달한 쾌감은 최고의 쾌감, 오르가즘이 아니다.

왜? '이타심은 이기심'이기 때문이다. 성적 쾌감이라는 이기심을 만족시키기 위해서는 먼저 이타적이 되어야 한다. 진심으로 사랑하는 사람과 열정적인 섹스를 나눠 본 사람은 안다. 매춘부와의 섹스가 주는 쾌감은 반쪽짜리라는 걸. 섹스라는 것이 오묘하다. 나의 성적 판타지와 육체적 자극이 성적 흥분과 쾌감을 주기도 하지만, 상대가 흥분하고 쾌감을 느끼는 것을 보면 내가 성적으로 흥분되고 쾌감을 느끼기도 한다.

이타심은 이기심이다. 성적으로 절정의 쾌감을 느끼고 싶다면, 먼저 상대의 감정을 섬세하게 배려하고, 상대의 몸을 정성스럽게 만져주고 애무해주어야 한다. 그렇게 이타적이 되어야 한다. 그건 상대를 위해서가 아니다. 그렇게 이타적이 되는 이유는 그렇게 해야 나의 이기심(성적 쾌감)이 절정에 도달할 수 있기 때문이다. 이타적이 되지 않고는 이기심을 충족할 수가 없다. 상대를 이타적으로 배려하지 않고서는 나의 이기심을 채울 수 없다. 그게 사랑과 섹스의 역설이다.

여자의 오르가즘

여자의 오르가즘도 마찬가지다. 여자도 동물이기에 사랑 없는 육체적인 접촉으로 오르가즘에 도달할 수 있다. 윤리적, 도덕적 강박에서 자유로운 여성들은 그 사실을 잘 알고 있다. 오르가즘을 느끼게 해주었던 예전 남자 친구를 잊지 못해 사랑 없는 섹스를 하는 여자도 적지 않다. 하지만 대체로 그런 사랑 없는 섹스를 오래 지속하지는 못한다.

그 이유도 마찬가지다. 이타심이 곧 이기심이기 때문이다. 클럽에서 처음 본 매력적인 남자와의 섹스, 항상 오르가즘을 느끼게 해주었던 과거 남자 친구와의 섹스에서 이기심(성적 쾌감)을 충족할 수 있다. 하지만 그런 섹스는 알 수 없는 공허감과 외로움을 동반할 수밖에 없다. 육체적인 쾌감은 충족했지만 정신적인 교감이 없기에(혹은 너무 적기에) 진짜 오르가즘에 도달할 수 없는 것이다. 아니 육체적인 오르가즘에 도달하겠지만 정신적인 오르가즘이 없다고 말하는 것이 더 정확하겠다.

오르가즘을 위해 이타적이 되자!

이기심을 충족하기 위해서는 먼저 이타적이 되어야 한다. 진짜 오르가즘을 맛보고 싶다면, 나의 이기심을 충복하기보다 상대를 위해 헌신하고 배려하는 태도가 필요하다. 처음 보는 남자와의 섹스에서 쾌감을 얻을 수 있지만, 그 상대를 사랑하지 않기에 이타적이 되기는 힘들다. 옛 연인과의 섹스에서 쾌감을 느낄 수는 있지만, 이미 사랑이 식었기에 이타적이 되기는 힘들다. 그래서 그런 일방적 섹스로는 진짜 오르가즘에 도달하기 어려운 것이다.

남자든, 여자든, 진짜 오르가즘을 맛보고 싶다면 이타적인 섹스를 해야 한다. 나의 쾌감에 집중하기보다 상대에게 쾌감을 주기 위해 노력해야 한다. 역설적이지만 진짜 오르가즘은 나의 쾌감이 아니라 상대의 쾌감에 집중할 때 주어지는 선물이다. 그렇다면 이제 이타적인 섹스가 무엇인지 조금 구체적으로 말해보자. 먼저 상대의 감정을 섬세하게 살펴야 한다. 어떤 날은 섹스 대신 산책을 하고 싶은 날이 있을 수도 있고, 어떤 날은 차 한 잔을 먼저 하고 섹스를 하고 싶어 할 수도 있다.

일일이 다 말할 수 없는 상대의 미묘한 감정 변화를 섬세하게 읽어내려고 매번 노력해야 한다. 이런 이타성이 없다면, 이기심을 채울 수 없을 테니까. 생각해보라. 연인이 산책을 하고 싶었던 날, 연인을 억지스럽게 모텔로 데려 가서 하는 섹스에서 어떻게 오르가즘을 느낄 수 있을까. 상대는 자괴감과 외로움에 힘들 것이고, 자신은 그런 상대의 모습을 바라보면서 오르가즘은커녕 미안함에 힘들 것이다. 그래서 황지우는 '이타심은 이기심이지만 이기심은 이타심이 아니다'라고 말했던 것일 테다.

철학자의 연애 오지랖
오르가즘으로 들어가는 문, 성감대

라캉은 신경증자의 신체는 본질적으로 죽은 신체라고 역설한 바 있다. 신경증자의 신체는 기표로 덧쓰여져 있다. 그것은 상징계의 의해 코드화되어 있다. 생물학적인 메카니즘으로서의 신체는 사회화를 통해 점차 '길들여져' 극소수의 영역에 숨어들 뿐인데, 그것이 이른 바 성감대이다. 신체는 바로 이런 성감대 속에서만 살아 있으며, 실재적일 수 있다.

– 『라캉과 정신의학』 브루스 핑크

육체적 오르가즘에 이르는 방법에 대해서 말해보자. 육체적 오르가즘으로 들어가는 문은 성감대다. 살짝 건드리기만 해도 흥분되고, 절정의 쾌감을 선물해줄 수 있는 비밀이 성감대에 있다. 황지우의 말처럼 '이타심이 이기심'이라면, 우리는 상대의 성감대를 찾아 그곳을 자극해주는 이타적 행위를 통해 우리의 이기심(성적 쾌감)을 채울 수 있다. 쉽게 말해, 나의 오르가즘을 위해 먼저 상대를 오르가즘에 이르게 해주어야 한다는 말이다. 그러기 위해 상대의 성감대를 찾아야 한다.

성감대는 성기가 아니다. 대체로 성기가 성감대이기는 하지만 사람마다 성감대는 미묘하게 다르다. 어떤 사람은 손이 성감대인 경우도 있고,

등이 성감대인 경우도 있다. 성기가 성감대라고 하더라도 사람마다 성기에서 쾌감을 느끼는 위치가 미묘하게 다르다. 섹스를 할 때 가장 많이 하는 실수는 '남자는 여기가 성감대잖아', '여자는 여기가 성감대잖아'라고 확신하는 경우다. 한 사람 한 사람이 전혀 다른 존재이듯 성감대도 사람마다 다르다.

어떻게 상대의 성감대를 찾을 수 있을까? 이타적인 섹스를 해야 한다. 그 이전에 만났던 이성과의 섹스는 모조리 잊은 것처럼, 처음 섹스를 해보는 것처럼 조심스럽게 상대를 만지고 애무하면서 섬세하게 상대의 반응을 살펴야 한다. 작은 움직임, 표정, 호흡도 놓치지 않으려 노력해야 한다. 그 정도의 이타성이 없다면 상대의 성감대는 쉽게 찾을 수 없다. 오르가즘을 느끼게 해줄 수도 없다. 고로 자신 역시 오르가즘을 느낄 수도 없다. 이타심은 이기심이니까.

오르가즘을 맛보고 싶다면, 이기심을 내려놓고 먼저 이타심으로 상대를 대하자. 정서적으로 이타적인 존재가 되고, 육체적으로 이타적인 존재가 되자. 그렇게 상대의 성감대를 찾자. 야동을 백 번 보는 것보다 상대를 섬세하게 살피는 것이 성감대를 찾고, 오르가즘에 도달하는 훨씬 더 현명한 방법이다. 오르가즘을 느껴본 적이 없다면, 아니 그게 무엇인지도 잘 모르겠다면, 혹시 내가 너무 이기적인 사랑과 섹스만을 해왔던 것은 아닌지 돌아 볼 일이다.

7. 사랑을 확인하라. 자신의 사랑을

사랑의 확인, '나 사랑해?'

'너 나 사랑해?'라는 사랑의 확인은 부질없다. 아무리 가까운 사람도 모두 타자다. 타자는 어떤 식으로도 제어하거나 통제할 수 있는 대상이 아니다. 사랑하는 것도 사랑하지 않는 것도, 연인의 자유의지인 것이지 강요할 수 있는 일이 아니다. '나 사랑해?'라는 질문을 한다고 해서 이미 식은 사랑이 복원되는 일은 없다. 심지어 사랑의 확인은 부질없는 것인 동시에 위험하기도 하다.

반복된 사랑의 확인은 자칫 사랑을 의무로 변질시키기도 한다. 반복된 사랑의 확인, 그러니까 '나 사랑하는 거 맞아?'라는 반복된 질문은 자칫 상대에게 자신이 '사랑하는' 존재가 아니라 '사랑해야만' 하는 존재로 느끼도록 만들 수 있다. 그래서 연애에서 사랑의 확인은 너무나 간절하지만 가급적 참고 견디는 편이 더 낫다. 사랑의 확인을 한다고 해서 상황이 호전되는 경우도 없고, 오히려 악화되는 경우만 있기 때문이다.

사랑의 확인 대상은 누구인가?

하지만 사랑을 확인하라! 이게 무슨 말인가? 방금까지 사랑의 확인은 부질없으며 위험하다고까지 말하지 않았나. 사랑의 확인은 부질없고 위험한 것이지만 동시에 꼭 필요한 것이기도 하다. 이 모순적인 이야기를 어떻게 받아들여야 할까? 대체로 사랑의 확인 대상은 상대다. 연인이 나를 사랑하는지 아닌지를 확인하려고 한다. 하지만 바로 우리 자신의 사랑에 대해서만큼 결코 확인하려고 하지 않는다. 자신의 사랑은 언제나 확고하다고 전제하기 때문이다.

사랑의 확인 대상이 타자인 경우, 그 사랑의 확인은 부질없고 위험하다. 하지만 사랑의 확인 대상이 자신인 경우는 이야기가 다르다. 우리는 대체로 '내가 그 사람을 정말 사랑하는 걸까?'라는 질문은 건너뛴 채 언제나 '상대가 나를 사랑하는 걸까?'라는 질문만을 부여잡고 있다. '내가 하면 로맨스, 남이 하면 불륜'이란 말은 다른 연인들을 판단할 때만 적용할 수 있는 이야기가 아니다. 바로 자신의 연애에도 적용할 수 있다.

우리는 가끔 자신은 결코 변하지 않는 지고지순한 순애보적 사랑을 하는 주인공으로 여기는 경향이 있다. 반면 상대는 언제든 다른 사람을 만나 떠날 수 있는 변덕스런 사랑을 하는 악역으로 여기는 경향이 있다. 이런 부류의 사람들은 사랑 앞에서 피해자 코스프레를 준비하고 있는 것인지 모르겠다. '내 사랑은 한 번도 변한 적이 없는데, 그 사람이 나를 버리고 떠났어'라며 말이다.

사랑을 확인하자. 바로 나의 사랑을.

정직하게 말하자. 상대의 사랑을 자꾸만 확인하려는 이유는 상대를 너무 사랑하기 때문이라기보다 자신의 사랑이 점점 식어가고 있음을 직감하기 때문은 아닐까? 한때 뜨겁게 사랑했지만 내 마음이 예전 같지 않음을 직감할 때, 상대 역시 그러지 않을까 하는 걱정이 스물스물 고개를 드는 것일지도 모르겠다. 사랑은 영원하지 않다. 시작이 있으면 끝도 있다. 그래서 사랑은 언제나 확인이 필요하다. 상대의 사랑이 아니라 나의 사랑에 대해서 말이다.

연애 중이라면 나의 사랑을 확인하자. '나는 정말 그 사람을 사랑하고 있는 걸까?'라는 질문이 '그 사람은 여전히 나를 사랑하고 있는 걸까?'라는 질문보다 중요하다. 인생이 꼬일 때가 언제일까? 그건 내가 할 수 일들을 외면한 채, 내가 할 수 없는 일들에 집착할 때다. 삶의 어려움이 닥쳤을 때, 헤쳐 나가는 방법은 간단하다. 할 수 없는 일들은 잊고, 할 수 있는 일들을 하나씩 해나가면 된다. 연애도 마찬가지다.

연애는 누군가에게 사랑받기 위해서 하는 것이다. 그런데 그 누군가가 우리를 사랑해줄지 말지는 우리가 할 수 없는 일이다. 우리는 그저 우리가 할 수 있는 일, 상대를 진심으로 사랑해주는 일만을 할 수 있을 뿐이다. 그리고는 겸허히 기다릴 수 있을 뿐이다. 삶에서도 연애에서도 우리가 할 수 없는 일은 잊자. 우리가 할 수 있는 일에 집중하자. 그러니 '상대가 나를 사랑하는가? 아닌가?'라는 질문은 잊자. '내가 상대를 사랑하고 있는가?'라는 질문만 하자.

그 질문에 대한 답이 '그렇다'라면, 상대가 우리를 사랑하고 있는지 아닌지는 상관하지 말고 후회 없이 사랑하자. 그렇게 할 수 있는 일을 하자. 다행스럽게도 상대가 나를 사랑해준다면 너무 감사한 마음으로 연애하자. '진인사대천명', 인간이 할 수 있는 일을 하고 나머지는 하늘의 뜻을 기다린다는 말이다. 사랑하는 사람을 만나 연애를 시작했다면, 매순간 '진인사대천명'의 심정으로 상대를 사랑하자. 그것이 지혜로운, 성숙한 연애다.

철학자의 연애 오지랖

'진인사대천명'의 연애를 하는 두 가지 방법

이기적인 것이 인간이라, 우리는 주는 사랑이 아니라 받는 사랑을 하고 싶다. 그러니 '진인사대천명'의 연애, 그러니까 상대가 나를 사랑해줄지 말지는 상대의 뜻에 맡기고 헌신적인 사랑을 주는 연애는 말처럼 쉽지가 않다. 이건 마치 시험에 떨어져도 상관없다고 생각하면서 공부는 죽을 것처럼 하라는 말처럼 당혹스럽다. 우리는 이렇게 말하고 싶다. '나를 사랑해주지도 않을 인간은 사랑하지 않을 거예요!' '떨어져도 좋을 시험을 위해서 밤낮 없이 공부 하지는 않을 거예요!' 그래서 우리는 진인사대천명의 삶을 살 수 없는 것이다.

상처받고 싶지 않고, 손해보고 싶지 않고, 억울하고 싶지 않는 사람들도 '진인사대천명'의 삶을 살아 낼 수 있는 방법에 대해 이야기해보자. 두 가지 방법이 있다. 첫 번째 방법은 '일단 최선을 다해보는 것'이다. 말장난이 아니다. 어떤 일에 진심을 다해서 자신을 던져 본 사람은 안다. 그 결과가 좋지 못해도 크게 상처받지도 억울해 하지도 않는다는 걸. 때로 최선을 다했다는 사실 자체가 우리를 평안하게 한다.

연인을 사랑해도 이별을 통보받을 수 있다. 하지만 그 사랑이 모든 것을 던진 헌신적인 사랑이었다면, 이별이 아프지 않은 것은 아니겠지만 의외로 담담하다. '야! 네가 어떻게 나한테 이럴 수 있어!'라는 생각은 들지 않는다. '최선을 다한 사랑이어서 후회는 없어'라며 담담하게 마지막 인사를 해줄 수 있다. 열심히 공부한 시험에 떨어질 수 있다. 하지만 정말 혼신의 힘을 다해 공부했다면 '씨발! 내가 얼마나 열심히 했는데!'라는 생각은 들지 않는다. '최선을 다했기에 후회는 없어'라며 담담하게 결과를 받아들일 수 있다. 우리가 과도하게 상처받고, 억울한 이유는 혼신의 힘을 다한 일들이 그다지 많지 않기 때문일지도 모르겠다.

두 번째 방법도 있다. '진심으로 좋아하는 일을 하는 것'이다. 이 방법이 더 현실적이다. 언제나 이해득실 따지고 손해 보는 삶을 피해왔던 사람이 결과에 상관없이 먼저 혼신의 힘을 다해보는 방법은 쉽지 않을 테니까. 열심히 준비한 시험에 떨어져도 상처받지 않을 수 있다. 그 시험이 공무원 시험이 아니라 가수 오디션이면 된다. 너무나 하고 싶었기에 주위 사람들의 반대에도 불구하고 선택한 시험은 떨어져도 과도하게 상처받거나 억울하지 않다. 그 선택을 하지 않았을 때 더 후회했을 거라는 사실을 잘 알고 있기 때문이다.

연애도 마찬가지다. 적당히 좋은 사람과 연애하면, 항상 손해 보는 것 같고 억울하기 마련이다. 하지만 같이 있는 것만으로 심장이 두근거릴 정도의 사람과 연애하면 이야기가 다르다. 진심으로 좋아하는 사람과의 연애는 언제나 '진인사대천명'의 연애일 수밖에 없다. 그 사람이 나를 사랑해주면 땡큐고, 아니면 또 어떤가? 이별을 말하면 어떤가? 그렇게 좋아했던 사람을 사랑해줄 수 있었다는 것, 잠시지만 그 사람 곁에 있었다는 것 자체로 너무 행복할 것이다.

진인사대천명의 심정으로 사랑하자. 연애를 시작했다면 앞뒤 가릴 것 없이 최선을 다하자. 그것이 힘들다면 진심으로 좋아하는 사람을 만나자. 어떤 방법이든 좋다. 결과는 하늘에 맡기고 우리가 할 수 있는 일들을 하자. 최선을 다한 사람들이 모두 뜻을 이루는 것은 아니지만, 뜻을 이룬 사람 중에 최선을 다하지 않은 사람은 없으니까. 또 최선을 다했지만 뜻을 이루지 못하면 또 어떤가? 연애도, 삶도 과정이지 결과가 아니다. 결과에 집착하지 말고, 과정 자체를 누리자. 그게 '진인사대천명'의 자세라고, 나는 믿고 있다.

8. '몸정'은 사랑일까?

'몸정'은 사랑일까?

사랑과 섹스는 별개의 영역도, 반비례 관계에 있는 것도 아니라는 사실은 이미 밝혔다. 사랑이란 감정이 섹스를 통해서 더욱 깊어질 수 있다고 말했다. 도식으로 표현하자면, '사랑→섹스→사랑'이란 말이다. 그런데 사랑과 섹스는 같이 가는 것이고 그 둘이 반비례가 관계가 아니라면, 사랑과 섹스에 관한 불편한 질문이 생긴다. 그건 '섹스→사랑→섹스'라는 도식에 관련된 것이다. '섹스가 먼저인 관계를 통해서도 사랑이 생길 수 있느냐?'는 질문이다.

섹스하면 사랑하게 될까? 윤리적, 도덕적 삶을 지향하는 사람들의 대답은 '결코 그런 일은 없다!'일 게다. 하지만 있는 그대로의 현실에서 대답은 '그럴 수 있다'이다. '몸정'이란 말을 들어본 적 있을까? 이건 사랑하지 않았지만, 서로에게 만족을 주는 섹스를 주기적으로 하는 사람에게 생기는 정서적 유대감을 말하는 것이다. 이 '몸정' 역시 사랑의 감정이 전혀 아니라고 말하기 어렵다.

A에게는 연인(B)이 있지만 주기적으로 섹스하는 사람(C)이 있다고 해보자. A가 C에게 느끼는 감정은 무엇일까? 정말 성적 욕망뿐일까? 그렇지 않다. 가끔 C와 영화도 보고 싶고, 식사도 하고 싶다. 또 C에게 좋은 일이 생기면 함께 기뻐해주고, 슬픈 일이 생기면 A 역시 마음이 편치 않을 것이다. 완전히 똑같다고는 말할 수 없더라도, A의 C에 대한 감정은 B를 만날 때 느끼는 감정과 유사할 것이다. '몸정'도 일종의 사랑이라고 할 수 있다.

몸정이 생기는 이유는 앞서 말한 것처럼 사랑과 섹스가 별개의 영역이 아니기 때문이다. 사랑해서 섹스할 수도 있지만, 거꾸로 섹스를 해서 사랑과 비슷한 감정에 도달할 수도 있다. 정신적인 사랑과 육체적인 사랑은 따로 있지 않다. 아니 정신이란 건 애초에 없다. 더 정확히 말하자면, 정신은 이미 육체에 포함되어 있는 것이다. 그래서 둘은 이미 하나다. 정신이 누군가를 원한다는 건 육체가 원한다는 것이고, 육체가 누군가를 그리워한다는 건 정신이 원한다는 말이다.

섹스는 엑시터시다.

섹스가 무엇이기에 없던 사랑의 감정도 만들어 내는 걸까? 섹스의 즐거움은 무엇일까? 몇 해 전 몇몇 연예인들이 복용한 마약이 이슈가 되었던 적이 있다. 언론에 공개된 그 마약의 이름이 '엑스터시'였다. '엑스터시ecstasy'는 무아경이나 황홀이라는 단어로 번역된다. 무아지경無我之境에 이르렀다는 것, 황홀하다는 것은 어떤 걸까? 그건 자신我이 없다고無 느껴지는 기분이다. 즉, 엑스터시는 자신이 없다고 느껴지는 상태를 의미하는 것이다.

'엑스터시'라는 단어 자체가 이미 이런 의미를 내포하고 있다. '엑스터시'라는 단어의 어원은 라틴어 '엑스타시스ekstasis'다. 이는 바깥을 의미하는 '엑스'(ek=ex)와 상태를 의미하는 '스타시스stasis'가 합쳐진 단어다. 즉, '엑스타시스ekstasis'라는 단어는 '바깥으로 나가 있는 상태'를 의미한다. 엑스터시가 자신이 없다고 느껴지는 상태나 기분을 의미하는 이유는 자신이 바깥으로 나가 있는 상태이기 때문이다. 결국 섹스가 주는 즐거움은 엑스터시, 즉 바깥으로 나가 자신이 없다고 느끼는 기분에 기원한다.

격정적인 섹스를 통해 오르가즘에 도달해본 사람은 안다. 시간이 어찌 가는지도, 지금 자신이 어디에 있는지도 알지 못한 채 순간적이기는 하지만 무아無我의 경지에 도달해있다는 걸. 그 엑스터시의 경험은 너무도 강렬하기에 사랑과 유사한 감정까지 만들어내는 것이다. 무아의 상태에 이를 만큼 황홀한 섹스를 통해 사랑과 유사한 감정이 발생할 수 있다는 건 당연한 일이다. 고되고 힘든 세상살이에서 나를 무아의 상태로 끌어들일 그 사람을 어찌 사랑하지 않을 수 있을까?

'몸정'은 사랑의 유사품

그렇다면, 황홀한 섹스는 언제나 사랑이라는 감정을 끌어낼 수 있을까? 아니다. 섹스를 통해 사랑의 감정이 생기기는 하지만 그건 어쩔 수 없는 사랑의 유사품이다. '몸정'은 온전한 사랑이 아니다. 사랑의 유사품이다. 10년을 사귄 남자 친구와 헤어지고 몸도 마음도 지쳐버린 Y라는 사람이 있다. 한 사람을 위해 헌신해왔던 삶이 억울해서였을까? 지조 있는 여자가 되어야 한다는 억압된 성적 욕망이 이별과 함께 터져버려서일까? 그녀는 이 남자 저 남자와 잠자리를 갖기 시작했다.

애초에 사랑은 없었다. 많은 남자들이 하룻밤으로 스쳐지나갔다. 하지만 한 사람은 달랐다. 물론 그 남자 역시 사랑하지 않았다. 그렇지만 주기적으로 그와 만나 섹스를 했다. 그와 섹스가 너무나 황홀했기 때문이었다. 10년을 사귄 남자친구와는 단 한 번 느껴보지 못했던 무아의 황홀경을 그는 하룻밤에도 몇 번을 느끼게 해주었다. 사랑한 건 아니었지만 Y는 가끔 그 남자가 생각났다. 그리고 그 생각은 섹스에 관한 것만은 아니었다. 가끔은 함께 영화도 보았고 드라이브를 하고 싶다는 생각도 했다.

왜 이런 일이 일어날까? 섹스가 주는 엑스터시 그 자체가 너무 매혹적이기 때문일까? 그렇게 단순한 문제가 아니다. 몸정이 사랑의 감정까지 육박해 들어오는 이유를 알기 위해서는 조금 더 깊은 고찰이 필요하다. 엑스터시는 '바깥으로 나가 있는 상태'라고 말했다. 바깥으로 나갔기에 자신이 없는 무아 혹은 황홀의 상태가 도달한 것 아닌가? 여기서 다시 질문할 수 있다. 나를 벗어나 바깥으로 나가면 무엇이 있는가?

섹스, 대화 없음의 대화

무아의 상태에 이르러서 바깥으로 나서면 만나게 되는 건, 타자다. 자신의 바깥은 타자가 서 있는 자리다. 엑스터시는 기본적으로 나를 벗어나 타자와 이야기 나누고 싶다는 인간의 절박한 바람이다. 자신 안에 있을 때는 결코 벗어날 수 없는 심연의 외로움, 불안을 자신 바깥으로 나가 타자와 소통함으로써 벗어나고 싶은 것이다. 나에게 엑스터시를 선사해주는 타자와의 섹스는 그 자체로 심연의 외로움과 불안을 덜어준다. 이것이 사랑 없는 섹스지만, 그것을 통해 절정의 엑스터시를 맛보게 되면 사랑과 유사한 감정으로까지 육박해 들어가는 본질적인 이유다.

연애를 해본 사람은 안다. 이런저런 일로 싸우고 난 뒤에 많은 대화를 나누어도 여전히 무엇인가 찜찜한 기분이 남는다는 걸. 하지만 그 찜찜한 기분은 서로의 몸을 격정적으로 탐하는 황홀한 섹스를 통해 온전하게 해소된다는 사실 또한 찐한 연애를 해본 사람은 누구나 안다. 그렇다. 섹스는 기본적으로 타자와의 대화다. 엑스터시를 동반하는 섹스는 '대화 없음의 대화'인 셈이다.

그리고 이 '대화 없음의 대화'야 말로 그 어떤 대화보다 서로에 대해 깊게 알 수 있게 해주는 대화 방식이다. 그렇기에 엑스터시를 느끼게 해주는 섹스는 연인의 사랑을 더욱 깊게 만들어주는 것이다. 심지어 연인이 아니라도 사랑과 유사한 감정까지 만들어 내는 것이다. 인간은 누구나 심연의 외로움과 불안을 덜어내고 싶은 절박한 바람이 있는 까닭이다. 남녀 관계는 둘 밖에 모른다는 이야기는 바로 '대화 없음의 대화'는 오직 둘만이 알 수 있기 때문이다.

'몸정'은 사랑이 될 수 있을까?

'몸정'은 사랑의 유사품이라고 말했다. 정서적 대화 없는 육체적 대화는 잠시의 엑스터시를 주지만 이내 더 큰 허무와 외로움을 주기 때문이다. Y는 어떻게 되었을까? 엑스터스를 느끼게 해주었던 남자를 계속 만났을까? 곧 헤어졌다. 이유는 외로움과 허무 때문이었다. 엑시터시는 바깥으로 나가 타자와 대화하는 것이다. 그 무아의 황홀경을 느낄 때는 외로움과 허무로부터 잠시 벗어날 수 있다.

하지만 마약의 이름에 왜 엑스터시라는 이름을 붙였을까? 결국 엑스터시(섹스)라는 육체적 대화는 짧은 무아의 황홀 뒤에 더 큰 허무와 외로움을 남기기 때문이다. 엑시터시라는 마약이 그런 것처럼. 그녀는 절정의 육체적 쾌락에서 외로움과 허무를 벗어날 방법을 찾은 듯 했지만, 역설적이게도 그 끝에서 더 큰 외로움과 허무를 만나게 된 셈이다. 그래서 엑스터시를 선사한 그 남자와 더 이상 섹스하지 않기로 마음먹은 것이다.

'몸정'은 사랑이 되기 어렵다. 그건 서로의 육체만을 탐닉하는 '대화 없음의 대화'는 온전한 대화가 아니기 때문이다. 섹스를 통해 엑스터시를 느껴도 정서적 교감이 없다면 온전한 사랑으로 발돋움하기 어렵다. 인간은 섹스하고 싶은 동물이지만, 섹스만 하면 되는 동물과는 다른 존재다. 그래서 사랑 없는 섹스가 가능한 만큼, 섹스 없는 사랑도 가능한 것이다. 나이가 들어서 혹은 불행한 사고로 성적 능력을 잃어도 인간은 사랑할 수 있다. 진심으로 사랑하면 반드시 찾게 된다. 섹스 이외에 '대화 없음의 대화'하는 방법을.

사랑에 필요한 두 가지 대화, 섹스와 산책

엑스터시가 자신의 바깥으로 나가 타자를 만나는 것이라면, 온전한 사랑을 위해 타자와 해야 할 대화는 '섹스'와 '산책'이다. 섹스가 '대화 없음의 대화', 즉 육체를 통한 대화라면, 산책은 '대화 있음의 대화'다. 쉽게 말해 언어를 통한 대화다. 오해하지 말아야 할 것이 있다. 언어를 통한 대화에 관한 것이다. '몸정'으로 만나는 관계도 언어를 통해 대화를 한다. 그래서 나는 언어로서의 대화에 '산책'이라는 은유적 이름을 붙이고 싶다.

'몸정'으로 만나는 관계의 사람도 '오늘 뭐 먹을까?' '어제 뭐했어?' 라는 일상적 대화를 나눈다. 하지만 이건 '산책'으로서의 대화가 아니다. 연인이 시간을 내어 한 적한 곳에 산책을 하는 장면을 생각해보자.

무슨 이야기를 할까? 물론 일상적인 이야기를 할 수 있다. 하지만 그 일상적인 이야기 뒤에는 서로의 심연을 읽어내려는 노력이 숨어 있다. 서로의 눈빛, 작은 떨림, 호흡 같은 미세한 것들을 읽으려고 노력한다. 산책에는 그런 정서적 대화가 포함된다.

엑스터시는 육체적 오르가즘이 아니다. 엑스터시는 대화다. 신체로서의 대화, 언어로서의 대화. 이 두 가지 대화가 자연스럽게 교차될 때, 온전한 사랑의 포만감을 느낄 수 있다. 쉽게 말하자. 모텔과 공원을 가로지르는 사랑이 온전한 사랑이다. 모텔만 전전하는 관계는 몸정이지 사랑이 아니다. 마찬가지로 공원만 찾는 관계는 사랑이 아니라 누군가의 사랑을 흉내 내는 것인지도 모른다. 진짜 엑스터시를 맛보고 싶은가? 모텔과 공원, 섹스와 산책을 가로지르는 두 가지 대화를 모두 만끽하시길.

철학자의 연애 오지랖
몸정도 사랑이 될 수 있다!

몸정도 사랑이 될 수 있다. 다만 그러기 어려울 뿐이다. 왜 '몸정'은 왜 사랑이 되기 힘들까? 그건 '몸정'에 빠지는 사람은 대체로 어떤 이유에건 내면이 정돈되지 않은 상태이기 때문이다. 남자든, 여자든 정서적 교감 없이 섹스에 탐닉하는 사람은 내면이 혼란스러운 경우가 대부분이다. 내면이 정돈되지 않은 사람은 누구에게나 존재하는 심연의 외로움, 허무, 불안을 잘 통제하지 못한다.

그래서 섹스를 통해서 그 외로움, 허무, 불안으로부터 벗어나고 싶은 것이다. 실제로 일시적이지만 절정의 엑스터시를 통해 그 바람은 실현된다. 하룻밤에 몇 번씩이나 오르가즘을 맛보는 무아의 황홀경을 경험하고 있는 와중에 외로움, 허무, 불안이 들어설 수는 없는 법이니까. 나는 분명이 육체적 엑스터시만으로는 온전한 사랑이 어렵다고 말했다. 하지만 그 말이 '몸정이 든 사람과 무조건 결별하라'는 뜻은 아니다.

몸정이 들었다는 말은 적어도 서로의 육체에 대해서는 가장 잘 안다는 의미다. 하룻밤에 몇 번 오르가즘을 느끼게 해줄 상대를 인생에 몇 번이나 만날 것 같은가? 정서적 교감이 있지만 섹스가 시원치 않을 경우의 불만족과 몸정이 든 사람이 주는 정서적 결핍감의 불만족은 대략 비슷하다고 본다. 그러니 일단 몸정이 든 사람이 있다면 행운이다. 적어도 반쪽의 대화는 성공한 셈이니까. 그러니 몸정을 나쁜 것이라고만 생각하지 말자.

오히려 몸정이 든 사람이 있다면, 그 사람에게 기회를 주자. 정서적 대화를 할 기회. 섹스가 너무 좋은 상대가 나타났다면, 정서적 교감을 시도해보자. 함께 산책하면서 자신이 좋아하는 소설이나 음악, 삶의 고민에 대해 이야기해보자. 어쩌면 섹스 파트너로만 여겼던 그 사람 역시 그 산책을 기다리고 있었을지도 모를 테니까. 그렇게 나머지 반쪽의 대화를 나눌 수 있는 기회를 주자. 나에게 육체적 엑스터시를 주었으니 그 정도의 기회는 주어야 공평하지 않을까?

물론 그 과정에서 몸정이 든 상대가 섹스 이외에 어떤 대화도 할 수 없는 사람임을 발견하게 될 수도 있다. '몸정'의 정리는 그때 해도 늦지 않다. 어차피 사랑이 섹스와 산책 두 가지의 대화라면, 어떤 것이 먼저여도 상관없지 않을까? 꼭 산책을 하고 섹스를 해야 하나? 상황에 따라 모텔부터 갔다가 공원으로 가도 좋은 것 아닌가? 연애에 대한 철학자의 오지랖 하나. 사랑은 어렵고 힘든 것이다. 그러니 모로 가도 서울로만 가면 된다. 윤리, 도덕에 너무 사로잡히지 마시라!

철학자의 연애 상담, 스피노자

"인간의 정신을 구성하는 관념의 대상은 신체이다."

– 스피노자『에티카』

'로맨틱한 사랑이냐? 에로틱한 사랑이냐?'

연애에서 많은 문제들이 있지만 그 많은 문제들은 대부분 위의 질문으로부터 파생된 문제들이다. 남자는 섹스를 원한다. 에로틱한 사랑을 원하는 것이다. 여자는 대화를 원한다. 로맨틱한 사랑을 원하는 것이다. 이 간극, 로맨틱한 사랑과 에로틱한 사랑의 간극 때문에 많은 연인들이 다툰다. 두 가지 사랑 중 어느 하나만이 진짜 사랑이라고 주장하느라, 혹은 어떤 사랑이 먼저라고 주장하느라 다툼이 끊이지 않는다.

한 개인의 내면도 마찬가지다. 살아왔던 삶도 취향도 너무 달라 대화가 통하지 않을 거라 생각했던 사람과의 우연한 스킨십에서 묘한 만족감을 느끼게 될 때 당혹스럽다. 스킨십뿐만 아니라 섹스에서도 별 감응이 느껴지지 않지만 함께 대화를 나누는 것은 너무 좋은 사람과의 만남도 당황스럽기는 마찬가지다. 한 개인의 내면에서도 로맨틱한 사랑과 에로틱한 사랑은 언제나 충돌하고 부대낀다.

이 문제를 어떻게 해결할 수 있을까? 먼저 이 문제들의 근본 원인부터 짚어보자. 로맨틱한 사랑과 에로틱한 사랑 사이의 갈등은 왜 발생했을까? 근본적으로 정신과 육체가 따로 존재한다는 인식에서 비롯된 것이다. 정신과 육체가 따로 존재한다고 믿으니 정신적인(로맨틱) 사랑과 육체적인(에로틱) 사랑 역시 별도로 존재한다고 믿게 된 것이다. 이런 인식을 거슬러 올라가다보면 '데카르트'라는 철학자를 만날 수 있다. 그는 '이원론'을 주장하면서 정신과 육체는 별개로 존재한다고 말했다.

데카르트의 이원론 VS 스피노자의 일원론

로맨틱한 사랑과 에로틱한 사랑에서 갈등하는 사람은 이원론자다. 정신과 육체가 별개로 존재한다고 믿는 이원론자. 그런데 지금까지도 유효한 이 이원론을 심각하게 '디스'했던 철학자가 있다. 스피노자다. 그는 데카르트의 이원론을 비판하며 '일원론'(심신평행론)을 주장했다. 스피노자는 '신이 자연이고, 자연이 곧 신이다'라는 범신론을 주장했다. 『신학-정치론』에서 **"신의 섭리는 참으로 '자연'의 질서 외에는 아무 것도 아니다"**라고 말했던 것도 같은 맥락에서였다. 스피노자의 '범신론'은

'일원론'(심신평행론)으로 반복된다. 스피노자의 '일원론'(심신평행론)은 '정신과 육체가 별도의 영역에서 독립적으로 존재하는 것이 아니라 서로 유기적으로 연결되어 영향을 미친다.

스피노자의 '일원론'이 삶의 진실이라고 믿는다면, 로맨틱한 사랑과 에로틱한 사랑이 충돌할 필요도, 둘 사이에서 갈등할 필요도 없다. 사랑은 그 자체로 이미 사랑인데, 정신과 육체라는 불필요한 관념의 구분으로 정신적 사랑과 육체적 사랑을 구분하게 된 것은 아닐까? 다사다난했던 연애를 거치면서 나는 스피노자주의자가 되었다. 많은 연애를 했지만 정신적이기만 사랑도 없었고, 육체적이기만 사랑도 없었다. 그 둘은 언제나 동시적이었고, 그래서 늘 뒤엉켜있었다.

"정신의 노력 또는 사유능력은 신체의 노력 또는 활동능력과 본성에 있어서 같고 동시적이다." 스피노자가 『에티카』에서 한 말이다. 이제 그 의미를 알겠다. 정신과 육체는 각자의 영역에서 별도로 존재하는 것이 아니라 그 본성에 있어서는 같고, 그 둘은 동시적이다. 기본적으로 나는 스피노자주의자다. 그래서 일원론자다. 정신과 육체가 따로 있다고 생각하지 않는다. 인간은 인간일 뿐이지, 별도로 존재하는 정신과 육체가 합쳐진 존재가 인간이라고 생각하지 않는다. 그러니 육체적인 사랑과 정신적인 사랑이 별도로 존재한다고도 생각하지 않는다.

정신과 육체는 함께 간다.

연애는 정말 그렇지 않은가? 대화가 잘 통하는 사람과의 섹스가 더 즐겁고, 섹스가 즐거웠으면 대화 역시 더 잘 통하게 되지 않았던가. 반대로 대화만 잘 통하고 섹스가 형편없으면 그 연애는 지속되기 어렵고, 섹스만 즐겁고 대화가 전혀 통하지 않아도 그 연애는 오래가기 힘들다. 육체와 정신은 따로 존재하는 것이 아니라 그 둘은 이미 하나이기 때문이다. 제대로 된 연애를 해본 사람은 안다. 이원론이 아니라 일원론이 삶과 연애의 진실이라는 걸.

그런데 우리네 현실은 가끔 일원론을 의심하게 만든다. 대화는 잘 통하지만 섹스는 별로고, 섹스는 만족스럽지만 대화는 별로인 경우가 많다. 정신과 육체가 따로 존재하는 것이 아니라면, 이런 일이 일어나서는 안 되는 것 아닐까? 대화(정신)가 좋았다면 섹스(육체)도 좋아야 하고, 섹스(육체)가 좋았다면 대화(정신)도 좋아야 하는 것 아닐까? 이 의문에 스피노자는『에티카』에서 이렇게 답했다.

"인간의 정신을 구성하는 관념의 대상은 신체이다."

어려울 것 없다. 우리가 갖고 있는 정신(생각, 감정)을 구성하는 것은 결국 신체라는 것이다. '불은 뜨겁다'라는 생각은 신체가 데였던 경험을 통해 형성된다는 것이다. '엄마가 보고 싶다'라는 감정은 엄마가 나의 신체를 쓰다듬어주었던 경험을 통해 형성된다는 이야기다. 말하자면, 신체는 정신(생각과 감정)을 만드는 일종의 입력 장치인 셈이다. 그래서 스피노자는 **"정신은 신체가 지속하는 동안이 아니면, 아무 것도 표상할 수 없으며, 과거의 사물을 기억할 수도 없다"**고 말했던 것이다.

육체가 먼저다. 그러니 육체를 믿자!

정신과 신체의 본질은 같고 동시적으로 서로에게 영향을 주지만, 결국 신체가 먼저라는 것이다. 신체가 받아들이는 경험이 정신에 영향을 미치고 그 정신은 다시 육체에 영향을 미치게 되는 것이다. 스피노자의 이야기를 내 식대로 해보자면, 매력적인 사람이 생겼다면 고상한 대화보다 먼저 손을 잡고 키스해보자는 것이다. 물론 상대가 승낙하는 경우에만 말이다. 이제 다시 묻고 싶어질지도 모르겠다. "어떻게 모르는 사람과 손을 잡을 수 있어요?" "대화 한 마디 나눠보지 않은 사람과 키스하고 싶은 감정이 안 생겨요"

스피노자의 **"인간의 정신을 구성하는 관념의 대상은 신체"**라는 말을 잊지 말자. '모르는 사람과는 손을 잡을 수 없다'는 '생각'은 아버지로 표상되는 엄격한 존재와 내 신체가 접촉했기에 만들어진 정신이다. '대화해보지 않은 사람과 키스하고 싶지 않아요'라는 감정도 마찬가지다. 그런 '감정'은 보수적인 연인과 같은 사람과 내 신체가 접촉했기에 만들어진 정신이다. 그러니 전혀 새로운 사람과 신체를 접촉해보면 새로운 생각과 감정이 만들어질지도 모를 일이다.

행복한 연애를 하고 싶다면, 정신보다 육체에 집중하자. 생각하지 말고 느끼자. 그 사람이 얼마나 많은 돈과 지식을 갖고 있는지를 '생각'하지 말자. 그 사람의 호흡, 손길, 체온, 체취를 느끼자. 그 '느낌'에 집중하자. 그 느낌이 슬픔과 유사한 감정이 아니라 기쁨에 가까운 감정이라면 그 연애에 모든 것을 던지자. 놀라운 일이 벌어질 게다. 트로트를 좋아했던 내가 클래식의 매력을 알게 되고, 책이라면 만화책밖에 안 보던 내가 철학책에 빠질지도 모르겠다. 정신과 육체는 하나기에, 육체가 끌리는 곳에 새로운 정신(생각과 감정)이 기다리고 있을 것이다. 그걸 가능케 하는 게 사랑이다.

내가 스피노자주의자가 된 이유

나는 망나니였다. 이 여자, 저 여자와 섹스를 했다. 상대가 승낙해 주기만 한다면 그렇게 했다. 심지어 여자 친구가 있어도 그런 적이 있다. 뭔가 철학적 사유가 있어서 그런 건 아니었다. 여느 20대가 그런 것처럼 넘치는 에너지를 주체할 수 없어서였다. 섹스가 주는 그 육체적 쾌락이 좋았다. 그저 그렇게 계속 좋을 줄로만 알았다. 하지만 어느 날, 클럽을 전전하던 개망나니 생활을 청산했다. 이유는 미쳐버릴 것 같아서였다.

섹스를 했던 그 많은 여자들을 정신적으로 사랑하지 않았다. 나의 욕구를 해소하기 위해 만났다. 하지만 그런 생활을 지속할수록 피폐해져갔다. 세상 사람들이 요구하는 윤리·도덕적 잣대가 불러일으키는 죄책감 때문이 아니었다. 개망나니에게 윤리·도덕적 잣대는 아무런 죄책감도 불러일으키지 못하는 법이다. 정작 나를 피폐하게 했던 건, 어떤 정서적 교감도 없이 섹스를 했던 사람들에게 미묘한 감정이 생겼기 때문이었다.

클럽에서 한 여자를 만났다. 화장품 냄새, 적당한 알코올, 현란한 사이키 조명의 조합이 만들어 내는 몽환적인 분위기에 취했다. 그날 그녀와 섹스를 했다. 사랑은 없었고, 욕망만 있는 섹스였다. 그 섹스 뒤에 그녀는 자신의 내밀한 상처에 대해 내게 이야기했다. 나는 한편으로는 부담스러웠지만 또 한편으로 묘한 안쓰러움이 느껴졌다. 그 안쓰러움은 단순한 동정은 아니었다. 뭐라 한 마디로 표현할 수 없는 감정이었다.

그 뒤로도 계속 그랬다. 육체적 욕구만 해결하면 되는데 섹스 뒤에 자꾸만 묘한 감정이 따라 붙었다. 이제 그 감정의 정체를 안다. 그건 사랑이라고 말할 수는 없지만 사랑이 막 시작되려는 감정이었다. 그 안쓰러움은 사랑이 움터올 때의 감정이었다. 마더 테레사가 아닌 이상 한 번에 여러 명을 사랑할 수는 없다. 나는 벌을 받은 셈이다. 여러 명과 섹스를 한 대가로 여러 명에게 사랑의 감정을 느껴버린 것이었다. 그건 분명 잔혹한 벌이었다.

순간순간 섹스를 했었던 사람들의 얼굴이 떠올라 괴로웠다. '내가 정말 사랑하는 사람은 누구인거야?' '내가 사랑이라는 걸 할 수 있는 인간이기는 한 거야?'라는 생각에 급기야 미쳐버릴 지경에 이르렀다. 한 사람도 제대로 사랑할 수 없는 미성숙한 인간이 많은 사람에게 사랑의 감정을 느껴버렸으니 미치지 않은 게 다행이었다. 이제 왜 그런 일이 일어났는지 알고 있다. 육체와 정신은 따로 존재하지 않기 때문이다. 육체가 남긴 흔적은 고스란히 정신에 새겨지고 그건 다시 육체에 흔적을 남긴다. 육체적인 관계를 맺은 대가로 정신적 관계 역시 피할 수 없었던 것이다. 사랑해서 섹스를 할 수도 있지만, 섹스를 해서 사랑의 감정이 생기기도 한다.

개망나니 생활, 그로 인해 피할 수 없었던 내면의 황폐함으로 나는 일원론을 믿게 되었다. 이것이 내가 스피노자주의자가 된 이유다. 나처럼 개망나니 생활을 해볼 필요는 없다. 하지만 중요한 건, 사랑이 무엇인지 헷갈려하거나 혹은 고민하고 있다면 육체를 따라갈 필요는 있다. 윤리·도덕이 지배하는 현실에서 육체로부터 연애를 시작하는 건 상당히 위험한 일이다. 하지만 사랑은 '생각'하는 것이 아니고 '느끼는' 것이기에 사랑의 시작은 육체로 시작하는 것이 좋다. 그래서 나는 개망나니 생활을 후회하지 않는다. 혹여나 상처 주었던 이들에게는 참으로 미안한 일이기는 하지만.

다섯 번째 이야기 이별의 철학

1. 우린 정말 사랑했을까?

사랑, 하고 있나요?

"내일 뭐할까?"
"뭐, 하던 대로 영화보고, 밥 먹고 그러면 되지."
"그래, 그러면 되겠네."

첫 만남의 긴장, 연애 시작의 설렘, 열애의 애틋함을 모두 지나 온 연인들은 안다. 그 모든 것들이 지나간 자리에 일상의 익숙함이 자리 잡는다는 걸. '내일 뭐할까?'를 묻지만 더 이상 설레지도 않고, 딱히 새로운 것도 없다. 그렇다고 그것이 서운하지도 않다. 익숙함이다. 오래된 연인이 느끼는 익숙함. 그 익숙함은 권태감을 주기에 사랑을 의심하게 되지만, 한편으로는 편안함을 주기에 사랑임을 의심하지 않게 된다.

오래된 연인은 사랑을 묻지 않는다. 왜 일까? 성숙한 사랑을 하고 있기 때문일까? 어쩌면 그건 사랑을 진지하게 묻는 순간, 이제껏 유지해왔던 익숙함에 심각한 균열이 생길 수 있음을 직감하기 때문일지도 모르겠다. 아주 오래된 연인에게 “너, 나 사랑하니?”라는 질문은 금기다. 그 질문은 ‘이제 우리 그만해야 하지 않을까?’라는 질문을 내포하기 때문이다. 하지만 그래서 바로 지금이 물어야 할 때다. ‘사랑, 하고 있을까?’

사랑이 끝났다면 이별이다.

이것부터 말하자. 사랑이 끝났다면 이별이다. 오래된 연인은 종종 말한다. ‘늘 새로울 수는 없잖아’ ‘설레는 것만이 사랑은 아니잖아’ 자기합리화다. 사랑은 이미 끝났다는 것을 알지만 지나온 추억이 주는 익숙함과 결별할 수 없어 만들어낸 애절한 자기합리화. 이별 뒤에 찾아올 익숙한 것과의 이별을 감당할 수 없기에 그렇게라도 자기합리화를 할 수 밖에 없다. 나 역시 그것을 왜 모를까. 하지만 편안하기에 권태롭고, 권태롭기에 편안한 시간이 찾아왔다면, 아프게 물어야 한다. ‘사랑, 하고 있을까?’

‘사랑, 하고 있나요?’라는 질문은 두 가지 질문을 동시에 던진다. ‘지금 하고 있는 것이 사랑일까?’라는 질문과 ‘이제껏 해왔던 게 정말 사랑이었을까?’라는 질문. 첫 번째 질문이 아프다면, 두 번째 질문은 잔인하다. 연인과 함께 했던 추억과 심지어 내 삶의 일부마저 부정하게 될지도 모를 질문이기에 그렇다. 더 큰 행복을 주는, 성숙한 사랑을 위해서는 이 아프고 잔인한 두 질문에 답할 수 있어야 한다.

두 질문에 답하기 위해서 다시 사랑이 무엇인지 물어야 한다. 철학자 이진경은 사랑에 대해서 이렇게 말하고 있다. "사랑은 다른 감각을 갖게 만들고, 다른 세계에 눈뜨게 하는 사건이다. 그것을 통해 나를 넘어서는 사건이다." 이 사랑의 정의로 두 질문에 답할 수 있다. 매도 먼저 맞는 게 낫다고 잔인한 질문부터 가자. '이제껏 해왔던 게 사랑이었을까?'라는 질문은 이렇게 바꿔볼 수 있다. '나는 연인을 통해 다른 감각이 생겼을까? 다른 세계에 눈을 떴을까? 나를 넘어섰을까?'

연애戀愛, 또는 연아戀我

누군가를 통해 새로운 세계에 눈을 뜬 적이 있을까? 누군가를 통해 절대 갈 일이 없을 것 같던 장소에 가게 되었을까? 그렇게 결코 될 것 같지 않았던 사람이 되었을까? 자신을 넘어서는 경험을 한 적이 있을까? 구체적인 경험은 다 다를 수 있겠지만 이 질문에 '그렇다'고 답할 수 있다면, 그건 사랑이었을 게다. 사랑이라는 감정만이 새로운 감각을 갖게 하고, 다른 세계에 눈뜨게 하며, 그래서 자신을 넘어서게 하니까.

하지만 답이 '아니요'라면 안타깝게도 누구를 만났든 사랑한 적이 없는 것이다. 연인이라고 믿고 있었던 사람과 많은 시간을 보냈지만, 자신의 삶의 관성을 그대로 유지하는 사람이 있다. 긴 시간 연애를 했지만, 새로운 감각이 생기지 않고, 새로운 세계에 눈떠본 적도 없고, 그래서 자신을 넘어서는 경험이 단 한 번도 없다면, 그것은 연애戀愛가 아니다. 차라리 '연아戀我'라고 말하는 편이 더 적절하다. 연애는 사랑(愛)을 그리워하는(戀) 것인데, 어떤 이의 사랑은 언제나 자신(我)을 그리워하기(戀) 때문이다.

처음부터 끝까지 자신의 세계를 유지하려는 사람이 한 건, 연애가 아니라 '연아'다. 물론 누군가를 만나 온전한 '연아'를 하는 사람도 드물다. 완전한 사랑이 어려운 만큼, 완전한 사랑 아님 또한 어렵다. 불안전한, 여전히 성숙하고 있는 우리의 사랑은, 완전한 사랑과 완전한 사랑 아님 그 사이 어딘가에 부유하는 사랑이다. 연인을 만나 크게 변하지는 않았지만, 그렇다고 하나도 변하지 않은 것도 아니다.

익숙함의 두 가지 이름

현실의 연애, 우리의 연애는, 연인을 통해 아주 조금일지라도 새로운 감각이 생기고, 새로운 세계에 눈 뜨고, 조금이지만 자신을 넘어서는 그런 연애다. 미술관 근처에도 가본 적 없는 남자가 렘브란트에 대해서 떠들 수 있고, 야구에 관심도 없던 여자가 복잡한 야구 규칙에 대해 설명할 수 있게 된다. 미술관 옆 카페에서 만난 아름다웠던 그녀 덕분이다. 일요일 아침 운동장에서 만난 야구를 하며 땀을 흘리던 멋있었던 그 덕분이다.

우리는 사랑했다. 새로운 감각이 생긴 만큼, 새로운 세계에 눈뜬 만큼, 자신을 넘어선 만큼. 하지만 과거에 사랑을 했다고 해도 다시 물어야 한다. 지금 하고 있는 것이 사랑인지. 두 번째 질문을 하자. '지금 하고 있는 게 사랑일까?' 오래된 연인들에게 이 질문이 더 중요할지도 모르겠다. 분명 사랑이었지만, 어느 순간부터 사랑이 아니었을 테니까. 그 순간은 어디였을까? 그 순간을 포착할 수 있다면, 지금의 감정이 사랑이 아님을 그래서 이별해야 하는 시간임을 조금 더 분명히 알 수 있지 않을까?

익숙함이 찾아왔던 순간이 바로 사랑이 끝난 지점이다. 이렇게 묻자. 연애 중이지만 더 이상 새로운 감각이 생기지도 않고, 더 이상 새로운 세계에 눈뜨지 않고, 자신을 넘어서는 경험 없는 지점은 어디였을까? 그건 익숙함이 찾아왔던 순간과 거의 정확하게 겹칠 게다. 너무나 당연한 말이지만, 익숙해졌기에 더 이상 새로운 감각도, 세계도 경험하지 못하고, 자신을 넘어서지 못하게 되니까. 익숙한 것 앞에 우리가 언제나 그랬던 것처럼.

익숙함은 권태와 편안함을 동반한다. 익숙함이 주는 권태로움의 정체는 뭘까? 새로운 감각이 더 이상 생기지 않고, 새로운 세계를 더 이상 경험하지 못하고 있다는 직감이 주는 불편함일 게다. 익숙함이 주는 편안함의 정체는 무엇일까? 더 이상 자신을 넘어서지 않아도 된다는 안도감일 게다. 익숙함이란 동전의 앞면이 권태로움이라면 뒷면은 편안함이다. 권태롭기에 편안하고, 편안하기에 권태롭다. 삶은 이리도 잔인하다.

사랑은 기묘한 감정이다. 편안하지 않기에 행복한 것이고, 편안해져버리면 불행해지는 것이니까. 그게 사랑이다. 권태로움이 나쁜 것도, 편안함이 좋은 것도 아니다. 익숙함의 다른 이름일 뿐이다. 하지만 분명한 것은 익숙함은 사랑이 끝났다는 것을 의미한다는 사실이다. '우린 정말 사랑하고 있을까?'라는 질문에 각자의 답을 할 수 있었으면 좋겠다. 그래서 사랑이 끝난 곳에서, 익숙함이 찾아온 곳에서 용기 내어 이별할 수 있었으면 좋겠다. 그래야 또 다시 사랑이 찾아올 테니까.

철학자의 연애 오지랖

돈쓰는 게 아까워지면 미련 없이 헤어지자.

사랑에도 유효기간은 있게 마련이다. 상품의 유효기간처럼 사랑에도 누가 명확하게 유효기간을 적어놓았으면 좋겠다. 그러면 조금 더 이별을 쉽게 받아들일 수 있을 테니까. 감히 사랑의 유효기간을 알려줄 수 있을 것 같다. 좋든 싫든, 옳든 그르든, 우리는 자본주의에서 산다. 그것도 세계에서 유래 없을 정도로 비인간적인 자본주의 체제에서 산다. 돈이 중요한 세상이다. 이 사실로부터 빼도 박도 못하는 사랑의 유효기간이 나온다.

'연애戀愛' 중에는 돈 쓰는 것이 아깝지 않다. 돈 따위가 뭐 중요할까? 사랑하는 이가 보고 싶어 1시간을 보려고 서울에서 부산까지 택시를 타고 가는 게 연애다. 사랑하는 이와의 1시간을 감히 어떻게 돈으로 환산할 수 있단 말인가. 하지만 사랑이 끝난 '연아戀我' 중일 때는 가장 먼저 돈이 아깝다. 물론 '무리해서 부산까지 가는 건 합리적이지 못해. 그 돈으로 다음에 맛있는 걸 사주는 게 더 낫지'라고 자기기만은 하겠지만, 사랑은 이미 끝났다.

자본주의, 그것도 지금 우리 사회처럼 돈이 없으면 인간의 기본적 존

엄마저 지킬 수 없는 사회라면, 사랑이 끝난 지점을 가장 먼저 명료하게 드러내는 것이 바로 돈이다. 이 말은 절망적이기도 하지만 동시에 희망적이기도 하다. 누군가를 진심으로 사랑할 수 있다면, 돈으로부터의 자유를 얻을 수도 있다는 의미이기도 하니까. 어찌되었건, 이것만은 분명하다. 돈 쓰는 게 아깝다면 사랑은 끝났다. 이별해야 할 순간이다.

2. 이별의 시그널

사랑의 시그널

"아내 분이 어떤 분인지 아세요?"

"20년을 살았는데, 아직도 집사람이 어떤 사람인지 잘 모르겠어요."

사랑에 관한 수업을 하면서 중년의 남자와 주고받았던 대화다. 내심 놀랐다. 부부는 대체로 사랑하지 않는다. 한편으로는 권태롭고 한편으로 편안한, 익숙함에 몸을 맡긴 채, 그냥 산다. 오해는 말자. 세상 부부들의 사랑을 부정하는 건 아니니까. 또 사랑은 없지만 함께 살아야 할 이유가 충분할 수도 있다. 결혼은 그런 거니까. 그 중년의 남자와 대화에서 놀랐던 건, 결혼한 지 20년이 되었지만, 그는 여전히 아내를 사랑하고 있다는 걸 느꼈기 때문이었다.

사랑의 시그널이 있다. '잘 안다고 생각했는데 사실 난 그 사람에 대해 아는 게 없었구나!'라는 당혹감이다. 오래된 연인이지만 서로를 여전히 사랑하는 이들을 만날 때가 있다. 그들은 종종 서로에게 대해 이리 느낀다. "재가 이런 사람이었어!" 그 당혹감은 분명 사랑의 시그널이다. 누군가를 사랑한다는 건, 그 사람을 알고 싶다는 애절한 호기심에 다름 아니다. 그 호기심은 필연적으로 당혹감으로 찾아온다.

'파스타를 좋아하는 것 같았는데, 오늘은 감자탕을 왜 이리 잘 먹는 거지?' '분명 일이 바쁠 때는 연락을 하는 걸 싫어했는데, 요즘 왜 이리 자주 연락을 하는 거지?' '매일 오락만 하는 줄 알았는데, 밀란 쿤데라를 어떻게 아는 거지?'라는 당혹감. 많은 시간을 보내서 이제는 그 사람을 조금 안다고 믿었지만, 사실은 그 사람을 잘 알지 못했다는 사실을 깨닫게 될 때 느끼게 되는 당혹감, 그것이 사랑의 시그널이다.

이별의 시그널

"야, 이제 가봐, 여친 기다리겠다."

"걱정 마. 화내다가도 좀 있으면 알아서 풀려. 나 걔 잘 알아."

남자 둘이 게임을 하고 있다. 여자 친구와 약속이 있는데 게임 삼매경에 빠져 있다. 이 대화에서 이별의 시그널을 읽을 수 있다. 남자 친구가 게임에 빠져 여자 친구를 기다리게 하는 것이 이별의 시그널일까? 그것도 이별의 시그널일 수 있다. 여자 친구보다 게임을 더 좋아하는 것이라고 여길 수 있으니까. 하지만 그보다 더 심각한 이별의 시그널은 따로 있다. "나 걔 잘 알아"라는 말이다.

우리는 때로 오래 사귄 연인을 잘 안다고 생각한다. 사랑하기 때문에 그 사람을 잘 알고 있다고 믿는다. 하지만 우리는 타자를 결코 알 수 없다. 왜냐? 첫째, 우리는 한 사람과 아무리 자주 그리고 오래 만나도 그 사람 전체를 알 수 없기 때문이다. 평생을 매순간 함께 한 자신에 대해서 잘 모르는 것이 인간이다. 그런데 하물며 어떻게 타자(연인)를 안다고 말할 수 있을까?

어제의 '나'와 오늘의 '나'는 다른 사람이다.

둘째, 백번 양보해서 한 사람 전체를 온전히 알 수 있다고 가정해 보자. 그럼 그 사람을 알 수 있는 걸까? 아니다. 10년 전에 '나'와 10년 후의 '나'는 전혀 다른 사람이다. 생물학적으로도 그렇다. 일정한 주기로 한 사람은 세포 단위까지 완전히 바뀐다. 지금 우리를 유지하고 있는 뼈, 살, 근육은 10년 전의 것과 전혀 다른 것이다. 정신이라는 지속성 때문에 '나'라는 존재가 항상 같다고 믿지만 실제로는 일정한 기간이 지나면 우리는 완전히 다른 물질이 된다.

마찬가지로 어제의 '나'와 오늘의 '나'는 미세하지만 분명 다른 사람이다. 하루만큼 육체는 늙어갈 것이고, 하루만큼의 시간이 남긴 기억들로 정신도 변해갈 테니까. 매순간 우리는 변한다. 육체적으로도, 정신적으로도. 그래서 타자는 결코 알 수 없다. 한 사람을 완전히 알았다고 해도, 그 사람은 내일 또 다른 사람으로 변할 테니까. 매일, 매순간 정신적 육체적으로 조금씩 변해가는 것이 인간이기에 우리는 타자를 알 수 없다.

그럼에도 불구하고 우리는 일상적으로 말한다. '그 사람은 이런 사람이야!' 너무 쉽게 한 사람에 대해서 다 아는 듯이 말한다. 그런데 한 사람에 대해서 다 아는 것처럼 말하는 사람은 어떤 사람일까? 직장 상사, 직장 동료. 학교 선후배 같은 사람이다. 직장 상사는 부하 직원에 대해 다 안다는 듯이 말한다. "걔는 내가 아는데, 중요한 일은 시키면 안 돼" 선배는 후배에 대해 다 아는 듯이 말한다. "걔는 부르지 마. 전화해도 안 나올 거야" 그런데 이들은 사랑의 정서와 가장 멀리 떨어진 사람들 아닌가?

"난 널 잘 알아"="난 널 알고 싶지 않아"

상사는 부하직원을 모른다. 부하직원이 중요한 일을 그르쳤던 이유는 어머니의 투병 때문이라는 걸 모른다. 선배는 후배를 모른다. 후배가 연락해도 술자리에 안 나왔던 이유는 술자리가 아니라 바로 그 선배가 싫어서라는 걸 모른다. 마찬가지로 게임에 빠진 남자는 여자 친구를 모른다. 매번 약속 시간에 늦어도, 알아서 화를 풀었던 이유는 여자 친구가 속이 없어서가 아니라 남자 친구를 너무 사랑했기 때문이라는 걸 모른다.

게임에 빠진 남자에게 여자 친구는 부하 직원과 후배의 다른 이름이었을 테다. 상사는 부하 직원을 사랑하지 않기에, 선배는 후배를 사랑하지 않기에, 자신이 편한 데로 상대를 재단해서 그 사람에 대해서 다 아는 척 이야기할 수 있는 것이다. 그렇다. "나 걔 잘아"라고 말할 수 있는 이유는 하나다. 사랑하지 않기 때문이다. 더 적나라하게 말해, "난 널 잘 알아"라는 말은 "난 널 알고 싶지 않아"라는 말이다.

사랑은 타자에 대한 끊임없는 호기심이라는 사실을 알고 있다면, 누군가를 안다고 믿는 것이 어떤 의미인지 돌아볼 일이다. 연인들의 사소한 말다툼에서 흔히 나오는 말, "내가 널 모르니?"라는 말이 얼마나 무서운 말인지 그네들을 알고 있을까? 연인에 대해서 다 알고 있다고 느낀다면, 반대로 연인이 마치 나를 다 아는 것처럼 대한다면 눈치를 채야 한다. 사랑은 이미 끝났다는 걸.

더 완전해지지 않는다면, 사랑은 끝이다.

스피노자는 『에티카』에서 사랑에 대해서 **"사랑이란 외적 원인의 관념을 수반하는 기쁨"**이라고 정의했다. 누군가(외적 원인)를 통해 기쁨을 느낀다면 그것이 사랑이라고 말하고 있다. 여기서 주의해야 할 것은 '기쁨'이라는 말이다. 스피노자는 인간의 모든 감정은 결국 '기쁨'과 '슬픔'이라는 두 가지 감정으로 분류된다고 말한다. 예를 들면, '헌신', '환희', '희망', '신뢰', '자기만족' 등과 같은 감정은 '기쁨'이라는 감정으로 묶을 수 있다. 반대로 '미움', '멸시', '수치', '절망', '후회' 등과 같은 감정은 '슬픔'이라는 감정으로 묶을 수 있다.

스피노자의 이 사랑의 정의를 통해 또 하나의 이별의 시그널을 발견할 수 있다. 스피노자의 사랑에 대한 정의를 생각해보면, 연인을 통해 느껴졌던 기쁨의 감정이 사라진다면 사랑이 끝났다는 말이다. 이건 연인을 만나서 즐겁지 않다면 헤어져야 한다는 단순한 이야기가 아니다. 스피노자가 말한 '기쁨'이라는 감정이 그렇게 단순하지가 않다. 스피노자의 '기쁨'은 어떤 감정일까? '헌신', '환희', '희망', '신뢰', '자기만족'과 같은 기쁨은 어떻게 정의할 수 있을까?

스피노자는 '기쁨'이란 감정에 대해 이렇게 정의하고 있다. 스피노자는 **"기쁨을 정신이 보다 큰 완전성으로 이행하는"** 것이라고 정의하고 있다. 우리에게 기쁨을 주는 감정, 예를 들면, '헌신', '환희', '희망', '신뢰', '자기만족' 같은 감정은 결국 우리를 더 완전한 어떤 존재로 만들어준다. 연애를 할 때 우리가 조금 더 완전한 존재가 된 것처럼 느껴지는 이유도 그래서다. 사랑할 때, '헌신'하고 '환희'를 느끼고 '희망'을 갖게 되고, '신뢰'할 수 있으며, '자기만족'을 하게 되기 때문이다.

하지만 연애를 하다보면 어느 순간, '기쁨'을 통해 더 완전한 존재가 되기는커녕 '슬픔'을 통해 더 불완전한 존재가 되는 것처럼 느껴질 때가 있다. '미움'을 느끼고, '멸시'하게 되고, '수치'스럽고, '절망'스럽고, '후회'되는 순간이 찾아온다. 그런 연인을 만나 그런 '슬픔'의 감정이 휩싸이게 될 때가 있다. 그때 우리는 여지없이 더욱 불완전한 존재가 된다. 이것이 이별의 시그널이다.

"언제 이별해야 하나요?"라는 질문에 스피노자는 이렇게 답할지도 모르겠다. "연인과 데이트를 하는 동안에 혹은 데이트를 끝내고 돌아오는 길에 그 감정이 무엇이든 간에, '기쁨'이 아니라 '슬픔'에 휩싸인다면, 그래서 점점 더 불안전한 존재가 되는 것처럼 느껴진다면, 용기를 내어 이별을 말해야 한다." 사랑은 기쁨을 통해 더 완전한 존재가 되는 것이지, 슬픔을 통해 더 불완전한 존재로 전락하는 것이 아니다. 사랑과 이별의 시그널은 분명하다. '기쁘'다면 사랑하고, '슬프'다면 이별하자.

철학자의 연애 오지랖
사랑을 오래 유지하는 방법

이별은 아프다. 그래서 가능하다면 이별이 없었으면 한다. 아니면 최소한 가능한 늦게 이별이 찾아오기를 바란다. 하지만 다 부질 없는 바람이다. 사랑이 교통사고처럼 느닷없이 찾아왔듯이 이별 또한 교통사고처럼 찾아올 테니까. 그래도 죽으란 법은 없어서 이별을 미뤄두는 방법이 있긴 하다. 그런데 그 방법이란 것은 우리 자신에 관한 것일 뿐이다. 타자(연인)는 언제나 우리 통제 밖이니까. 이 사실을 인정하면서 이야기해보자.

첫 번째 자기기만이다. 내 사랑이 끝났음을 직감하지만 애써 그 직감을 부정하며, '항상 처음 같을 순 없잖아'라며 말하는 경우다. 상대가 여전히 나를 사랑해주는 경우라면 이 방법도 나름 이별을 미뤄둘 수 있는 효과적인 방법 중 하나다. 하지만 서글프게도 상대가 나를 더 이상 사랑하지 않게 되는 경우가 있다. 이 경우는 자기기만을 할 마지막 기회마저 연인이 쥐게 되는 것 아닌가. 이별을 미루기 위해, 아니 정확히 말하자면 조금 더 오래 상대에게 사랑받기 위한 방법이 필요하다. 그것이 두 번째 방법이다.

두 번째는 매순간 다른 사람이 되는 것이다. 여자는 연애를 하면서 전혀 다른 분위기의 옷을 입기도 하고, 화장도 매번 조금씩 다르게 하곤 한다. 그뿐인가? 남자는 전혀 맥락을 잡을 수 없는 지점에서 화를 내거나 토라지곤 한다. 왜 그럴까? 남자보다 섬세한 여자는 직감하는 것이다. 나에 대한 호기심이 끝났을 때 사랑도 끝난다는 사실을. 자신에 대해서 다 안다고 생각하는 순간, 연인이 떠나갈 것임을 직감하기에 좋은 의미에서건 아니건 매번 새로운 모습을 보여주려고 애를 쓰는 것이다.

조금이지만 매일 다른 사람이 되자. 그런 삶을 이어가다보면, 어느 순간 연인이 이리 말할지도 모르겠다. "오빠 이런 것도 먹을 줄 알아, 이런 인도 음식점 어디서 찾았어?" "올~ 대박! 네가 카프카를 알아?" "속물인 줄 알았더니 기부도 하는 거야?" 그때 연인은 반성하며 자신을 돌아볼지도 모르겠다. '다 안다고 생각했는데, 사실은 난 저 사람을 모르고 있었구나!' 연인에게 그런 생각을 들게 할 수 있다면, 아픈 이별을 조금 더 뒤로 밀어두고, 달콤한 사랑을 조금 더 이어날 수 있을지도 모르겠다. 이별을 미루고 사랑을 유지하는 방법은, 매순간 다른 사람이 되는 것이다. 연인을 향한 내 사랑만 식지 않는다면.

---

3. 0.23의 사랑은 불가능한가?

바람을 핀다는 것

"너, 어제 모텔 갔어?"

"어? 그..그게 무슨 말이야."

"내 친구가 너 다른 사람이랑 모텔에서 나오는 거 봤데."

아찔한 대화다. 바람 피웠던 걸 빼도 박도 못하게 걸린 셈이다. 연인 관계란 느슨한 계약관계다. 결혼만큼 법적, 사회적으로 강한 구속력이 있는 건 아니지만, 연애도 일정한 구속력이 있다. "우리 사귈까?", "그래 좋아"라는 대화 속에는 '다른 사람과는 사랑하지 않는다'라는 일종의 약속이 포함되어있기 때문이다. 연인이 헤어지기 전에 다른 이성과 일정 정도 이상의 깊은 관계를 유지하는 것을 '바람'이라고 한다. 연인이 있으면서 바람을 피우는 것이 문제가 되는 이유는 기본적으로 약속을 지키지 않았기 때문이다.

자신이 바람을 피우든, 아니면 상대가 바람을 피웠든 연애를 하면서 이 '바람' 문제로 다툼이 생기거나 혹은 이별하는 것은 드문 일이 아니다. 연애를 하면서 연인의 바람 때문에 상처받아본 적이 있는 사람은 안다. 그게 얼마나 고통스러운 일인지. 그렇다면 바람이란 건 대체 뭘까? 어디까지를 바람이라고 보아야 할까? 요즘이 남녀칠세부동석을 부르짖는 조선시대도 아니지 않은가. 연인이 아니라도 남녀가 만나는 건 지극히 자연스러운 일이다. 그래서 더욱 바람이라는 것을 규정하기 쉽지 않다.

다른 사람과 섹스하면 바람인가?

대체로 연인들이 바람이라고 인정하는 기준은 섹스다. 연인이 이성과 차 한 잔 하면서 이야기하는 걸 이해 못하는 사람은 드물다. 쿨한 사람은 연인이 이성 친구와 단둘이 밥먹고 영화를 보는 것도 흔쾌히 이해한다. 하지만 섹스만은 안 된다. 내 여자(남자) 친구가 다른 남자(여자)와 섹스를 하는 것은 도저히 용납할 수가 없다. 연인이 다른 이성과 섹스를 했다는 사실을 알게 되었을 때 느끼게 될 분노와 배신감은 당해보지 않은 사람은 알 길이 없을 정도다. 아니 내 연인이 다른 사람과 침대에서 구르는 것을 상상만 해도 어찌할 바를 모를 정도다.

왜 그럴까? 차 마시는 것, 영화 보는 것은 가능한 데, 왜 섹스만은 안 되는 걸까? 그건 자신이 연인의 성을 배타적으로 소유하고 있다고 믿기에 그렇다. 연인의 알몸을 보고, 성기를 만지고, 섹스를 할 권리가 자신에게만 있다고 여기기에 그런 것이다. 게다가 성이라는 것이 가장 내밀한 부분이기에 누구에게나 함부로 허락할 수 없는 것이다. 누구에게나 함부로 허락할 수 없는 것을 오직 자신만이 취할 수 있다는 믿음이 연애라는 감정 저변에 깔려 있다. 그래서 나 아닌 사람과 다른 것은 다 허락해도 섹스만은 허락할 수 없는 것이다.

하지만 다른 사람과 섹스를 한다고 그걸 바람이라고 할 수 있을까? '바람은 나 말고 다른 사람과 섹스하는 거야!'라고 정의한다면 그럴 수 있다. 그런데 '바람'을 '연인이 있는데도 다른 사람을 사랑하는 것'이라고 정의하면 이야기는 다르다. 남자든 여자든 사랑 없이 섹스할 수 있다. 매력적인 이성이 나타나면 섹스(스킨십)하고 싶다는 생각이 드는 건 당연하다. 윤리적, 도덕적 잣대에서 잠시라도 벗어날 수 있다면 그 삶의 진실이 보일 테다.

물론 사랑 없는 섹스가 장기화되면 그것이 '몸정'이 되어 사랑의 유사품이 될 수는 있다. 하지만 소위 말하는 '원나잇'은 상대가 육체적으로 매력적이기만 하면 사랑 없이 가능하다. 그래서 '원나잇'을 한다고 해도 연인을 사랑하지 않는 것은 아니다. 사랑 없는 섹스는 가능하기에, 다른 사람과 섹스를 한다고 해도 그걸 바람과 바로 연결시키는 건 촌스럽다. 물론 오해는 말자. 사랑 없는 섹스, 원나잇을 옹호하려는 건 아니니까. 단지 바람이라는 것을 단순하게 섹스로 바로 연결시키지는 말자는 이야기다.

두 번의 바람

두 번, 바람에 상처받아 본적 있다. 첫 번째는 섹스였다. 여자 친구와 사소한 일로 다투고 이틀을 연락하지 않고 있던 때였다. 술 한 잔 하자는 친구의 연락에 밤늦게 나선 게 화근이 되었다. 모텔이 즐비한 골목에서 여자 친구가 어떤 남자의 허리를 껴안는 자세로, 그 남자 뒷주머니에 손을 넣고 걸어 나오고 있었다. 머리가 하얘진다는 게 그때 무슨 느낌인지 알았다. 화가 나는 게 아니라 멍해졌다. 연락하지 않은 며칠 동안 여자 친구가 그 놈이랑 침대에서 뒹군 생각을 하니 피가 거꾸로 솟는 것 같았다.

두 번째 바람은 섹스가 아니었다. 여자 친구에게는 친한 이성 친구가 있었다. 연애 초기에 같이 밥도 먹고, 술도 한잔 하는 사이였기에 여자 친구가 그를 만나러 간다고 할 때면 흔쾌히 이해주었다. 그런데 시간이 지날수록 이상한 느낌이 들었다. 나와 함께 있을 때도 그가 부르면 달려갔고, 밤늦게 통화가 안 되는 날은 어김없이 그와 통화 중이었다. 그 둘은 결코 섹스하지 않았다. 내가 심하게 다친 날, 그녀는 내게 오지 않았다. 어학연수를 떠난다는 그 아이 마중을 하러 공항엘 갔다. 그때 알았다. 여자 친구는 그를 사랑한다는 걸. 내가 아니라.

그 두 번의 바람으로 내가 한 선택은 모두 이별이었다. 하지만 후회가 남는 이별은 첫 번째다. 사랑했기에 그 남자와 섹스했을 수도 있다. 하지만 아닐 수도 있는 것 아닌가. 그저 육체적 욕망 혹은 호기심 때문에 섹스했을 수 있다. 하지만 나는 그걸 확인해보지도 않고, 여자 친구에게 해명할 기회도 주지 않은 채 이별했다. 여자 친구의 성은 오직 나만 소유할 수 있다고 생각했기 때문이었다. 섹스는 너무 은폐되었고, 내밀한 문제이기 때문에 가끔 이성적 판단을 마비시킨다. 그때 그녀에게 물어보았어야만 했다. "그 남자와 왜 잤느냐?"고.

나를 더 비참하고 초라하게 만들었던 바람은 두 번째였다. 함께 있지만 외로웠다. 다른 남자와 섹스하지 않았기에 뭐라고 말할 수도 없었다. 하지만 이제는 안다. 그녀가 왜 나와 사귀었는지. 친구는 영원히 볼 있지만 연인은 그럴 수 없다는 걸 알고 있었기 때문이었다. 그녀는 그를 너무 사랑했기에 영원히 보고 싶었던 것이다. 자신의 감정을 우정이라 기만하면서까지. 그녀의 그 자기기만은 분명 바람이었다. 섹스 없는 바람. 나와 그 사람, 모두에게 큰 상처를 준 바람.

"연인이 있는데, 자꾸만 다른 사람이 눈에 들어와요."

"연인이 있는데, 자꾸만 다른 사람이 눈에 들어와요" 가끔 받는 질문이다. '그러면 안 된다'고 말하고 싶다. 하지만 그럴 수 없다. 사람 마음이란 게 '안 된다'고 말한다고 안되는 게 아니기 때문이다. 다른 사람과 섹스를 하는 것이 바람이 아닐 수도 있다. 반대로 섹스를 하지 않아도 바람을 피우는 것일 수 있다. 바람은 연인이 있는데 다른 사람을 사랑하는 것이기 때문이다. '바람, 피워도 될까?'의 답변으로 '절대 안 돼!'라고만 말하지 말고 사랑에 대해 조금 더 깊이 생각해보자.

컴퓨터는 사랑에 대해서 정의할 수 없다. 왜냐? 컴퓨터의 세계는 0과 1로만 이루어지기 때문이다. 아니, 그렇다면 사랑에 대해서 정의할 수 있는 것 아닌가? '0은 사랑 아님', '1은 사랑'으로. 하지만 우리네 현실에서 0인 사랑 아님도 없고, 1인 사랑도 없다. 우리네 사랑은 언제나 그 사이 어디 즈음 부유하고 있다. 혹자들은 오래된 연인들에게 쉽게 말한다. 너희는 이제 사랑이 아니라고. 0과 1뿐인 디지털의 세계에서 이 말은 맞다. 굳이 0과 1로 나누어야 한다면, 익숙함에 젖어버린 오래된 연인의 사랑은 0이다.

하지만 현실은 다르다. 함께 했던 추억, 서로에 대한 애잔함, 은은

한 그리움이 존재한다. 이런 감정은 사랑의 찌꺼기이긴 하지만 완전히 '사랑 아님'이라고도 말할 수 없다. 그 사랑은 0.127, 0.3456, 0.5685, 0.7856의 사랑이다. 오래된 연인의 사랑을 0이라고 말할 수 없다. 적어도 0.127의 사랑이라고는 말해야 하는 것 아닐까? 굳이 사랑을 0과 1로 나누어야 할 필요가 없다면, 바람이라는 것도 조금 다른 각도로 생각해볼 수 있지 않을까?

0.23의 사랑은 불가능한가?

먼저 묻자. 우리는 왜 매력적인 사람이 나타나면 "사귈래?"라고 말하고, 주변 사람들에게 연인임을 공표할까? 그건 0.127, 0.3456, 0.5685, 0.7856의 사랑이 두렵기 때문이다. 인간이란 게 불확실한 것을 제거하고 싶어 하는 동물이다. 연애에서도 마찬가지다. 매력적인 상대를 만나면 두렵고 불안하다. 나를 떠날까봐. 그래서 나에게 묶어두고 싶다. '연인'이라는 일종의 배타적 계약을 통해서 말이다. 사실 결혼은 그리 탄생했을 게다. 상대가 떠날까 두렵고 불안하기에 더 강력한 구속력을 가진 계약을 만든 것이다.

이제 수위를 높여보자. 서로 연인이 있지만 만나서 밥 먹고 섹스하는 관계? 있을 수 있다. 각자 사랑하는 사람이 있지만 누구에게도 하지 못했던 내밀한 이야기를 나누고 함께 미술관, 음악회에 가는 관계도 있을 수 있다. 연인이 있지만 정서적 교감 없는 섹스를 할 수 있고, 섹스 없는 정서적 교감도 가능하다. 그 모든 것을 바람이라 규정할 수는 있지만, 그 관계 자체를 부정할 수는 없다. 그런 관계는 분명 존재하니까.

그리고 그 모든 관계는 분명 사랑이다. 따뜻한 대화, 정서적 교감, 육체적 쾌감, 서로에 대한 신뢰와 존경심이 함께하는 사랑을 0.87의 사랑이라고 한다면, 가끔 만나 밥 먹고 섹스하는 관계도 0.34 정도 사랑이라고 말해야 정당하다. 섹스는 하지 않지만 이야기를 나누고 함께 미술관에 가는 관계도 0.56의 사랑이라고 말할 수 있다. 세상에는 이렇게 많은 사랑이 존재한다. 그럼에도 불구하고 그 사실을 인정할 수 없는 이유는, 우리의 배타적인 소유욕, 그리고 그 소유욕이 붕괴될까 두렵고 불안해하는 마음에서 오는 것일 테다.

바람, 피워도 될까?

결론이 뭐냐? 바람을 피우면 안 된다는 말인가? 피워도 된다는 말인가? 답은 '알아서들 하시라!'다. 무책임한 이야기가 아니다. '바람을 피우면 안 돼!'라고 말한다고, 연인 이외에 섹스하는 관계를 모두 정리할 것도 아니지 않은가. '바람을 피워도 된다!'라고 말한다고, 억지로 다른 이성과 차를 마시고 영화를 보러갈 것도 아니지 않은가. '절대 바람은 피면 안 된다'는 주장을 할 생각도 없고, 이리 저리 바람피우고 다니는 사람을 정당화해줄 생각도 없다.

바람에 관해 내가 말하고 싶은 것은 딱 두 가지다. 우선은 세상에 존재하지 않은 '1'인 사랑만이 유일한 사랑이라 정해 놓고 나머지 사랑을 폄하하거나 그 자체를 부정하지 말자는 거다. 두 번째는 연애든, 바람이든, 가급적 '1'의 사랑에 가까운 순도 높은 사랑을 하자는 것이다. 0.34의 사랑보다는 0.56의 사랑, 0.56의 사랑보다는 0.87의 사랑을 하자. 그것이 윤리적, 도덕적으로 옳아서 아니라 그래야 행복하기 때문이다. 연애든 바람이든 순도 높은 사랑을 따라 가자. 연애든 뭐든 다 행복하자고 하는 일 아닌가.

철학자의 연애 오지랖

0.51의 사랑과 0.49의 사랑 사이의 대처법

인간은 동물이다. 생각보다 고결하지도 윤리적이지도 도덕적이지도 않다. 그런 것들을 강요받았을 뿐. 그래서 가끔 우리네 삶이 막장 드라마보다 더 막장인 경우가 있다. 그저 친한 친구 사이였는데(둘은 각자의 연인이 있다), 어느 날 술자리에서 시작해 모텔에서 아침을 맞이하게 되는 경우가 존재한다. 그날 밤의 일을 서로 실수라고 인정하면 문제없다.

그런데 문제는 그 날 이후 자꾸만 그 사람이 생각날 때 발생한다. 황홀한 섹스 때문이었는지, 아니면 원래 그 사람에게 감정이 있었던 건지 생각해봐야 답이 없다. 현재 스코어, 둘 다 서로를 그리워하고 있기 때문이다. 사실 여기까지도 큰 문제가 아니다. 그런 관계는 대체로 흐지부지되기 마련이다. 사랑도 우정도 아닌 묘한 관계를 유지하기는 쉽지 않다. 각자 연인에 대한 미안함, 죄책감은 물론이고, 윤리적·사회적 압력이 가해지는 까닭이다.

바로 여기서부터 진짜 문제다. 연인에 대한 미안함·죄책감, 윤리적·사회적 압력이 불러일으키는 긴장과 갈등에도 불구하고 서로 계속 만나게 되는 경우다. 바람난 게다. 이 바람도 사랑이 아닌 게 아니다. 연인과의 사랑이 0.51이라면, 세상 사람들이 바람이라고 말하는 둘의 사랑은 0.49 정도의 사랑이라고 할 수 있다. 0.49보다 더 낮은 순도의 사랑이었다면, 여러 가지 상황들이 만들어 낸 긴장과 갈등으로 그 관계는 벌써 끝났을 테니까.

연인과 헤어질 수도 없고, 그 사람은 자꾸 생각나는, 이 오도가도 못하는 상황을 어찌 해야 할까? 이때 답은 '각자 알아서들 하시라!'가 아니다. 이때는 답은 '갈 데까지 가보는 것'이다. 정말이다. 0.87의 사랑과 0.12의 사랑에서 갈등 중이라면 고민할 게 없다. 순도 높은 사랑을 따라가면 된다. 하지만 0.51과 0.49의 사랑 사이에서의 갈등은 이야기가 조금 다르다. 그 미세한 순도 차를 쉽사리 파악할 수 없기 때문이다. 이때 방법은 갈 데까지 가보는 것이다.

욕먹을 각오로 직접적으로 말하자. 051과 0.49 사랑 사이에서 갈등하고 있다면 바람을 펴보라는 말이다. 용기가 있는 사람이라면 정직하게 연인에게 말하고, 용기가 없다면 연인에게 잘 숨기기라도 해야 한다. 그렇다면 그 양다리 관계를 계속 유지하라는 말이냐? 아니다. 그 관계를 지속하다보면 어느 순간 알게 된다. 사실은 연인보다 바람난 그 사람을 더 사랑하고 있다는 걸. 아니면 바람난 그 사람을 그리워하는 마음은 단순한 성적 욕망이었다는 걸. 연인으로 다시 안착하든지, 바람난 사람이 연인이 되든지, 어느 쪽이든 결론 나게 마련이다.

그 사이에 연인에게 상처 주는 것은 어떻게 하냐고? 그건 너무 이기적인 것 아니냐고? 맞다. 왜 아니겠나. 하지만 연애를 한다는 건 상처를 감당하겠다는 약속이기도 하다. 다른 사람이 계속 생각난다는 것 자체가 이미 상대에게 상처를 주는 것이고, 상대에게 미안할 일이다. 하지만 야속하게도 그건 그 상대의 몫이다. 그리고 다른 사람이 내 마음에 들어온 것은 누구의 잘못도 아니다. 연인이 내 마음속으로 갑자기 들어온 것처럼 또 누군가 그렇게 들어온 것일 뿐이다.

양다리를 계속 유지하며 사는 사람은 대체로 우유부단한 사람이다. 연애와 바람 사이를 밀어붙이지 못해 마지막까지 우유부단하게 구는 것이야말로 가장 이기적인 행동이다. 지독한 바람에 휩싸였다면 끝가지 밀어붙여서 어떤 식으로든 결론을 내는 것이 덜 이기적인 방법이다. 사랑은 우리 마음대로 되는 게 아니니까. 그래서 메를로-퐁티라는 철학자는 그리 말했나 보다. **"인간에게 신체가 있는 한 폭력은 숙명이다."** 그렇다. 신체를 가진 인간은 존재 자체가 폭력이니 바람이 났다면, 빨리 결론 내서 최소 폭력을 행사하려고 노력하는 편이 더 낫겠다.

4. 세 가지 이별

이별의 세 가지 유형

"우리 헤어지자."

"내가 잘할 게."

"헤어져."

"너 나 사랑하니? 어떻게 사랑이 변하니?"

영화 〈봄날은 간다〉(2001년 허진호 감독)의 이별 장면이다. 이별은 언제나 아프다. 느닷없는 사랑 고백이 황홀한 만큼 느닷없는 이별 통보는 잔인하다. 이별은 아프고 두려운 것이기에 깊이 숙고하지 않은 경향이 있다. 마치 죽음이 아프고 두렵기에 그저 외면하려는 것처럼. 하지만 삶과 죽음이 동전의 양면인 것처럼 사랑과 이별 역시 그렇다. 잘 살아내려면 죽음을 깊이 숙고 해보아야 하듯이, 잘 사랑하려면 이별을 깊이 숙고해야 한다. 이별에 대해 깊이 생각해보자.

이별은 크게 세 가지 부류로 나눌 수 있다. '통보하는 이별', '통보받는 이별', '통보 없는 이별' 하나씩 고민해보자. 먼저 '통보하는 이별'부터 말해보자. 상대는 아직 나를 사랑하지만 내 사랑이 식어 이별을 통보하는 것이다. '통보받는 이별'은 그 반대다. 나는 아직 상대를 사랑하지만 상대에게 이별을 통보받는 경우다. '통보 없는 이별'은 누가 먼저랄 것도 없이 물에 물탄 듯 술에 술탄 듯 그렇게 흐지부지하며 사랑이 끝나는 경우다.

세 가지 이별은 사랑이 끝나버린 시점의 차이다. 연인이었던 두 사람의 사랑이 끝나버린 시점의 차이로 인해 세 가지 이별이 구별된다. 연인이었던 둘 중 한 사람의 사랑이 먼저 끝나면 누군가는 통보하고, 누군가는 그 통보를 받을 수밖에 없기에 '통보하는 이별'과 '통보받는 이별'이 발생한다. 또 둘의 사랑이 동시에 끝나면 누가 먼저 말하지 않더라도 자연스럽게 이별하는 '통보 없는 이별'이 된다.

'통보받는 이별'을 준비하기

이별을 피할 수 없다면, 가급적 '통보하는 이별'을 하고 싶다. 아무것도 모른 채 느닷없는 이별 통보를 받고 싶지 않다. 이별을 통보받는 것은 괴롭다. 상대에게 버려졌다는 기분에 자신이 처량하고 불쌍하게 느껴지기 때문이다. 하지만 이별에 대처하는 가장 훌륭한 자세는 언제나 '통보받는 이별'을 하겠다는 마음가짐이다. 왜냐? 사랑에 완전히 몰입하지 못하는 이유 중 하나가 '통보하는 이별'을 생각하기 때문이다.

연애가 주는 즐거움의 정수는 사랑이라는 감정 자체를 온전히 느끼는 것이다. 연애를 하는 매순간 둘의 교감이 만들어내는 두근거림, 그리움, 사랑받고 있다는 정서적 충만감 등을 온전히 느끼는 것이다. 이런 연애의 정수를 온전히 느끼기 위해서는 항상 '통보받는 이별'을 감당하겠다고 다짐해야 한다. 나보다 먼저 상대의 사랑이 식어버리는 것을 두려워하지 않아야 한다. 그래야 온전하게 연애의 즐거움을 만끽할 수 있다.

'내가 헤어지자고 말하면 했지, 이별 통보는 절대 받지 않겠어!'라고 생각하는 사람은 연애의 즐거움을 결코 온전히 누릴 수 없다. 자신과 연인이 만들어내는 순간순간의 그 매혹적인 감정에 충실하기보다 '상대가 변심하거나 혹은 사랑이 줄어들지 않았을까?'에 온 신경을 집중할 수밖에 없기 때문이다. 알량한 자존심을 지키기 위해 그 좋은 연애의 절정의 순간은 그렇게 희생된다. 안타까운 일이다.

'통보하는 이별'의 자세

그렇다면 '통보하는 이별'은 잘못된 것이냐? 사랑에도 옳고 그름이 없듯, 이별도 마찬가지다. 어느 한 쪽의 사랑이 먼저 끝나버릴 수 있다. 그게 잘못은 아니다. 이별을 통보받는 사람에게는 너무나 아픈 일이겠지만, 사랑이 끝나버린 것은 누구의 잘못도 아니다. 사랑이 시작된 것이 누구의 잘못도 아니듯 사랑이 끝나버린 것도 마찬가지다. 하지만 '통보하는 이별'이 잘못은 아니지만 몇 가지 에티켓은 있다.

'통보하는 이별'에서 가장 중요한 에티켓은 잔인해지는 것이다. '통보하는 이별'을 하는 경우, 대체로 상대는 여전히 미련이 남아 있다. 그래서 내 사랑이 끝나 이별을 통보해야 한다면, 잔인하게 이별을 말해야 한다. 일말의 미련도 남지 않도록. '통보하는 이별'을 말하는 사람 중 애매모호하게 이별을 말하는 사람들이 있다. "잠시 서로 시간을 갖자" "내 마음이 예전 같지가 않아"라는 식이다.

이런 식의 애매모호하게 혹은 우유부단하게 이별을 통보하는 사람들이 늘 하는 말이 있다. '상대에게 큰 상처를 주지 않기 위해서'라고. 그 말, 사실일 수도 있다. 하지만 대부분의 애매모호한 혹은 우유부단한 '통보하는 이별'의 이유는 육체적·정서적 결핍의 두려움 때문이다. 이별을 하면 연인과 섹스할 수 없다. 이건 사랑과 별개로 육체적 결핍감을 낳는다. 잔인하게 이별을 말하지 않으므로 여지는 남기는 건, 가끔 만나 섹스를 하고 싶기 때문이기도 하다. 언제든 섹스할 수 있는 한 사람도 정도는 남겨 놓고 싶은 것이다.

정서적 결핍감도 마찬가지다. 이별하면 더 이상 사랑받을 수 없다. 이건 사랑과 별개로 정서적 결핍감을 낳는다. 내 사랑은 식었지만, 상대가 나를 여전히 사랑해줄 때 정서적 안정감을 느끼게 된다. 그런데 이별을 하게 되면, 상대가 주었던 관심과 애정이 단박에 사라진다. 정서적 결핍감을 두려워하는 사람은 종종 잔인하게 이별을 통보하지 못하는 경향이 있다. 누군가의 애정과 관심이 필요할 때, 언제든 그것을 줄 수 있는 사람을 한 사람 정도는 남겨 놓고 싶은 것이다.

'통보하는 이별'의 경우, 역설적이게도 잔인하지 않음이 가장 잔인하다. 상대가 나에게 미련이 남아 있다는 것을 인질로, 내가 원할 때 섹스하고, 내가 원할 때 관심 받고 싶은 것이기 때문이다. 한때 진심으로 사랑했다면, 이별을 통보할 때 잔인해지자. 불필요하게 더 큰 상처를 줄 필요야 없겠지만, 최소한 자신이 상대에게 돌아갈 수 있는 여지를 없애고, 상대가 나에 대한 미련을 남길 여지 정도는 없애자. 그 정도만큼은 잔인해지자. 그것이 한때 사랑했던 사람에 대한 예의다.

'통보 없는 이별', 오래된 연인들이 이별하지 못하는 이유

이별 중 가장 덜 아픈 이별이 '통보 없는 이별'이다. 서로 비슷한 시기에 사랑이 끝났음을 직감하고 자연스럽게 멀어져가는 상황이다. 이런 상황은 대체로 오래된 연인들의 경우다. 그런데 이 '통보 없는 이별'은 좀처럼 이뤄지지 않는다. 왜 그럴까? 서로 사랑이 끝났다는 것을 직감하지만 누구도 이별을 통보하지 못한다. 왜 일까? 섹스할 상대가 없어질까봐? 나에게 관심 가져줄 대상이 사라질까봐? 그럴지도 모르겠다. 하지만 그보다 더 본질적인 이유가 있다. 그건 이별 자체를 감당할 수 없기 때문이다.

우리는 이별 앞에서 비겁하다. 사랑이 식었지만 이별을 말하지도 받아들이지도 못한다. 심지어 사랑이 끝났음을 확신하면서도 말이다. 이별 앞의 그 비겁함은 익숙함과 안정적인 삶을 놓지 않으려는 비겁함이다. 사랑이 끝나면 추억이라는 흔적은 남는다. 사랑이 끝났다고 다짜고짜 이별을 말했던 적이 있다. 이별을 말하고 돌아오는 날 그렇게 홀가분할 수가 없었다. 의무로서의 연애를 끝냈다는 해방감, 이제 다른 사람을 만날 수 있다는 설렘 때문이었다.

다음 날, 헤어졌으니 미니홈피에 있는 그녀와 함께했던 사진을 정리해야겠다고 생각했다. 젠장. 방안에 혼자 앉아 내리 두 시간을 울었다. 때로 즐거웠던, 때로 다투었던 일상의 추억들이 영화처럼 눈앞에 지나갔다. 사랑이 끝난 것과 별개로 이별은 견딜 수 없이 아팠다. 그녀가 주었던 익숙함과 안정감으로 다시 돌아갈 수 없다는 생각에 두렵기까지 했다. 그 이별이 너무 아팠기에 그 뒤 연애에서는 한동안 사랑이 식어도 이별을 선뜻 말하기 어려워졌다. 이별이 남기는 상처가 얼마나 아픈지 절절하게 경험했기에.

나의 '통보 없는 이별' 이야기

시간이 흘러 좋은 사람을 만나 연애를 했고, 모든 사랑이 그렇듯 다시 이별의 순간이 다가왔다. 서로가 사랑이 끝났음을 직감한, 어느 토요일 오후였던 걸로 기억한다. 그녀에게서 '처음 만났던 카페에서 보자'고 연락이 왔다. 알고 있었다. 오늘이 그녀와의 마지막 날이라는 걸. 애써 태연한 표정을 지으면 카페 문을 열었다. 그녀는 햇볕이 잘 드는 창가에 앉아있었다. 우리는 아무 말하지 않고 차 한 잔을 마셨다. 차를 다 마셔 갈 때 즈음, 그녀는 내게 한 마디를 남기고 자리를 일어섰다. "그 동안 정말 고마웠어. 행복했어."

나는 아직 여렸고, 또 어려서 그녀의 이야기에 아무 대꾸도 하지 못했다. 한 마디라도 했다간 눈물이 터져 나올 것 같아서. 그녀가 떠난 자리에 한동안 앉아서 한참을 눈물 콧물을 흘리고 나서야 겨우 카페에서 나올 수 있었다. 이것이 나의 첫 번째 '통보 없는 이별'이었다. 그녀는 나보다 더 성숙한 사람이었다. 지금 생각해보면 그녀 역시 아프지 않았을 리 없었다. 하지만 그 아픔을 그저 묵묵히 감당하고 있었다.

지금도 그 '통보 없는 이별'이 꽤 괜찮은 이별이었다고 생각한다.

익숙함과 안정감, 그리고 서로에 대한 의무만이 남은, 사랑이 끝난 자리를 그보다 더 잘 마무리할 수 있을 것 같지 않다. 이별은 아프지만, 때로는 그것을 감당할 성숙함이 필요하다. 그것이 '통보하는 이별'이든, '통보받는 이별'이든 '통보 없는 이별'이든 간에. 어떤 이별도 아프지 않은 이별은 없기에 이별은 그것을 감당할 성숙함이 필요한 법이다.

철학자의 연애 오지랖

사랑도 이별도 대체로 동시적이다.

'통보받는 이별'을 당한 사람은 억울하다. 그래서 따져 묻고 싶다. "어떻게 사랑이 변하니?" 하지만 억울해할 필요도, 어떻게 그럴 수 있냐고 따져 물을 필요도 없다. '상대의 사랑이 나보다 먼저 끝났다'는 것 자체를 문제 삼을 수도 없거니와 그것이 사실이 아닌 경우가 대부분이기 때문이다. 이별은 대체로 동시적이다. 사랑은 결국은 교감이기 때문이다. 서로가 서로에게 끌렸기에 사랑이 시작되었듯이 이별도 마찬가지다. 서로가 서로에게 시큰둥해졌기에 사랑이 끝나는 것이다.

이별이 동시적이지 않다고 말하는 이들은 돌아볼 일이다. 그 사람을 사랑했던 것인지, 아니면 의지했던 것인지. 나는 그 사람을 사랑하고 있지만 그 사람의 사랑이 식었다고 믿는, 사랑의 불일치는 종종 발생한다. 그런데 그런 관계는 사랑의 관계가 아니라 의존관계인 경우가 대부분이다. 연인이 사랑이 끝났다고 직감했던 이유는 어쩌면 나의 감정이 사랑이 아니라 의존이었음을 상대가 어렴풋이 눈치 챘기 때문인지도 모르겠다.

자신은 헌신적인 사랑을 했지만 언제나 상처만 받았다고 생각하는 이들에게 하고 싶은 말이 있다. 사랑도 이별도 대체로 동시적이다. 상대의 사랑이 식거나 변질되고 있다면, 그건 나의 사랑 역시 식어가거나 혹은 변질되어 가고 있었기 때문은 아닐까? 이별을 통보받았다면, 아프지만 먼저 자신을 돌아볼 일이다. 자신에게 묻자. "나는 정말 그 사람을 사랑했던 것일까?" 그렇게 이별을 당당하게 받아들일 수 있었으면 좋겠다. 사랑도 이별도 대체로 동시적이니까.

5. 연애는 필연이고, 교통사고는 우연인가?

이별이 해로워질 때

이별은 아프다. 하지만 해로운 것은 아니다. 아니 제대로 된 이별은 한 사람을 놀라울 정도로 성숙하게 만든다. 하지만 가끔 이별이 해로워질 때가 있다. 그건 이별의 모든 귀책사유를 상대에게 전가시킨 뒤 상대를 과도하게 비난할 때다. 이해도 된다. 이별의 아픔을 가장 쉽고 편안하게 넘어가는 방법이 바로 상대를 비난하는 것이니까. 잔인한 것이 삶이라, 쉽고 편한 것은 대체로 건강에 해롭다. 패스트푸드 중 건강에 좋은 것이 어디 하나라도 있던가.

정신건강도 마찬가지다. 이별의 모든 원인을 상대에게 돌려 옛 연인을 천하의 둘도 없는 나쁜 놈, 나쁜 년으로 만들면 우선 마음은 편하다. 하지만 그 쉽고 편한 방법을 택한 이유로 이별을 통해 성숙하기는커녕 '피해자 코스프레'를 하느라 정신건강은 더 나빠져만 갈게다. 하지만 건강에 좋지 않으니 패스트푸드를 먹지 말라고 다그친다고 손이 안가던가. 쉽고 편한 것에 먼저 손이 가는 것은 인지상정이다.

할 수 있는 건 패스트푸드가 어떻게 만들어졌는지 보여주는 것일 뿐이다. 그리고 패스트푸드를 먹을지 말지는 각자가 판단할 수 있을 뿐이다. 이별의 문제도 마찬가지다. '헤어진 연인을 과도하게 비난하는 건 정신건강에 해로우니 그러지 말라'고 말하고 싶지 않다. 비난하지 말라고 비난하지 않아지는 게 아니니까. 대신 우리가 왜 헤어진 연인을 과도하게 비난하는지 그 이유를 알아보자. 그 이후의 결정은 각자가 하면 된다.

인지부조화이론

심리학에서는 '인지부조화이론'이라는 것이 있다. 사람은 두 가지 모순되는 인지요소를 갖게 될 때 인지적 불균형 상태에 이르게 된다. 그런데 이런 인지적 불균형 상태는 심리적으로 긴장을 유발하기 때문에, 사람들은 이를 해소하여 심리적 안정을 찾고자 한다. 이것이 '인지부조화이론'의 핵심이다. 조금 어려울 수 있으니 예를 들어보자.

사이비 종교에 빠진 사람, A가 있다고 해보자. 사이비 종교의 교주는 올해 말 지구가 멸망할 것이라고 말했다. 그런데 새해가 밝았지만 지구는 멀쩡하다. 이때 A의 내면에는 어떤 일이 벌어질까? 우선 '교주의 예언'과 '멀쩡한 지구'라는 두 가지 모순되는 인지요소를 갖게 되어 인지적 불균형 상태에 이르게 된다. 그 이후에는 어떤 일이 벌어질까? A는 이미 자신이 가진 모든 것을 버리고 사이비 종교에만 매달렸다. 그런 A는 '아, 내가 사이비 종교를 믿었구나! 빨리 일상으로 돌아가야지'라고 생각하기보다 사이비 종교를 더욱 광신(狂信)하게 된다.

왜 이런 비합리적인 일이 벌어질까? 이미 사이비 종교에 모든 것을 바친 A가 자신의 인지가 잘못되었음을 인정하게 되면 그 심리적 고통을 감당하기 힘들기 때문이다. 그래서 차라리 자신의 믿음이 옳다는 쪽으로 생각을 굳히고 심리적 안정을 되찾으려 하는 것이다. 사람은 인지부조화를 해소하기 위해 자신의 잘못을 인정하기보다 자신의 결정을 극단적으로 합리화하는 방향으로 나가곤 한다. 심지어 자신이 알고 싶지 않은 정보를 스스로 차단하고, 알고 싶은 것만 받아들이기도 한다. 사람들의 인지부조화, 그리고 그에 따른 태도변화의 동기를 밝힌 이론이 '인지부조화이론'이다.

연애는 필연? 교통사고는 우연?

연애에서 이 인지부조화이론은 유용하다. 이별 후에 과도하게 연인을 비난하는 것은 바로 '인지부조화' 때문이다. 연애를 하면서 어떤 인지부조화에 빠져 있었던 것일까? 먼저 우연과 필연이라는 것에 대해 생각해보자. 인간은 자신에게 유리하고 즐거움을 주는 일에 대해서는 '반드시 일어날 수밖에 없는' 필연이라고 여기는 경향이 있다. 반대로 자신에게 불리하고 불쾌감을 주는 일에 대해서는 '그저 운이 없어서 일어난' 우연이라고 여기는 경향이 있다.

돌아보면 사실이다. 사랑하는 상대를 만난 것을 회상하면서 "우리는 언젠가 만날 수밖에 없는 운명이었어"라고 말하곤 한다. 반면 출근길에 난 접촉사고를 생각할 때 "어제는 참 재수 없는 날이었어"라고 말하지 않았던가. 이 말은 사랑하는 사람을 만나 연애를 하게 된 것은 필연이고, 어제 자신을 성가시게 했던 접촉사고는 우연이라고 말하고 있는 셈이다. 그런데 냉정하게 생각해보면, 사랑도 그냥 일어난 것이고, 교통사고도 그냥 일어난 일일 뿐이다.

하지만 연애에 관해서는 운명이라는 매혹적인 단어를 이용해 필연이라고 믿고, 접촉사고에 대해서는 불운이라는 단어를 사용해 우연이라고 믿고 있지 않은가. 연인에게 "우리는 그냥 우연히 만난 것일 뿐이야"라고 말하지 않는다. 마찬가지로 누구도 접촉사고 앞에서 "오늘은 사고 날 운명이었어"라고 말하지 않는다. 연애 역시 하나의 사건(물론 좋은 사건이지만)일 뿐이지만 그것을 운명이라고 포장하는 건 분명 '인지부조화'다. 바로 이 '인지부조화'가 헤어진 연인을 과도하게 비난하게 되는 원인이다.

'나쁜 놈'과 '나쁜 년'의 탄생

일방적인 이별통보든 아니면 바람을 피웠든 이별의 귀책사유가 상대에게 있을 수 있다. '네가 어떻게 나한테 그럴 수 있어'라는 말을 할 수밖에 없는 그런 사연이 있다. 이별의 귀책사유가 일정정도 이상일 때, 상대는 '나쁜 놈' '나쁜 년'이 된다. 그런데 이 '나쁜 놈'과 '나쁜 년'의 탄생은 믿음과 배신이라는 주제로 연애를 재단하게 될 때 등장한다. 믿었는데 배신을 했기에 나쁜 놈이고 나쁜 년이 되는 것이다.

믿음과 배신에서 언제나 믿음이 먼저다. 믿지 않는 것에 배신당하지 않으니까. 그렇다면, 이 믿음은 무엇일까? 흔히 그것을 상대에 대한 믿음이라고 생각한다. '그 사람이니까 결코 먼저 이별을 말하지 않을 거야' '그 사람이니까 절대 바람피우지 않을 거야'라고 믿는 것일까? 완전히 틀린 말도 아니지만 그렇다고 전적으로 옳은 말도 아니다. 믿음에 대해서 잠시 생각해보자. 우리는 무엇을 믿을까? 우리는 아는 것을 믿는다. 자동차를 믿고 탈 수 있는 이유는 자동차를 알기 때문이다. 냉장고에 음식을 믿고 넣을 수 있는 이유는 냉장고를 알기 때문이다.

그런 이유로 우리는 타자를 결코 믿을 수 없다. 타자는 결코 알 수 없으니까. 타자는 믿으려고 노력하는 존재일 뿐이지, 믿는 존재는 아니다. 그래서 '한 사람을 온전히 믿는다'는 말은 대부분 유약하고 의존적인 사람들의 자기기만이다. 그렇다면 '나쁜 년'과 '나쁜 놈'을 탄생시켰던 그 배신감은 어디서 왔을까? 어떤 믿음에서 그 배신감이 왔을까? 그건 '사랑은 필연'이라는 인지부조화적 믿음에서 유래했다. 연애할 때 발생하는 믿음은 본질적으로 연인이라는 한 인격에 대한 믿음이 아니다.

그건 '사랑은 운명(필연)'이라는 인지부조화적 믿음이다.

'운명적 사랑'이라는 환상이 남긴 믿음

일방적인 이별 통보 혹은 연인의 바람에서 느낄 수밖에 없는 그 배신감은 상대를 믿었기 때문이 아니라 '운명(필연)적 사랑'이라는 환상을 믿었기 때문에 발생한 것이다. 쉽게 말해, 긴 시간 연애를 운명적 필연이라고 믿었기에 이별이나 바람은 결코 일어나서는 안 될 일이라고 믿게 된 것이다. 결코 일어나서는 안 될, 그 일이 일어나니 그것을 정당화, 합리화하기 위해 상대가 '나쁜 년', '나쁜 놈' 쯤은 돼줘야 하는 것이다.

생각해보면 그렇다. 애초에 만남 역시 우연이라고 생각한다면, 이별 앞에서 상대를 과도하게 비난하지 않을 수 있다. 그 사람이 나를 만난 것도 필연이 아니라 우연이었듯, 나를 떠나가는 것도, 혹은 그 사람에게 다른 사람이 생긴 것도 우연한 일이니까 말이다. 사랑은 필연이요 운명이라고 덧칠하지 않는 것이 중요하다. 그 덧칠만큼 우리는 이별 앞에서 상대를 더 많이 비난하고 욕할 테니까.

있는 그대로를 보자. 사랑은 사건이다. 그래서 우연이다. 이별 앞에서 이걸 받아들이는 것은 아픈 일이다. 하지만 이 삶의 진실을 온전히 받아들이고 나면 희망이 보일지도 모르겠다. 지금이야 상처만 남기고 떠나간 사람이 원망스럽고 아프겠지만, 곧 나에게도 좋은 사람이 다시 찾아올 우연을 만나게 될지도 모르는 것 아닌가. 있는 그대로의 삶을 본다는 것, 그건 아픈 일이기도 하지만 동시에 소망스러운 일이기도 하다.

철학자의 연애 오지랖

연애는 비슷한 사람과 하게 마련이다.

일방적 이별 통보를 하는 연인, 바람을 피우는 연인 등등 '나쁜 놈', '나쁜 년'은 넘쳐 난다. 그들에게 전혀 잘못이 없고, 모든 잘못이 우리에게 있다는 이야기를 하려는 건 아니다. 사랑했던 연인에 대한 최소한의 예의도 지키지 않은 사람에 대해서는 단호하게 응징할 필요가 있겠다. 막장 드라마처럼 김치 싸대기를 날리든, 물 컵으로 물을 뿌리던지. 각자 취향과 기호에 맞게 응징하시라.

하지만 그 모든 시간이 끝나고 나서 아프게 돌아볼 문제가 있다. 연애는 비슷한 사람과 하게 된다는 사실이다. 우리는 성숙한 사랑과 품격 있는 이별을 원한다. 하지만 우리의 사랑은 유치하게 짝이 없는 아이의 사랑이고, 이별은 막장 드라마의 이별이다. 왜 이런 일이 벌어지는 걸까? 물론 연인 탓이다. 사랑할 때는 자기 맘대로 하려고 하고 안 되면 징징 댄다. 그뿐인가? 이별할 때는 온갖 쌍욕에 줬던 선물을 다시 내놓으란다. 그런 인간과 어찌 성숙한 사랑을 하고, 품격 있는 이별을 할 수 있을까.

그런데 잊지 말아야 할 건, 그 연인을 선택한 게 바로 자신이라는 사실이다. 상대를 위해서 헌신하는 성숙한 사랑을 하는, 혼자 조용히 눈물 흘리며 이별을 감당하는 사람은 상태 안 좋은 사람을 만나지 않는다. 그 자신만큼 성숙한 사람을 만나 원숙한 사랑을 하게 마련이다. 잔인한 이야기 하나. 지금 자신의 상태가 알고 싶다면, 고개를 돌려 바로 옆에 있는 연인을 바라보라. 그게 지금 내 상태다. 성숙한 사랑, 품격 있는 이별을 하고 싶다면, 먼저 내가 성숙한, 품격 있는 사람이 되면 된다.

6. 이별의 아픔을 줄이는 비법

이별의 아픔에서 벗어날 수 있을까?

이별은 아프다. 절절하게 사랑했던 사람과 이별해본 사람은 안다. 그 이별의 아픔이 얼마나 큰지. 다시는 겪고 싶지 않다. 그래서 이해한다. 덜 사랑하는 사람과 연애하려는 사람도, 이제 사랑 같은 건 하고 싶지 않다고 말하는 사람도. 조금 덜 사랑해서 이별 앞에 조금 덜 상처받으려는 발버둥, 사랑하지 않음으로 이별 자체를 겪지 않으려는 뒷걸음질을 이해할 수 있다. 사랑해본 사람은 안다. 온 세상이 무너지는 것 같은 이별에 온 몸을 베였던 사람은 그러지 않을 도리가 없다는 걸.

이별의 아픔에서 벗어날 방법은 정녕 없는 걸까? 있다. 그건 사랑하지 않음이다. 사랑하지 않으면 이별하지 않는다. 사랑하지 않는 사람을 만나면 이별해도 아프지 않다. 그러니 이별의 아픔에서 벗어날 수 있는 근원적이고 유일한 방법은 사랑하지 않기다. 다른 방법, 없다. 사랑의 기쁨과 이별의 슬픔은 늘 같이 간다. 사랑의 기쁨을 누린 만큼 이별의 슬픔을 감당해야 한다. 반대로 이별의 슬픔이 커가기에 사랑의 기쁨이 깊어간다.

사랑의 기쁨만 누리고 이별의 슬픔은 피하고 싶어 등장한 것이 인스턴트 사랑이다. 그런데 기대와 달리 인스턴트 사랑은 기쁨이 아니라 더 큰 공허와 외로움만을 남긴다. '사랑의 기쁨과 이별의 슬픔은 늘 같이 간다'는 연애의 진실에 타협은 없다. 하지만 어쩔 수 없이 유약한 것이 인간이라, 슬픔이 두려운 것을 어쩌랴? 그러니 이별의 슬픔을 줄일 수 있는 방법에 대해서 조금 더 고민해보자.

이별 후의 아픔을 대견하게 생각하자.

온 힘을 다한 사랑의 끝에 찾아온 이별의 아픔, 그것을 어떻게 줄인 것인가? 답이 없을 것 같은 질문에 먼저 하고 싶은 말이 있다. 이별의 슬픔과 아픔에 괴로워하고 있다면 자신의 머리를 쓰다듬어 주시라. 정말 대견한 일이다. 요즘 시대의 연애가 어떤가? 사랑한다고 말하면서 머리로는 계산을 하고, 덜 상처 받기 위해서 덜 사랑하는 인스턴트 연애가 판을 치는 세상 아닌가? 물론 그런 연애 끝의 이별 역시 아프지 않은 건 아니다.

하지만 그 아픔은 당장 다음 날 친구들과 쇼핑을 하거나 웃고 떠들며 술 한 잔 마실 때면 언제 아팠냐는 듯이 사라지는 아픔이다. 작전 성공이다. 덜 상처 받으려고 덜 사랑한 작전. 반면 진심으로 사랑한 사람과의 이별의 아픔은 그리 가볍지 않다. 온 힘을 다한 사랑이 남긴 이별의 아픔은 하염없이 흐르는 눈물 때문에 한동안 이불 밖으로도 나오지 못할 정도다. 너무 사랑했기에 그리 아픈 것이다. 이 얼마나 대견한 일인가. 일생에서 식음을 전폐할 정도의 이별을 해보았다는 것, 그보다 더 소중한 일도 없다.

아프지 않은 이별은 없다. 하지만 정말 서글픈 건 아픈 이별이 아니다. 아프지 않은 이별이다. 이별 후에 아프지 않다면 그간 해왔던 것이 사랑이 아니었음을 스스로 고백하는 것이기에 그렇다. 연인이라 믿었던 사람과 보냈던 시간이 사랑이 아니었음을 알게 되는 것보다 더 서글픈 일이 또 있을까. 잠시는 이별이 아프지 않기에 다행스럽다고 여길지 모르겠지만 이내 알게 될 게다. 자신은 온 힘을 다해 누구를 사랑할 수 있는 사람이 아니라는 불편한 진실을.

아픈 이별을 감당하고 있다면 먼저 자신을 대견하게 생각하자. 이별은 너무 아프지만, 그 아픔은 바로 자신이 온 몸을 던져 누군가를 사랑할 수 있는 근사한 사람임을 증명해주는 표식이니까. 요즘 같이 인스턴트 사랑이 판치는 세상에 이런 근사한 사람은 드물다. 이별에 아파하고 있다면, 흘러내리는 눈물을 닦고 아파하는 자신에게 이리 말해주었으면 좋겠다. "조금 아프면 어때. 내가 근사한 사람이라서 이리 아픈 거야"

'추락형' 이별 VS '연착륙형' 이별

"오늘 어디 가냐?"

"여자 친구 만나러."

"뭐? 저번 주에 헤어졌잖아."

"그렇긴 한데, 자기 마음 정리될 때까지만 한 번씩 만나 달래서."

이제 이별의 슬픔을 줄일 수 있는 구체적인 방법론에 대해서 이야기해보자. 아픈 이야기는 아픈 이야기다. 이별은 아무리 부드럽고 친절하게 말한다고 해도 아프다. 그래서 이별은 대체로 '그만 헤어져. 이제 연락하지 마!'라고 말하는 '추락형'이다. 이별을 말하는 순간을 기점으로 순식간에 곤두박질쳐서 사랑이 산산이 깨져버리는 그런 이별이다. 이 추락형 이별은 잔인하지만 이별을 가장 빨리 극복할 수 있는 방법이기도하다. 조금의 미련도 남기지 않고 이별할 수 있으니까.

나는 한동안 추락형 이별만이 이별이라고 생각했다. 그래서 이별해야 할 때면 추락형 이별을 통보했고, 추락형 이별을 통보받을 때도 감당하려고 애를 썼다. 지나고 나서 돌아보아도 추락형 이별이 좋았다. 추락형 이별은 어떤 여지도 남기지 않는 단호박 이별이기에 잔인하기는 하지만 한편으로는 이별을 빨리 받아들일 수 있었으니까. 그래서 친구가 '헤어진 여자 친구를 한동안 만나 주어야 한다'고 말했을 때, 내 대답은 '지랄한다'였다.

그런데 이별에는 단호박의 추락형 이별만 있는 건 아니다. '연착륙형' 이별도 있다. 이 이별은 '헤어지자'고 말하고 난 뒤에도 어느 정도 연락도 하고 가끔 만나기도 하면서 서로 이별을 받아들이는 시간을 갖는 방법이다. 한때 나는 이 방법이 '지랄'이라고 생각했다. 미련만 더 남기고 그 때문에 더 아파할 수밖에 없다는 걸 알고 있기 때문이며, 또 이별을 감당하지 못해 징징대는 아이 같아 보였기 때문이다.

필요하다면, 연착륙형 이별도 괜찮다.

하지만 지금은 생각이 좀 다르다. 이 연착륙형 이별 역시 이별의 아픔을 줄이는 데 나름 좋은 방법이라고 생각한다. 우선은 이별을 말하는 사람은 담담하게 이별을 말하지만, 그 이별을 통보받는 사람의 입장에서는 억장이 무너지고 하늘이 노래지는 일이다. 생각해보면, 이별을 먼저 말하는 사람이 조금 더 담담할 수 있는 이유는 먼저 마음의 준비를 했기 때문이다. 그러니 아직 이별 준비가 안 된 상대에게 연착륙할 수 있는 여유를 주는 것도 나쁘지 않은 일이다. 안 그러면 상대는 정말 돌아버릴지도 모른다.

하지만 연착륙형 이별도 쉬운 게 아니다. 고백 하나. 헤어지자고 통보한 여자 친구에게 "그러지 말고 몇 번만 더 만나보자"라고 매달린 적이 있다. 배려였는지 동정이었는지 알 수 없지만 그녀는 그러자고 했다. 두 번을 더 만났다. 그 두 번의 만남을 이리 표현하고 싶다. 확·인·사·살. 사랑이 식어버린 연인과 연락하고 만나는 연착륙은 추락보다 잔인했다. 그녀가 더 이상 나를 사랑하지 않음을 재확인했고, 그 재확인은 나를 더 비참하게 했다. 그때 알았던 것 같다. 나에게는 연착륙형 이별은 잘 맞지 않는다는 걸.

하지만 누군가에 연착륙 이별은 필요하다. 연착륙 이별 자체가 이별의 아픔을 덜어주기도 하고, 한편으로는 연착륙형 이별이 추락형 이별보다 더 괴롭다는 사실을 확인하게 되는 계기가 되기도 하니까. 어느 쪽이든 이별의 아픔을 줄이는 데 도움이 된다면, 뭐든 못할 방법이 뭐 있겠나. 그런 의미에서 이별을 통보하려는 이들에게 부탁 하나. 상대가 연착륙 이별을 원하거든, 가급적 그리 해주시기를. 동정이든, 배려이든 간에.

연애를 시작했다면, 무조건 잘해줄 것!

이별의 아픔을 대견해하는 것은 일종의 위로고, 연착륙형 이별은 하나 방법론일 뿐이다. 그 두 가지 방법이 이별의 아픔을 덜어주기는 하겠지만 뭔가 부족하다. 근원적인 해법은 사랑하지 않는 것일 뿐일까? 아니다. 방법이 있다. 온힘을 다해 사랑했지만 이별 후의 아픔을 줄일 수 있는 방법. 항상 문제 속에 답이 있게 마련이다. 다시 질문을 복기해보자. '온 힘을 다해 사랑했지만, 이별의 아픔을 줄일 수 있는 방법이 무엇일까?'

답은 '온 힘을 다해 사랑하기'다. 정말이다. 온 힘을 다해 사랑하면 이별의 아픔을 줄일 수 있다. 많은 연애를 했다. 그건 많은 이별을 했다는 말이다. 사랑하지 않았기에 이별이 아프지 않았던 경험이 있다. 하지만 사랑했던 사람 중에도 더 아픈 이별이 있었고, 덜 아픈 이별이 있었다. 그 차이에 대해서 이야기 해보자. 이별 후에 우리를 아프게 하는 게 뭘까? 더 이상 연인을 볼 수 없다는 것? 익숙한 것들과 결별해야 하는 것? 사랑을 추억으로 묻어야 하는 것? 모두 맞다.

하지만 사랑이 끝난 지점에서 우리를 가장 아프게 하는 건, 잘해주지 못한 기억들이 떠오를 때다. '그때 왜 그 사람에게 더 잘해주지 못했을까?'라는 생각이 들 때 정말 돌아버릴 것 같았다. 이별은 참 잔인하다. 이별하면 왜 그리 못해주었던 것만 떠오르는 걸까? '저 목걸이를 갖고 싶어 했었는데' '동물원에 그리도 가고 싶어 했는데' '정동진 해돋이를 보고 싶어 했는데'라는 생각이 떠오를 때 가슴이 미어진다. '그게 뭐라고 그걸 해주지 못했을까?'라는 생각이 가슴을 후벼 판다.

이별 뒤에 못해준 수십 가지 일들이 떠올라 꽤 긴 시간 가슴 아파해야만 했다. 그 아픔이 너무 컸기에 다짐한 게 있다. '다음 사람 만나면 무조건 잘해줄 거야!' 다짐처럼 다음 사람에게 순간순간 할 수 있는 모든 것을 해줬다. 여자 친구가 갖고 싶어 하는 선물은 아르바이트를 해서라도 사주었고, 시험 전날이라도 여자 친구가 여행을 가자고 하면 미련 없이 떠났다. 그렇게 할 수 있는 걸 다해주었던 사랑도 끝이 나게 마련이다. 이별이 찾아왔다.

이별이 아프지 않았던 것은 아니지만 놀랍게도 담담했다. 이별의 아픔과 슬픔 때문에 비탄에 빠지지는 않았다. 오히려 '다시는 할 수 없을 만큼의 사랑을 했구나'라며 이별을 담담하게 받아내고 있었다. 그녀와 이별 후 내게 남겨진 몇 개의 F학점과 친구에게 갚아야 할 약간의 빚은 뜨거웠던 사랑의 흔적으로 남겨졌다. 그 사랑의 흔적이 날 위로해 주었다. 연애를 시작했다면, 온 힘을 다해 두조건 잘해주자! 연인을 위해서가 아니다. 바로 나를 위해서다. 그래야 이별 뒤에 조금이라도 덜 힘들 수 있기 때문이다. 이별의 아픔을 더는 방법은 무조건 잘해주기다!

7. 연애의 페르소나

성숙함이라는 페르소나

'페르소나'는 그리스 어원으로 연극배우가 쓰는 '가면'을 뜻하는 말이다. 철학적으로는 외적 인격 또는 가면을 쓴 인격이라는 의미로 사용된다. 한 마디로 페르소나는 진짜 모습을 가린 가면이라는 의미다. 우리는 언제 가면을 쓸까? 그건 진짜 자신의 모습을 내보일 용기가 없을 때다. 누군가는 '돈'이라는 페르소나를 쓰고, 또 누군가는 '화장'이라는 페르소나를 쓴다. 이런 돈이나 화장은 비교적 쉽게 그것이 페르소나임을 간파할 수 있다. 돈이 사라지거나 화장이 지워진 맨얼굴은 쉽게 드러나는 법이니까.

문제는 눈에 보이지 않는 혹은 그럴듯한 페르소나다. 대표적인 것이 성숙함이다. 사람들은 대체로 나이가 들면 자신이 성숙한 사람임을 증명하려고 애를 쓴다. 하지만 그것 역시 페르소나일 뿐이다. 연애에서도 이런 성숙함이라는 페르소나가 있다. 연애도 꽤 해봤고, 나이도 좀 있는 사람들이 성숙한 체하며 하는 말이 있다. "편안한 사람을 만나는 게 좋아. 나이가 들면 알게 돼" 뭔가 세월의 흔적이 보이는 것도 같다. 그래서 성숙해보이기도 한다.

하지만 이런 성숙함은 맨얼굴을 보일 자신이 없는 사람들이 쓰는 페르소나일 뿐이다. 영국의 대표 철학자, '버트런드 러셀'은 『런던통신』에서 따끔한 일침을 던진 적이 있다.

> "시간은 사람을 성숙하게 만든다고들 한다. 나는 그 말을 믿지 않는다. 시간은 사람을 두렵게 만들며, 두려움은 사람을 타협하게 만든다. 타협적으로 변했기에 남들 눈에 원숙해 보이려고 애를 쓰는 것이다."

성숙함이라는 페르소나를 쓴 이들의 허위를 단박에 찢어버리는 이야기다.

이제 편안한 사랑을 하고 싶다고 말하는 이에게

'이제 편안한 사람을 만나고 싶다'는 말하는 건 나이가 들어서 성숙해졌기 때문이 아니다. 몇 번의 연애가 남긴 상처가 너무 컸기에 뒤로 물러서려는 비겁함이다. 그런 비겁함을 가리기 위해 쓴 가면이 성숙함인 셈이다. 누군가를 만나 자신의 모든 것을 던질 용기가 없는 사람들은 이제 성숙함이라는 페르소나 뒤로 숨는 것이다. 이 얼마 슬픈 일인가. 그리고 자신의 페르소나를 정당화하기 위해 주위 사람들에게 편한 연애를 성숙한 연애라고 홍보하고 다니는 건 또 얼마나 나쁜 일인가.

러셀의 말처럼, 시간은 사람을 성숙하게 만드는 것이 아니라 오히려 두렵게 만든다. 그래서 타협하는 것이며, 타협했기에 원숙하게라도 보이려 애를 쓰는 것이다. 연애라는 시간이 남긴 상처가 두렵기 때문에 타협하고 싶은 것이다. 그 타협이 바로 편안한 사람을 만나고 싶다는 이야기일 게다. 타협을 했기에 다른 사람에게 성숙하게 보이고 싶은 것이다. 성숙함이라는 페르소나는 이렇게 탄생했을 게다.

이제 편안한 사람을 만나고 싶다고 말하는 이들에게 하고 싶은 말이 있다. "어떤 페르소나든 벗는 게 좋아요." 돈이라는 페르소나를 쓰고 있으면 행복할 것 같지만 그렇지 않다. 화장이라는 페르소나를 쓰고 있으면 행복할 것 같지만 그렇지 않다. 이미 알고 있지 않을까? 돈이 없으면 누구도 내게 관심을 가져 주지 않을 거란, 화장을 지우면 누구도 날 사랑해주지 않을 거란, 결코 메워지지 않은 그 심연의 불안을. 그 심연의 불안은 페르소나를 벗지 않은 한 절대 사라지지 않는다.

마찬가지다. 성숙함이란 페르소나를 벗지 않는다면 행복은커녕 심연의 불안 어디 즈음에서 영원히 헤매게 될 것이다. 사랑, 그것은 상대의 위성이 되는 것이다. 집요하게 유지하고 있던 내 중심을 버리고 상대의 중심에 몸을 맡긴 위성이 되는 것, 그게 사랑이다. 물론 안다. 그것이 얼마나 힘들고 많은 상처를 남기게 되는지. 잠시 주춤거리거나 두려워할 수 있다. 하지만 사랑 앞에서의 주춤거림과 두려움을 성숙함이라 포장하지는 말자. 정직하게 말하자. 이제 상처받고 싶지 않다고. 다시 사랑할 용기가 없다고. 그래서 나는 비겁하다고.

연애세포가 죽어서 연애하기 힘들다고 말하는 이들에게

사랑에 몇 번 상처 받고 솔로 생활을 이어가는 사람들 중에는 성숙함이라는 페르소나 대신 귀여운 변명을 하기도 한다. "저는 연애세포가 죽어서 연애가 힘들어요." 이 말은 소극적이게는 '이제 어떻게 연애를 시작해야 할지 모르겠다'는 말이기도 하고, 적극적이게는 '사랑의 감정 자체를 느끼지 못하겠어요'라는 말이기도 하다. 정말일까? 연애세포가 죽어서 사랑하지 못하는 것일까? 아니 정말 연애세포라는 것이 있는 것일까?

연애세포가 무엇일까? 당연히 생물학적인 것은 아닐 테고, 굳이 말하자면 연애를 하면서 생기는 이성을 대하는 감각이나 태도, 그리고 상대의 감정을 읽어내는 감수성 정도라도 말할 수 있지 않을까. 만약 그것이 연애세포라면, 연애세포는 결코 죽지 않는다. 단 한 번이라도 제대로 된 연애를 해본 적이 있다면 연애세포는 우리 온몸에 각인되어 결코 사라지지 않는다. 그러니 연애세포가 죽어서 연애가 힘들다는 말은 귀여운 페르소나다. 사랑 앞에서 주춤거리고 두려워하는 자신을 가리기 위한 페르소나.

그렇다면 대체 왜 그들은 다시 사랑하지 못하는 걸까? 죽은 것은 연애세포가 아니라 '용기세포'이기 때문이다. 사랑이 남긴 크고 작은 상처를 기억하기에 쉽사리 다시 사랑을 시작하지 못하는 것이다. 페르소나의 종류는 다르지만 페르소나를 쓰게 된 이유는 같다. 비겁하고 용기가 없어서다. 또 다시 자기중심을 버리고 타인의 중심으로 들어가는 위성이 된다는 두려움, 그 위성은 언젠가는 버려진다는 두려움. 그 두려움을 감당할 용기가 없어, 귀엽지만 비겁하게 말하는 것이다. "연애세포가 죽어서 사랑할 수 없어요."

한 번도 상처 받지 않은 것처럼 사랑할 수 있나요?

페르소나를 벗을 수 있는 유일한 방법은 담대함이다. 돈이 없어도 떳떳할 수 있는 담대함, 화장을 지운 맨얼굴로 집을 나설 수 있는 담대함이 없다면, 언제나 돈과 화장의 노예일 수밖에 없다. 연애의 페르소나 역시 마찬가지다. 사랑 앞에서의 페르소나를 벗으려면 담대함이 필요하다. 사랑 앞에 페르소나를 쓰고 있다면 스스로에게 묻자. "한 번도 상처 받지 않은 것처럼 사랑할 수 있을까?" 선뜻 답하기 어려운 이 질문에 '네'라고 답할 수 있을 때 보석 같은 사랑이 다시 찾아오지 않을까?

분명 사랑은 어렵고 두렵다. 그래서 사랑 앞에서 주춤거리고 물러날 수도 있다. 당장 한 번도 상처받지 않은 것처럼 사랑할 자신, 없을 수 있다. 그럴 수 있다. 하지만 적어도 페르소나만은 쓰지 말자. '내가 얼마나 비겁한가?' '얼마나 용기 없는가?'를 있는 그대로, 아프지만 정확히 직면하자. 그 직면이 우리에게 다시 사랑으로 비상할 수 있는 담대함을 줄 테니까. 사랑 앞에서 주저하고 있다면, 하나씩 페르소나를 벗는 연습부터 하자.

철학자의 연애 오지랖

헤어진 사람과 다시 연애해도 좋을까요?

연애상담에서 빠지지 않는 질문이 있다. "헤어진 사람과 다시 연애해도 좋을까요?"라는 질문이다. 내 대답은 대체로 'NO'다. 헤어졌던 커플은 다시 만나도 예전 이별의 원인이었던 지점에서 다시 다투고 싸우기를 반복하는 경우가 일반적이기 때문이다. 그 과정에서 서로에게 더 큰 상처만 남기도 다시 이별을 하게 되게 마련이다. 왜 이런 일이 벌어지는 걸까? 이 모든 일은 편안한 연애를 하고 싶다는 바람에서 발생한다.

불편하고 아픈 사랑에 지치면 편한 사랑을 하고 싶어 한다. 새로운 사람을 만나 다시 연애하고 싶지 않다. 그게 얼마나 힘들고 어려운지 알고 있기 때문이다. 그때 떠오르는 사람이 헤어진 연인이다. 이미 많은 시간을 함께 했기에 서로에게 익숙하니까. 편한 사랑을 하고 싶은 사람은 헤어진 연인을 다시 만나거나 그것이 여의치 않다면 예전 연인과 가장 비슷한 부류의 사람을 만나려고 한다.

하지만 이런 관계는 오래가지 못한다. 헤어진 연인을 다시 만나도 그는 이미 예전의 그 사람이 아닐 것이고, 옛 연인과 가장 비슷하다고 생각했던 그 사람도 옛 연인이 아니기 때문이다. 그래서 편안함을 원했던 연애 역시 많은 다툼과 상처를 남기고 끝나는 경우가 흔한 것이다. 헤어진 연인과는 다시 만나지 않는 게 좋다. 편한 사랑은 근본적으로 사랑이 아닌 까닭이다. 하지만 세상에 어디 예외 없는 법칙 있던가?

헤어진 연인과 다시 연애해도 좋은 경우가 있다. 그건 다시 만난 헤어진 연인이 전혀 새로운 사람처럼 보이는 경우다. 예전 연인의 흔적을 발견하려는 것이 아니라 예전에 보지 못했던 매력에 끌렸다면, 용기를 내어 다시 연애를 해보는 것도 좋겠다. 그건 옛 연인을 다시 만나는 게 아니라 엄밀한 의미에서 처음 만나는 것이니까. 그때 불편하지만 설레는, 설레기에 불편한, 사랑하지만 아픈, 아프기에 사랑하는 그런 진짜 연애를 다시 시작할 수 있다.

---

8. 연애의 타잔들에게

연애의 타잔들

연애에는 타잔들이 존재한다. 타잔이 정글을 누비는 장면을 상상해보라. 타잔은 나무와 나무 사이를 이동할 때 나무줄기를 잡고 신속하게 이동한다. 여기서 핵심은 잡고 있는 나무줄기를 놓는 순간 바로 다음 나무줄기를 잡아야 한다는 것이다. 이 나무줄기에서 다음 나무줄기로 끊임없이 갈아탄다. 나무줄기를 놓치게 되면 저 아래 바닥으로 곤두박질치게 된다. 연애의 타잔들 역시 이런 식이다. 이번 연인과 헤어지자마자 바로 다음 연인을 잡는다. 이별의 시간은 거의 없다. 전 연인에서 다음 연인으로 끊임없이 갈아탄다.

연애의 타잔들은 왜 그러는 것일까? 진짜 타잔과 이유는 같다. 저 아래 바닥으로 곤두박질치고 싶지 않은 것이다. 연애가 끝나고 다음 연애가 바로 시작되지 않으면 공허하고 외롭고 불안한 부정적인 감정에 휩싸이는 건 당연하다. 그 부정적인 감정에 곤두박질쳐질 것이 두려워 연애의 타잔은 기를 쓰고 줄타기를 하는 것이다. 이해도 된다. 늘 옆에 있어주던 사람이 사라졌을 때 느껴지는 공허, 외로움, 불안을 견뎌내기란 만만치가 않다. 그런 면에서 이별의 공백기를 없앨 수 있는 '타잔 줄타기'식 연애도 나름 괜찮은 방법이라고 볼 수 있지 않을까?

이별의 두 가지 아픔, '그리움'과 '자기연민'

'타잔 줄타기'식 연애를 하는 이유는 간단하다. 이별의 고통을 감당할 수 없어서다. 이별의 고통에는 두 가지 아픔이 중첩되어 있다. 하나는 '타자(연인)'에 관한 아픔이다. 너무나 사랑했던 사람이 떠났다는 그래서 그 사람을 다시 볼 수 없다는 아픔이다. 나머지 하나는 '자신'에 관한 아픔이다. 이제 혼자가 되었다는, 그래서 누구도 내 옆에 있어줄 사람이 없기에 느껴지는 아픔이다. 전자의 아픔이 '그리움'이라면 후자의 아픔은 '자기연민'이다.

연애의 타잔들은 전자의 아픔이 아니라 후자의 아픔에 매몰된 사람이다. 상대를 향한 그리움에 아파하는 사람은 결코 '타잔 줄타기'식 연애를 하지 못한다. 오직 그 사람이었기에 가능했던 사랑의 자리에 선불리 누군가를 앉힐 수 없는 까닭이다. 오직 후자의 아픔, 이제 혼자가 되었다는, 나를 사랑해줄 사람이 없다는 '자기연민'에 아파하는 사람만

이 '타잔 줄타기'식 연애를 한다. 그런 사람에게 중요한 건 타자가 아니다. 비어 있는 사랑의 자리를 채우는 것 자체가 중요하다.

'타잔'식 연애는 좋을까?

'타잔'식 연애도 나름 괜찮은 방법 아닐까? 이별의 고통을 최소화할 수 있다는 측면에서는 나름 좋은 방법이다. 하지만 '타잔'식 연애는 몇 가지 치명적 결함이 있다. 우선 이런 연애를 하면 할수록 진짜 사랑에서 점점 멀어지게 된다는 점이다. 사랑은 그 사람이기에, 그 사람이 아니면 안 되기에 하는 것이다. 하지만 '타잔'식 연애는 그 사람이 누구인지는 크게 중요하지 않다. 누구라도 옆에 있기만 하면 된다. 이런 식의 연애가 반복될 때, 사람이 좋아 연애 하는 게 아니라 연애를 위해 사람을 만나게 된다. 그렇게 반복된 연애는 필연적으로 사랑의 순도를 떨어뜨리게 된다.

또 한 가지 치명적 결함이 있다. '타잔'식 연애는 한 사람을 점점 더 미성숙한 존재로 만든다는 점이다. '성숙하다'는 것은 무엇일까? 쉽게 말해 그건 '혼자 있을 수 있음'이다. 다섯 살짜리 아이가 미성숙한 것은 혼자 있을 수 없기 때문이다. 옆에 엄마가 없으면 아무 것도 할 수 없기에 다섯짜리 아이는 미성숙한 것이다. 연애도 마찬가지다. 뜨거웠던 사랑이 끝나고 나면 아프지만 혼자 있을 수 있어야 한다. 그렇게 그저 이별을 감당해보아야 한다. 힘들지만 그럴 수 있을 때 성숙해진다. 아이가 혼자 할 수 있는 일들이 많아지면 어른이 되듯이.

혼자 있을 수 없어 연애하지 않기

사랑보다 우리를 행복하게 하는 것이 어디 있을까? 그러니 연애는 항상 옳다. 하지만 연애하지 말아야 할 때가 있다. 그건 혼자 있을 수 없을 때다. 특히나 이별 후에 찾아오는 그 공허, 외로움, 불안에 시달릴 때는 더욱 그렇다. 그 부정적인 감정은 너무 쉽게 자기연민으로 변질된다. '나는 왜 이렇게 항상 외롭고 아픈 걸까?'라는 자기연민. 그때는 연애를 시작하지 말아야 할 때다. 그 자기연민으로 시작된 연애는 대체로 '타잔'식 연애로 귀결된다. 누군가를 만나 연애를 시작하는 게 아니라 연애를 하기 위해 누군가를 만나게 된다.

사랑에 관한 오래된 오해가 있다. 혼자 설 수 없는 두 사람이 서로에게 기대어 서는 것이 사랑이라는 믿음이다. 그건 사랑이 아니다. 사랑은 혼자서도 당당하게 설 수 있는 두 사람이 서로의 손을 잡고 걸어가는 것이다. 연애의 '타잔'들은 정서적으로 혼자 설 수 없는 사람이다. 야박하게 말하자면, 이런 부류는 '연인'이 필요한 것이 아니라 '엄마'가 필요한 사람이다. 잠시도 혼자 있을 수 없는 자신에게 안정감과 보살핌을 줄 수 있는 '엄마'를 찾는 것이다.

연애의 '타잔'은 연애 그 자체도 원만치 못한 경우가 대부분이다. 노골적으로 말해 연인을 피곤하게 한다. 왜 안 그럴까? 시도 때도 없이 엄마를 찾는 아이는 엄마를 피곤하게 하는 법이다. 뭘 하든 연인이 옆에 있기를 바라는 연애, 그건 육아다. 육아를 하고 싶지 않다면 연애의 '타잔'은 가급적 피하는 것이 좋다. 더욱이 심각한 건, '타자'식 연애를 하는 사람은 항상 이별할 준비를 하고 있다는 사실이다. 더 친절하고 더 관심 어린 보모가 나타나면 언제든 갈아탈 준비를 하는 것이 아이들 아니던가.

이별보다 우리를 성숙하게 하는 것도 없다.

'타잔'식 연애는 자신에게도 상대에게도 해롭다. 가급적 빨리 벗어나야 할 연애 방식이다. 어떻게? 어른이 되면 된다. 아이가 어른이 되면 엄마로부터 독립을 하지 않던가. 어떻게 어른이 될 수 있을까? 아이는 혼자 있을 수 있을 시간이 늘어나면서 점점 어른이 된다. 마찬가지다. '타잔'식의 연애는 이별 뒤에 한동안 그 이별을 온전히 감당해보는 것으로 극복할 수 있다. 혼자 있는 시간을 가져야 한다. 쉽지 않겠지만.

사랑이 끝났다면, 한동안 이별을 온전히 감당하며 혼자 버텨보는 것. 그것이 '타잔'식 연애를 끝내고 성숙한 연애를 시작할 수 있는 거의 유일한 방법이다. 이별은 아프지만 때로 유익하다. 이별만큼 한 사람을 성숙하게 만드는 약도 없기 때문이다. 타인의 아픔과 기쁨에 공감하는 것이 잘 안 되는 친구가 한 명 있다. 그가 타인에 대한 감수성이 생기를 바라는 마음으로, 농담처럼 놀리곤 했다. '넌 아마 사이코 패스일거야' 그는 나의 짓궂은 장난에도 여전히 음악에 눈물을 흘리지도, 소설을 보며 감동을 받지도, 타인들의 아픔도 잘 읽어내지도 못했다.

사이코 패스의 이별

그러던 어느 날이었다. 그에게 늦은 밤 연락이 왔다. 술 한 잔을 하자는 거였다. 무슨 일이 있다는 걸 직감했다. 소주 몇 잔을 연거푸 들이키고는 말했다. "여자 친구랑 며칠 전에 헤어졌어. 너무 힘드네." 나를 더 당황시켰던 건, 언제나 냉정할 정도로 이성적인 그 친구의 눈물이었다. 아이처럼 터져 나왔던 눈물. 그 아픔을 너무 잘 알고 있기에, 아무 말 없이 그저 술 한 잔을 따라 주었다. 그리곤 말해주었다. "다 지나갈 거야."

그 친구는 한동안 혼자였다. 이별을 혼자 감당했다. 그 이별의 아픔이 잦아들 때 즈음 그에게는 놀라운 변화가 생겼다. 그는 변했다. 다른 사람이 되었다. 음악을 듣고 눈물 흘릴 수 있는 사람이 되었고, 소설을 읽고 감동할 수 있는 사람이 되었다. 그보다 더 감동적이었던 건, 가방에 노란색 세월호 리본을 달았다는 것이었다. 그에게 찾아온 놀라운 변화들, 그 변화들은 분명 성숙이었다. 그에게 이별이라는 아픈 사건이 없었다면 그는 여전히 내게 사이코 패스라고 놀림 받으며 살았을지도 모르겠다.

터져 나오는 눈물을 참으며, 미어지는 가슴을 부여잡으며, 이별을 감당해 본 사람은 안다. 자신이 얼마나 성숙해졌는지를. 이별 뒤에 혼자 있어 보면 알게 된다. 그 이별의 아픔이 점점 옅어갈 때 즈음 새로운 세상이 보인다는 걸. 이전에 보이지 않았던 세상이 보인다는 말은 성숙한 사람이 되어있다는 말과 동의어다. 이별은 아프다. 하지만 괜찮다. 이별만큼 유익한 일도 없다. 세상 어떤 수업과 책도 주지 못했던

'성숙'이란 선물을 이별이 주고 떠나니까. 세상에 공짜가 없다는 건, 때로 다행스런 일이다.

철학자의 연애 오지랖

사랑은 사랑으로 잊는 거, 아니다.

연애 코치들의 흔한 이별 조언이 있다. "사랑은 사랑으로 잊는 거야!"라는 말이다. 연애 코치를 자처하는 사람들은 얼마 전 헤어진 사람들에게 '아파하지 말고 미팅이든 소개팅이든 다른 사람을 계속 만나보라'고 말한다. 얼른 다른 사람을 만나 새로운 사랑을 시작하라는 것이다. 그렇게 이별의 아픔을 극복하라고 말한다. 이런 조언은 너무 흔해 이별에 대처하는 정답처럼 여기는 사람도 있다. 하지만 이 조언은 문제가 많은 그래서 위험한 조언이다.

'사랑은 사랑으로 잊는다'는 말은 결과론적으로만 옳은 이야기다. 그 사람이 아니면 안 되기에 했던 사랑도 결국 끝이 난다. 그리고 시간이 지나면 다시 새로운 사랑을 하게 된다. 이런 사랑의 겉모습만 놓고 보면 사랑은 사랑으로 잊는 것 같기도 하다. 하지만 사랑은 사랑으로 '잊는' 것이 아니라, 사랑은 '잊혀지는' 것이다. '잊혀지다'는 문법적으로 틀린 표현이지만, 굳이 사랑은 '잊혀지는' 것이라고 표현하고 싶다.

사랑을 사랑으로 능동적으로 '잊으려고' 하면 연애는 너무 쉽게 '타잔'식 연애로 변질된다. 사랑은 수동적으로 '잊혀지는' 것이다. 이 사랑과 다음 사랑 사이에는 언제나 이별이 있다. 그 이별을 온전히 감당하면서 충분한 혼자 있음을 견뎌내야 한다. 그 견딤 끝에 자연스레 누군가가 나타날 것이다. 그렇게 사건처럼 나타난 사랑만이 이전의 사랑을 잊게 해준다. 그러니 사랑은 사랑으로 잊는 것이 아니라 '잊혀지는' 것이다.

사랑을 사랑으로 잊으려고 하지 말자. 사랑이 끝났다면 억지스럽게 다른 사람을 만나려 애를 쓰지 말자. 이별을 견디자. 혼자 있자. 그렇게 성숙하자. 다음 사랑이 다가올 때까지 묵묵히 기다리자. 그 기다림의 시간이 다 지났을 때, 결과적으로, 사랑은 사랑으로 '잊혀지게' 될 게다. 그게 진짜 사랑이고 성숙한 사랑이다. 마지막으로 오지랖 하나 더. 자칭 연애 코치들의 조언, 때로 위험하다. 조심하자!

철학자의 연애 상담
비트겐슈타인

"말할 수 없는 것에 대해서는 침묵해야 된다."

-비트겐슈타인, 『논리철학논고』

"왜 이제 와. 벌써 영화 시작했어."

"미안해, 차가 너무 막히더라."

"그 소리만 몇 번째니? 정말 미안하기는 한 거야?"

"그럼, 진짜 미안해."

사랑에서 다툼은 피할 수 없다. 남자는 약속 시간에 늦었고, 여자는 화를 낸다. 하지만 그놈의 사랑이 뭔지, 남자의 '미안해'라는 이야기에 여자의 마음이 풀렸다. 너무 흔한 풍경이기에 이 연인에게는 아무런 문제가 없어 보인다. 이쯤에서 잠시 철학자 비트겐슈타인에 대한 이야기를 해보자. 혹시 천재를 만나본 적이 있을까? 존재 자체만으로도 빛나는 그런 천재. 비트겐슈타인이 바로 그런 천재다. 오죽 했으면, 경제학을 모르는 사람도 이름은 한 번쯤 들어봤을 법한 케인즈라는 경제학자는 비트겐슈타인을 마중 나가면서 이리 말했을 정도다. “신이 도착했다!”

비트겐슈타인은 청년 시절 단 한 권의 책으로 철학계에 전설이 된다. 『논리철학논고』, 이 책은 어떤 내용을 담고 있었던 걸까? 비트겐슈타인은 세상의 많은 문제들이 말(언어) 때문에 벌어진다고 생각했다. 정확히는 ‘말할 수 없는 것’에 대해서 말하려고 하기에 세상의 많은 복잡한 문제들이 벌어진다고 생각했다. 그래서 그는 『논리철학논고』를 통해 ‘말할 수 있는 것’과 ‘말할 수 없는 것’에 대해서 명확하게 구분하려고 했다. 신도 아닌 주제에 인간에게 말할 수 있는 것과 말할 수 없는 것을 정해주겠다는 발상을 한 셈이다. 이런 천재의 오만함이라니.

비트겐슈타인은 인간의 언어를 어떻게 ‘말할 수 있는 것’과 ‘말할 수 없는 것’으로 구분하려고 했던 걸까? 우선 그는 ‘언어는 세계를 표현하는 그림’이라고 생각했다. 세계의 수많은 구체적인 사물에 대응할 수 있는 언어만이 말할 수 있는 것이라고 생각했다. 자연과학이나 수학적인 말은 그에 대응하는 명확한 대상(그림)이 있기에 ‘말할 수 있는 것’이라고 규정했다. 동시에 윤리적인 것, 종교적인 것, 개인적인 취향, 심리상태와 같은 인간 내면과 관련된 말은 그에 대응하는 명확한 대상이 없기에 ‘말할 수 없는 것’이라고 규정했다(이것을 ‘그림이론’이라고 한다)

비트겐슈타인은 『논리철학논고』 전체를 할애해 ‘말할 수 있는 것’을 규정했다. 그리고 그 저서의 제일 마지막 한 줄을 이렇게 마무리한다.

"말할 수 없는 것에 대해서는 침묵해야 된다." 말하자면, 그는 '말할 수 있는 것'에 대해서만 규정하고, '말할 수 없는 것'에 대해서는 규정하지 않은 셈이다. 생각해보면 너무나 당연하다. '말할 수 없는 것'은 결국 어떤 말(언어)로도 말할 수 없는 것이니까. 그러니 '말할 수 없는 것'에 대해서는 침묵할 수밖에. 이제 다시 다투고 있는 연인의 이야기로 돌아가자.

비트겐슈타인은 그 남자에게 이렇게 말했을지도 모르겠다. "'미안해'라는 말은 하지 마! 그건 말할 수 없는 것이니까." 비트겐슈타인에게 '미안해'라는 말은 분명 말할 수 없는 것이다. 그건 명확한 그림이 존재하지 않는, 윤리적이고 개인의 심리상태에 관련된 것이니까. 비트겐슈타인의 철학에 입각해서 연애를 한다면 더욱 심각한 문제가 발생한다. '사랑해'라는 말도 할 수 없다. 이 역시 개인적인 취향이나 심리상태에 관련된 것이니까. 비트겐슈타인은 연인들에게 이리 말했을지도 모르겠다. "'사랑해'라는 말은 하지 마! 그건 말할 수 없는 것이니까"

이제 사태는 점점 더 심각해진다. 이제 연인에게 '미안해', '사랑해'라는 말을 할 수 없게 된다. 연인에게 미안할 때, 연인이 사랑스러워 보일 때 어떻게 해야 할까? 비트겐슈타인에게 따져 물어야 할지도 모른다. "이보쇼. 삶이란 게 당신의 그림이론처럼 명확한 거요?" 정말 그렇지 않은가? 실제 삶은 '말할 수 있는 것'(자연과학적, 수학적)만으로 이뤄진 게 아니다. '말할 수 없는 것'(윤리적, 종교적, 개인적 취향, 심리상태)도 분명 존재한다. 그러니 말할 수 없는 것에 관해서 침묵해야 한다면, 적어도 삶의 절반을 표현할 수 없게 되는 것 아닌가?

죽은 비트겐슈타인에게 따질 수 없으니, 행간을 읽어낼 수밖에 없다. 당대의 천재 철학자가 '말할 수 없는 것'이 삶에 엄연히 존재한다는 걸 몰랐을 리 없다. 하지만 침묵하라고 했다. 왜 그랬을까? 비트겐슈타인은 우리에게 무엇을 말하고 싶었던 걸까? 말할 수 없는 것에 관해 침묵하지만 그것에 관해 분명하게 말할 수 있다. 약속에 매번 늦는 남자가 '미안해'라는 말을 할 수 없다면, 어떻게 '미안해'라는 말을 전할 수 있을까? 간단하다. 다음 약속에 안 늦으면 된다.

'사랑해'라는 말을 하지 않아도 그 말을 분명하게 할 수 있다. 너무나 사랑하는 연인에게 '사랑해'라는 말을 할 수 없어도 상관없다. 연인이 아플 때 밤새 간호를 해주고, 아파할 때 옆에서 손을 잡아주고, 무거운 물건을 들고 갈 때 들어주면 된다. 아무 말하지 않고 그렇게 해주면 된다. 그럼 연인은 침묵 속에서도 너무나 선명하게 들을 수 있다. 절절하게 외치는 '사랑해'라는 말을. '말할 수 없는 것에 관해 침묵해야 한다'는 말은 어쩌면 '닥치고 보여주라'는 이야기일지도 모르겠다.

어쩌면, 비트겐슈타인은 우리의 사랑을 가혹하게 시험하고 있는 것인지도 모른다. 말할 수 없는 것에 관해 침묵하더라도 너의 미안함, 사랑함을 표현할 수 있는지 아프게 묻고 있는 것인지도 모른다. 사랑에 영혼, 마음 같은 건 없다. 그저 행동만이 있을 뿐이다. '미안해'라는 말로 미안함이 온전히 전달되지 않는다. '사랑해'라는 말로 사랑은 온전히 전달되지 않는다. 미안함을 사랑함을 행동으로 보여줄 때, 그 영혼과 마음이 전달될 뿐이다. 그러니 사랑하고 있다면, 말할 수 없는 것에 관해서 침묵하자.

나의 연애사, 연애가 내게 남긴 것들

고백하자. 위 대화의 주인공은 나였다. 나는 여자 친구와의 약속에 종종 늦곤 했다. 그녀는 나를 기다린 시간을 모았으면 유럽일주를 갔을 거라고 핀잔을 주었을 정도다. 그때마다 나는 늘 '미안해'라고 사과했다. 나는 정말 미안했던 걸까? 아니었다. 그저 '미안해'라고 말함으로써 그 순간을 모면하고 싶었었다. 아니 조금 더 정직하게 말해, '미안해'라고 말함으로써 미안한 마음을 탕감 받아 다음에 또 늦을 준비를 하고 있었던 것 같기도 하다.

연애를 하면서 '사랑해'라는 이야기를 자주 했다. 물론 사랑하는 마음이 넘쳐흘러서 말하지 않고는 견딜 수 없어서 '사랑해'라고 말한 적도 있다. 하지만 나는 데이트 비용 때문에 '사랑해'라고 말한 적도 있다. 여자 친구가 데이트 비용을 냈던 날이면 나는 유독 '사랑해'라는 이야기를 많이 했다. '사랑해'라고 말함으로써 돈을 내지 않은 것에 대한 미안함을 탕감 받고, 또 다음에도 데이트 비용을 내지 않을 준비를 했던 것인지도 모르겠다. 너무나 창피한 일이지만 사실이다.

나는 그녀에게 미안했을까? 그녀를 사랑했을까? 그래서 '미안해' '사랑해'라고 말했던 걸까? 아니다. '미안해' '사랑해'라는 '말할 수 없는 것'을 반복해서 말했던 이유는 역설적이게 미안하지 않았고 사랑하지 않았기 때문이었다. 정말 미안했다면, 닥치고 있어야 했다. 그리고 다음 약속에는 평소보다 1시간 먼저 나왔어야 했다. 정말 사랑했다면, 닥치고 있었어야 했다. 그리고 주말에 알바를 해서 그녀에게 맛있는 것을 사주었어야 했다.

부끄러웠던 몇몇 연애를 통해 알게 되었다. 사랑에는 영혼도, 마음도 없다는 걸. 사랑은 오직 행동뿐이라는 걸. 사랑은 영혼이니 마음이니 사발을 푸는 사람들은 행동하지 않고 말로 때워보겠다는 것이다. 그래서 키에르케고르는 사랑에 관해서 그리 말했나보다.

> "사랑이 오래 존속한다고 말할 때는, 그것은 곧 어떤 행동을 두고 하는 말이다. 이때 존속하는 사랑은 사랑 그 자체를 소유한 채로 정지하고 있는 성질의 것이 아니라, 순간마다 획득되는 성질의 것이고, 또 획득된 순간에 다시금 다음 행동으로 옮겨 간다."

사랑을 대충 말로 때워보겠다는 사람들에게 철학자는 쥐약이다. 비트겐슈타인은 말할 수 없는 것에 대해서는 침묵하라고 했고, 키에르케고르는 행동이 끊기는 순간 사랑도 끝난다고 했으니까. 사랑하면서 행동하지 않고 말로 때우는 것은 애초에 물 건너 간 셈이다. 철학자의 연애 상담은 야박해서 때로 아프다. 창피한 연애가 내게 남긴 흔적, 연애할 때 사발 풀지 말자. 사랑은 행동이다. 행동하는 만큼 사랑이다.

에필로그

사랑, 이제 그것을 넓혀가야 할 시간

"사랑에서 시작하지 않는 자는 철학이 무엇인지 결코 깨닫지 못할 것이다."

-플라톤

"사랑은 재발명되어야만 한다"는 아르튀르 랭보의 말로 긴 이야기를 시작했지요? 이제 이 긴 이야기를 마무리하면서 여러분께 묻고 싶습니다. 이제껏 해왔던 사랑, 사랑이라고 생각했던 감정을 낯설게 느끼셨나요? 그랬으면 좋겠습니다. 사랑은 '재발명'되어야 합니다. 지금 우리의 사랑은 여러 가지 원인들, 예를 들면, 이기주의, 자본주의 등등에 의해 너무나 많이 왜곡되어 있으니까요. 랭보의 이야기처럼 사랑을 재발명하지 못한다면 그토록 원하는 진짜 연애는 이미 요원한 일인지도 모르겠습니다.

긴 이야기를 마무리하면서 여러분께 고백할 것이 있습니다. 이제껏 남녀에 관한 이야기를 했었지요. 그러니까 ‘너’와 ‘나’에 관한 사랑에 대해 이야기 했습니다. 그 사랑에 대한 재발명을 했을 겁니다. 그런데 사실 저는 조금 다른 속내가 있었습니다. 그건 사랑의 확장에 관한 문제입니다. 플라톤이란 철학자는 “사랑에서 시작하지 않는 자는 철학이 무엇인지 결코 깨닫지 못할 것이다”라고 했습니다. 철학이 무엇이기에 사랑에서 시작하지 않으면 철학이 무엇인지 결코 깨닫지 못할 것이라고 했을까요?

잠시 철학이 무엇인지 질문해보지요. 철학에 관한 많은 정의가 있겠지만, 저는 감히 철학을 이렇게 정의하고 싶습니다. ‘나’, ‘너’ 그리고 ‘우리’라는 주제까지 모두 다루는 삶의 이야기. 예를 들면, 자기계발은 주로 ‘나’에 대해 다루고 사회학은 주로 ‘우리’라는 주제를 다루지요. 하지만 철학은 ‘나’, ‘너’ 그리고 ‘우리’라는 주제를 모두 다루고 있다고 생각합니다. 이제 플라톤의 이야기가 이해될 것도 같습니다. ‘나’와 ‘너’ 그리고 ‘우리’라는 주제를 대해 다루기 위해서는 먼저 사랑에 대한 감수성이 있어야 합니다.

‘나’를 사랑하고, ‘너’를 사랑하고, ‘우리’를 사랑하지 않는다면 진정한 철학은 요원할 겁니다. 이 책은 분명 ‘나와 너’의 사랑에 대해 이야기하고 있습니다. 하지만 조금 더 욕심을 내어보아도 좋을까요? 공동체에 대한 사랑이 말라버린 시대에 ‘우리’에 대한 사랑을 불러일으키고 싶었습니다. 나와 전혀 상관없는 사람들, 얼굴 한 번 본 적 없는 사람들마저도 사랑할 수 있는 사람이 많아지기를 바랍니다. 하지만 그건 강요해서도 안 되고, 또 강요한다고 될 일도 아니지요. 그걸 모를 만큼 어리석지는 않습니다.

다종다양한 연애를 하면서 얻은 깨달음이 하나 더 있습니다. 그건 사랑은 다시 사랑을 불러일으킨다는 겁니다. 너무나 좋아했던 여자 친구의 아버지가 환경미화원이었습니다. 그 여자 친구를 만나기 전까지 환경미화원은 나와는 관계없는 사람, 아니 더 정직하게 말해 더러운 일을 하고 냄새나는, 그래서 몰랐으면 하는 사람이었습니다. 하지만 그 여자 친구와 연애를 하면서 저는 환경미화원이란 존재에 대해서 관심을 갖게 되었고, 그들의 삶이 어떤지 애정을 갖고 지켜보게 되었습니다.

그녀와 헤어지고 난 뒤였을 겁니다. 친구와 밤새 술을 마시고 집으로 돌아가는 새벽, 환경미화원 한 분이 청소를 하고 계셨지요. 저는 편의점에서 따뜻한 음료를 하나 사서 그 분에게 전해드렸습니다. 아직도 잘 모르겠습니다. 애절하게 사랑했던 그녀가 생각나서였는지, 아니면 그 환경미화원을 사랑해서였는지. 어찌 되었든 조금은 더 '우리'를 사랑할 수 있는 사람이 된 것만은 분명했습니다. 한 번도 본적 없는, 나와 상관없는 누군가를 사랑할 수 있는 사람이 되었습니다. 그건 분명 '나'와 '너'의 사랑이 불러일으킨 '우리'의 사랑이었을 겁니다.

'우리'의 사랑은 강요할 수 없습니다. 하지만 저는 '우리'의 사랑이 넘치는 세상에서 살고 싶습니다. 이 좁힐 수 없는 간극을 어찌 해야 할까요? 방법을 찾았습니다. 연애입니다. '우리'의 사랑은 '나'와 '너'의 사랑이라는 연애를 통해서 확장될 겁니다. 세월호 분향소를 찾은 그 많은 부모는 자식과 부모라는 '나'와 '너'의 사랑이 '우리'의 사랑으로 확장된 결과일 겁니다. 저는 사랑이 확장되길 원합니다. '나'와 '너'의 사랑을 통해 자연스럽게 '우리'의 사랑으로 확장되길 원합니다. 그렇게 연인을 사랑했던 절절한 마음으로, 이 사회에서 상처받고 힘들어하는 분들을 사랑할 수 있었으면 좋겠습니다.

누구보다 '우리'의 사랑을 갈망했던 칼 마르크스라는 철학자의 이야기로 이 책을 덮으셨으면 좋겠습니다.

> "그대가 사랑하면서도 되돌아오는 사랑을 불러일으키지 못한다면, 다시 말해 사랑을 사랑으로서 그대의 사랑이 되돌아오는 사랑을 생산하지 못한다면, 그대가 사랑하는 인간으로서의 그대의 생활 표현을 통해서 그대를 사랑받는 인간으로 만들지 못한다면 그대의 사랑은 무력한 것이요, 하나의 불행이다"

철학보다 연애
– 더 많이 사랑하라

발행일 1쇄 2017년 12월 30일
지은이 황진규
펴낸이 여국동

펴낸곳 도서출판 인간사랑
출판등록 1983. 1. 26. 제일-3호
주소 경기도 고양시 일산동구 백석로 108번길 60-5 2층
물류센타 경기도 고양시 일산동구 문원길 13-34(문봉동)
전화 031)901-8144(대표) | 031)907-2003(영업부)
팩스 031)905-5815
전자우편 igsr@naver.com
페이스북 http://www.facebook.com/igsrpub
블로그 http://blog.naver.com/igsr
인쇄 인성인쇄 **출력** 현대미디어 **종이** 세원지업사

ISBN 978-89-7418-816-0 03810

이 도서의 국립중앙도서관 출판시도서목록(CIP)은 서지정보유통지원시스템 홈페이지(http://seoji.nl.go.kr)와 국가자료공동목록시스템(http://www.nl.go.kr/kolisnet)에서 이용하실 수 있습니다.(CIP제어번호: CIP2017031956)